权威·前沿·原创

皮书系列为
"十二五""十三五""十四五"时期国家重点出版物出版专项规划项目

BLUE BOOK

智库成果出版与传播平台

中国社会科学院创新工程学术出版资助项目

意大利蓝皮书
BLUE BOOK OF ITALY

意大利发展报告
（2023~2024）

ANNUAL DEVELOPMENT REPORT OF ITALY
(2023-2024)

右翼政府领导下"稳"中求"变"的意大利
Italy Seeking "Changes" in "Stability" under the Leadership of the
Right-wing Government

中国社会科学院欧洲研究所
组织编写／中国社会科学院国际合作局
中国欧洲学会意大利研究分会
主　　编／孙彦红

社会科学文献出版社
SOCIAL SCIENCES ACADEMIC PRESS（CHINA）

图书在版编目（CIP）数据

意大利发展报告. 2023-2024：右翼政府领导下"稳"
中求"变"的意大利 / 孙彦红主编. --北京：社会科
学文献出版社，2024.6
（意大利蓝皮书）
ISBN 978-7-5228-3744-4

Ⅰ.①意…　Ⅱ.①孙…　Ⅲ.①经济发展-研究报告-
意大利-2023-2024②社会发展-研究报告-意大利-
2023-2024　Ⅳ.①F154.64

中国国家版本馆 CIP 数据核字（2024）第 110857 号

意大利蓝皮书

意大利发展报告（2023~2024）
——右翼政府领导下"稳"中求"变"的意大利

主　　编 / 孙彦红

出 版 人 / 冀祥德
责任编辑 / 王晓卿
责任印制 / 王京美

出　　版 / 社会科学文献出版社（010）59367004
　　　　　　地址：北京市北三环中路甲 29 号院华龙大厦　邮编：100029
　　　　　　网址：www.ssap.com.cn
发　　行 / 社会科学文献出版社（010）59367028
印　　装 / 三河市东方印刷有限公司

规　　格 / 开本：787mm×1092mm　1/16
　　　　　　印 张：18.25　字 数：270 千字
版　　次 / 2024 年 6 月第 1 版　2024 年 6 月第 1 次印刷
书　　号 / ISBN 978-7-5228-3744-4
定　　价 / 168.00 元

读者服务电话：4008918866

主编简介

孙彦红　经济学博士，中国社会科学院欧洲研究所研究员、欧洲经济研究室主任、博士生导师，中国欧洲学会欧洲经济研究分会秘书长、意大利研究分会秘书长，意大利政治、经济与社会研究所（EURISPES）外籍学术委员。主要研究领域为欧洲经济、欧盟及其成员国产业政策、意大利研究、中欧/中意经贸关系。主要学术成果包括：《意大利发展报告（2022~2023）：俄乌冲突下艰难求"变"的意大利》（主编，2023）、《意大利发展报告（2021~2022）：疫情下"危"中寻"机"的意大利》（主编，2022，获第十四届"优秀皮书奖"三等奖）、《意大利发展报告（2020~2021）：新冠肺炎疫情冲击下的意大利》（主编，2021）、《意大利发展报告（2019~2020）：中国与意大利建交50年》（主编，2020）、《新产业革命与欧盟新产业战略》（专著，2019，入选中国社会科学院创新工程2019年度重大科研成果）、《变化中的意大利》（二主编之一，2017）、《意大利公共债务问题评析》（论文，《欧洲研究》2015年第2期）、《欧盟产业政策研究》（专著，2012）等。

摘　要

　　对于意大利而言，2023 年可谓相对平稳的一年。梅洛尼领导的右翼政府不仅保持了稳定，还尝试在政治、经济、社会、外交各领域求"新"求"变"，获得了较高的民众认可度。在政治方面，梅洛尼政府在保持稳定的同时，还通过地方选举巩固了执政基础，特别是，11 月提出的宪法改革草案展现了其试图在改革国家政治体系上有所作为的雄心。此外，意大利政坛"常青树"贝卢斯科尼的离世增加了该国政治走向的不确定性。在经济方面，通货膨胀率大幅回落，多方面因素导致经济增长显著放缓，但得益于"下一代欧盟"复苏基金的支持，其经济增长仍高于欧盟的整体水平。梅洛尼政府调整"国家复苏与韧性计划"并大幅调整"超级津贴"计划也是其求"变"的突出体现。在社会方面，梅洛尼政府调整救助措施，转向更精准地帮扶各类困难群体，同时决定废止"全民基本收入计划"，都体现了求"新"求"变"的抱负。在外交方面，梅洛尼政府在处理与欧盟关系时更加务实，同时力图凸显自身西方国家的定位，还在将本国打造成欧洲能源门户和提升在印太地区影响力等方面展现了希望有所突破的雄心。本年度《意大利发展报告》的总报告以"右翼政府领导下'稳'中求'变'的意大利"为题，从政治、经济、社会、外交、中意关系等方面勾勒了 2023 年度意大利的发展概貌，对意大利国内各领域及中意关系发展情况做出了梳理、剖析与展望。

　　关于 2023 年意大利形势，本年度《意大利发展报告》的分报告从政治、经济、社会、外交四个方面做了较为系统的回顾与分析。在国内，梅洛尼政府在保持稳定的同时，还尝试在政治、经济、社会等各领域求"新"

求"变"，努力有所作为，且都取得了可圈可点的成绩。在外交方面，意大利在处理与欧盟关系时更趋务实，在对美国关系上力图凸显自身西方国家的定位，还着力在一些具体政策上有所突破。

在专题篇，本年度《意大利发展报告》重点关注的内容包括意大利前总理贝卢斯科尼政治生涯的回溯、意大利持续半个世纪的政治经济恶性循环及其原因、意大利发展循环经济的政策与成效、意大利高等职业技术教育的特色及当前改革、意大利税收制度的历史沿革与国别特色、2023年意大利工业产权法改革等。这些内容有的涉及当前意大利国内正发生的重要变化，有的与意大利自身及中意关系的发展前景密切相关，对这些问题的分析有助于读者更全面深入地把握当前意大利各领域的发展状况。

2023年，受到地缘政治因素影响，意大利进一步调整对华政策，决定不再续签共同推进"一带一路"建设的谅解备忘录，但是并不希望因此破坏中意关系。总体而言，中意两国高层保持密切沟通，以理性从容的态度应对这一波折，确保了两国关系大局的稳定，务实合作、互利共赢仍为主流。与此同时，两国在经贸往来和人文交流方面取得了不少新进展。本年度《意大利发展报告》的"中国与意大利"篇共有两篇报告，内容分别涉及中国与意大利科技合作的回顾与展望、天津与意大利合作的发展及成果，期待以此加深读者对近几年以及本年度中意关系与合作重要进展的了解。

总体而言，本年度《意大利发展报告》反映了意大利2023年的整体形势、重大事件以及在重要领域的进展，并且对中意关系与合作的新发展做了较为深入的阐述与分析。

最后，需要指出的是，本年度《意大利发展报告》延续中意合作的方式，除了国内学者，还邀请了来自意大利知名智库和大学的多位有分量的专家撰写了五篇报告，以便读者更加全面客观地把握意大利各领域及中意关系的发展。

关键词： 梅洛尼政府　经济增长　社会救助　外交政策　中意关系

目 录 ⟫

I 总报告

II 分报告

皮书数据库阅读**使用指南**

总 报 告

B.1

右翼政府领导下"稳"中求"变"的意大利

孙彦红*

摘　要：　对于意大利而言，2023 年可谓相对平稳的一年。梅洛尼领导的右翼政府不仅保持了稳定，还尝试在政治、经济、社会、外交各领域求"新"求"变"，获得了较高的民众认可度。在政治方面，梅洛尼政府在保持稳定的同时，还通过地方选举巩固了执政基础，特别是，11 月提出的宪法改革草案展现了其试图在改革国家政治体系上有所作为的雄心。此外，意大利政坛"常青树"贝卢斯科尼的离世增加了该国政治走向的不确定性。在经济方面，通货膨胀率大幅回落，多方面因素导致经济增长显著放缓，但得益于"下一代欧盟"复苏基金的支持，其经济增长水平仍高于欧盟的整体水平。梅洛尼政府调整"国家复苏与韧性计划"并大幅调整"超级津贴"计划也是其求"变"的突出体现。在社会方面，梅洛尼政府调整救助措施，转向更精准地帮

---

* 孙彦红，经济学博士，中国社会科学院欧洲研究所研究员、欧洲经济研究室主任，中国欧洲学会欧洲经济研究分会秘书长、意大利研究分会秘书长，主要研究领域为欧洲经济、欧盟及其成员国产业政策、意大利研究、中欧/中意经贸关系。

扶各类困难群体，同时决定废止"全民基本收入计划"，都体现了求"新"求"变"的抱负。在外交方面，梅洛尼政府在很大程度上延续了上届德拉吉政府的路线，在处理与欧盟关系时更加务实，在对美国和北约关系上力图凸显自身西方国家的定位，同时在将本国打造成欧洲能源门户和提升在印太地区影响力等方面展现了希望有所突破的雄心。总体而言，虽然意大利决定不再续签共同推进"一带一路"建设的谅解备忘录令中意关系出现波折，但在两国各界的共同努力下，中意关系的大局得以保持稳定，互利合作仍为主流。

关键词： 梅洛尼政府　贝卢斯科尼　经济增长　社会救助　中意关系

引　言

对于意大利而言，与 2020 年成为新冠疫情重灾区、2021 年政府危机后德拉吉技术–大联合政府上台、2022 年俄乌冲突引发一系列连锁反应进而导致提前大选等如"坐过山车"般的大起大落相比，2023 年可谓相对平稳的一年。总体而言，作为二战结束以来意大利"最右"的政府，梅洛尼政府上任后的表现有力地回应了外界的各种担忧和疑虑。2023 年，梅洛尼政府不仅保持了稳定，还尝试在政治、经济、社会、外交等各领域求"新"求"变"，努力有所作为，且都取得了可圈可点的成绩。

在政治方面，"稳"中求"变"体现得颇为充分。2023 年梅洛尼政府在保持稳定的同时，还通过地方选举巩固了执政基础，特别是，11 月提出的旨在提高政府稳定性的宪法改革草案展现了其试图在改革国家政治体系上有所作为的雄心。此外，纵横意大利政坛近 30 年的贝卢斯科尼离世增加了该国政治走向的不确定性。在经济方面，通货膨胀率较之 2022 年大幅回落，多方面因素的制约导致经济增长进一步放缓，全年增长率仅为 0.7%，但得益于"下一代欧盟"复苏基金的支持，其经济增长率仍高于欧盟和欧元区的整体水平。与此同时，梅洛尼政府调整"国家复苏与韧性计划"和为削减财政开支而大幅调整"超级津贴"计划也是其求"变"的突出体现。在社会方面，梅洛尼政府调整救助措施，转向更精准地帮扶各类困难群体，取得了较好成效，而决定废止"全民基本收入计划"（RdC）并代之以"包容性津贴"的做法也体现了其求"新"求"变"的抱负。在外交方面，梅洛尼政府在很大程度上延续了上届德拉吉政府的路线，在处理与欧盟关系时更加务实，同时力图凸显自身作为西方国家的定位，还着力在一些具体政策上有所突破，特别体现在试图将自身打造为欧洲能源门户和在印太地区提升影响力等方面。虽然仍面临经济重回低迷、公共债务居高不下、结构性改革推进阻力大等诸多困难，但是总体而言，梅洛尼政府上任一年多，不仅打破了此前该国极端政党和民粹政党上台执政后选民即随之流失的"怪圈"，还获得了较高的民众认可度，[①] 其执政能力及在各领域取得的成绩确实值得关注。

本文将重点从政治、经济、社会、外交等方面梳理分析 2023 年意大利的发展概貌，并对中意关系的发展与新动向做一盘点，最后对 2024 年意大利各领域及中意关系的发展做简单展望。

一 右翼政府保持稳定，贝卢斯科尼离世增加不确定性

2022 年 10 月上台的梅洛尼政府以极右翼的意大利兄弟党、极右翼的联盟党和中右翼的意大利力量党为主组建，执政党联盟在参众两院均赢得稳定多数席位（在众议院 400 个席位中赢得 237 个，在参议院 200 个席位中赢得 115 个），这使得本届政府天然地具备了较好的稳定性，不必时时面对来自议会其他党派的挑战。就政府内部而言，虽然三个主要执政党在诸如对待俄乌冲突、改革养老金计划、推行私有化等重要事项上存在分歧，但始终在可控范围内，而总理梅洛尼本人高超的沟通能力也有力地保证了政府内部的团

---

① 根据政客新闻网欧洲版的民调结果，梅洛尼所在的意大利兄弟党的支持率由 2022 年 9 月大选时的 16%升至 2023 年年底的 29%，同期三个主要执政党的合计支持率由 43%升至 45%。参见 "Italy-National Parliament Voting Intention", https：//www. politico. eu/europe-poll-of-polls/italy/，最后访问日期：2023 年 12 月 31 日。

结。在此背景下，2023年梅洛尼政府保持了稳定，因而能够相对从容地推进各项对内对外政策及变革。

2023年并非意大利的选举大年，但仍有786个市镇迎来地方选举，其中包括19个省会城市和1个大区首府（马尔凯大区首府安科纳市）。基于2023年地方选举的结果，可发现几个特点与趋势。首先，中右阵营延续了2022年大选时的领先态势，这表明梅洛尼政府的执政表现赢得了更多地区和民众的认可，而选举结果反过来又巩固了其执政基础。在19个省会城市选举过后，来自中左阵营的市长人数由5个变成6个，来自中右阵营的市长人数则由7个增加至10个。值得关注的是，在2023年举行地方选举的唯一的大区首府安科纳市，中右阵营中意大利力量党的候选人西尔维蒂（Daniele Silvetti）击败中左阵营候选人西蒙内拉（Ida Simonella）当选市长。考虑到这是1945年以来中右阵营人士首次当选该市市长，这一结果被普遍认为是中右阵营在本轮市政选举中取得的最大突破。其次，与2022年大选时类似，中右阵营取得压倒性胜利的关键在于内部党派之间更加团结，而中左翼政党失势的主要原因则在于仍严重分裂、各行其是。在19个省会城市的选举中，中右阵营大多数情况下共同推出一位市长候选人，而中左翼的民主党、五星运动和"第三极"仅在个别城市联合竞选，而且在多数情况下未能取胜。鉴于此，虽然并不能因中右阵营赢得2022年大选并且在2023年地方选举中表现抢眼就简单地认为意大利民意出现"右转"，但是中右阵营实力的持续增强以及中左翼政党的长期分裂难免会令该国政党政治格局的天平逐步向右倾斜。特别是，若中右阵营继续在2024年6月举行的欧洲议会选举中"开疆扩土"，那么中左翼政党的振兴将更加困难重重。最后，地方选举的结果显示，意大利兄弟党仍保持了中右阵营第一大党的位置，支持率稳中有升，这表明意大利共和国首位女总理梅洛尼的执政能力和业绩整体上经受住了其支持者的初步测试。① 2023年9月公布的一项民调结果也可大体

---

① 有关2023年意大利地方选举及其结果的详细分析，参见本书石豆《意大利政治：开启"后贝卢斯科尼时代"》。

印证这一判断：在执政一年之后，梅洛尼以 20% 的得票率成为民众支持率最高的党派领导人，五星运动党首、前总理孔特位居第二（支持率为 19%），其他各党派领导人的支持率均为个位数。[①]

2023 年 11 月，梅洛尼政府提出了一项有关"直选总理"的宪法改革草案，引起各方关注。二战结束后，基于对法西斯时期独裁政治的深刻反思，意大利实行了以多党制为基础的议会共和制。然而，由于相关政治制度设计不尽合理，该国长期深受议会内党派众多、小党林立、党派结盟随意、执政联盟脆弱等问题困扰，历届政府都以寻求党派利益平衡为主要目标，导致政府更迭频繁。[②] 近年来，尝试通过某种形式的宪法改革来提高政府稳定性始终是一些有抱负的政党领导人的努力方向。2016 年，时任总理、民主党领导人伦齐因发起改革"对等两院制"的全民公投而被迫辞职。2013 年大选期间，刚刚成立一年的意大利兄弟党便提出其宪法改革主张，包括直选共和国总统、强化行政权力、取消"对等两院制"等。2018 年 6 月，意大利兄弟党首次在众议院提出宪法改革提案，主张应通过直选总统，在意大利推行类似法国的"半总统制"。2023 年 5 月，梅洛尼政府组织学术会议专门听取了研究宪法的专家学者的看法，并基于讨论结果将宪法改革的主张从"直选总统"改为"直选总理"。11 月，梅洛尼政府批准了有关"直选总理"的宪法改革草案，主要包括五个方面的内容。（1）引入总理直选机制，总理选举与全国议会选举同时进行，使用同一张选票；还规定总理必须由议员担任。（2）总理任期为五年，以保障政府和政策的稳定性。（3）为确保政府连续性、尊重选民意志，总理若辞职或不能继续履职，只能由多数派议员接替；新任总理任期届满后，议会将解散。（4）改革选举制度，在全国范围内分配奖励席位，确保总理所在的政党或政党联盟在议会中拥有 55% 的席位，以保证政府具备治理能力。（5）共和国总统不再任命终身参议员，

---

① Sondaggio Quorum/YouTrend per Sky TG24, "Un anno dopo voto Meloni considerata leader che si è comportata meglio", *Sky TG24*, 25 settembre 2023, https：//tg24. sky. it/politica/2023/09/25/leader-politica-sondaggio-youtrend，最后访问日期：2023 年 12 月 30 日。

② 孙彦红：《意大利公共债务问题评析》，《欧洲研究》2015 年第 2 期。

但已任命的终身参议员继续留任。虽然梅洛尼政府的公告表示，上述草案的设计仅对宪法进行最低程度的修改，并将最大程度地保障共和国总统在维护国家团结上发挥关键作用的权力，但是显而易见，若该草案获得通过，将使意大利的政治体系发生不小的改变。首先，总理必须由议员担任、总理若辞职或不能继续履职只能由多数派议员接替等规定，将使以往一旦发生政府危机通常由总统任命技术官僚（通常不是议员）临时组阁的做法不再行得通，技术政府几乎不太可能再出现，总统作为政局关键协调者的权力也会被削弱。其次，改革选举制度，确保总理所在的政党或政党联盟在议会中占有55%的席位，这一规定的目的与20世纪90年代"第二共和"以来先后出台的五部选举法大体一致，都在于维护政府的稳定，但是有扭曲选民意志和议会代表性之嫌。特别是，在中左翼政党仍一盘散沙的背景下，这一选举法改革方案显然有利于中右阵营长期执政。鉴于此，梅洛尼政府的宪法改革草案一经公布，即遭到几乎所有在野党的反对和抨击。民主党书记施莱因称宪法改革草案"违宪且危险"，将尽全力阻止；行动党书记卡兰达公开表示该草案试图随意发明新的政治体制模式，"十分危险"；五星运动领导人孔特则提出，若政府为此次宪法改革发起全民公投并且失败了，梅洛尼本人应承担后果。① 总之，梅洛尼政府提出宪法改革草案彰显了其在政治上求"变"的勇气，但是考虑到三大执政党在议会占据的席位不足2/3，又难以与在野党达成一致，接下来要继续推进，恐怕不得不诉诸全民公投，其前景不容乐观。

2023年，意大利前总理贝卢斯科尼离世无疑是轰动该国乃至欧洲政坛的一件大事。6月12日，贝卢斯科尼因病医治无效去世，终年86岁。6月14日，意大利为他举行国葬，并宣布当天为全国默哀日。当天，意大利公共建筑及欧盟委员会和欧洲议会均降半旗致哀，足见贝卢斯科尼在意大利和欧洲政界的影响力之大。贝卢斯科尼的一生堪称传奇，生前在意大利政商两

---

① 有关梅洛尼政府提出"直选总理"的宪法改革草案及各在野党反应的分析，参见本书石豆《意大利政治：开启"后贝卢斯科尼时代"》。

界叱咤风云。特别是，他自1993年投身政界后，开启了意大利政坛长达20年的"贝卢斯科尼时代"。其间，他四度出任总理，实际执政时间超过九年，不论在朝在野，始终是意大利政坛的主角。虽然近几年贝卢斯科尼已不再是中右联盟的"盟主"，但是他一手创建的意大利力量党仍为当前梅洛尼政府内第三大党，影响力不容小觑。正因如此，意大利总统马塔雷拉评价贝卢斯科尼是"意大利的伟大政治领导人""在意大利共和国历史上留下了浓重印记"。可以说，贝卢斯科尼的离世既是一代传奇人物的陨落，也标志着意大利政坛"贝卢斯科尼时代"的落幕。他为意大利留下的政治遗产值得关注，而他的离世也将对意大利政治产生一定影响。中期而言，贝卢斯科尼的离世或将对梅洛尼政府的稳定造成一定威胁，增加了意大利政局演变的不确定性。当前意大利兄弟党和联盟党在议会两院的席位合计均未超过半数，这意味着若意大利力量党退出执政联盟，梅洛尼政府将难以为继。考虑到贝卢斯科尼在意大利力量党内的绝对领导地位，他去世后，该党的临时书记塔亚尼能否保证党内团结、维持该党的支持率、继续支持梅洛尼政府都存在变数。长期而言，贝卢斯科尼的离世对意大利政党格局的影响不能低估。他在1993年从政后开启了意大利政治由两党（天民党和共产党）对立转向两极（中右阵营和中左阵营）对峙的新阶段。随着2013年大选后五星运动的崛起，两极对峙格局被打破，至今意大利的政党格局仍在演变之中，新格局尚未成形。在2022年大选中，中左政党因严重分裂而未能形成竞选联盟，相对较为团结的中右联盟获胜上台执政。贝卢斯科尼离世后，意大利力量党前途未卜，其影响力势必将继续下降，而这可能会引起该国政党格局的新一轮"洗牌"，值得跟踪观察。①

二　通货膨胀率显著回落，经济增长大幅放缓

自2022年2月俄乌冲突爆发后，意大利与欧盟大多数成员国一样很快

---

① 孙彦红：《贝卢斯科尼的政治遗产》，《世界知识》2023年第13期。

陷入能源危机与高通胀的泥潭，2022 年全年意大利的通胀率高达 8.1%，为 1985 年以来最高水平。① 在此背景下，2022 年意大利的经济增长率为 3.7%，显著低于 2021 年（7%），但是高于欧盟和欧元区的整体水平，也高于德国和法国，这主要得益于由欧盟资金支持的"国家复苏与韧性计划"如期落实形成的拉动效应。进入 2023 年，随着能源价格显著回落以及欧洲中央银行（以下简称"欧央行"）连续大幅加息，意大利的通胀率开始走低，但是整体价格水平仍处于高位，加之外部需求疲弱和货币政策收紧对经济活动的抑制效应逐步显现，经济增长进一步放缓，以至于经济再次陷入低迷状态。整体而言，与欧洲其他主要国家类似，2023 年意大利经济呈现"三高一低"——高价格、高利率、高债务、低增长——的特点。

虽然意大利的通胀率自 2022 年年底开始持续回落，但是高通胀和高物价仍是影响 2023 年该国经济形势的最重要因素。受到欧洲能源价格大幅下降以及欧央行加息抑制总需求的影响，2023 年 1~12 月，意大利的月度同比通胀率由 10% 大幅降至 0.6%，已低于欧央行货币政策设定的 2% 的通胀率目标，也低于欧元区的整体通胀率。然而，由于前 9 个月的通胀率始终在 5% 以上的高位，2023 年全年意大利的通胀率仍高达 5.7%。值得一提的是，虽然 2023 年第四季度的通胀率已降至 2% 以内，但是考虑到 2022 年同期价格水平已达历史高位这一基数效应，2023 年年末的价格水平无疑仍处于高位。根据意大利国家统计局公布的数据，2023 年 12 月年意大利的消费者物价指数（NIC）为 119.7，仍比俄乌冲突爆发的 2022 年 2 月（109.3）高出约 10 个点；而 2023 年所有月份的价格水平都高于 2021 年和 2022 年同月。观察具体部门的价格变化可发现，2023 年第四季度，意大利通胀率快速走低的主要原因在于能源通胀率的大幅下降，10~12 月均为负值，但是这主要体现了短期的能源供求状况，并不意味着所有重要经济部门的通胀率都已降至 2% 以内。2023 年 12 月，剔除能源和非加工食品价格变化之后的核心

---

① 本文中有关意大利通货膨胀率和经济增长率的数据均来自意大利国家统计局（Istat）网站（https://www.istat.it）。

通胀率为 3.1%，而同月食品通胀率仍高达 5.9%，服务业通胀率为 3.4%。价格水平居高不下必然会继续抑制消费与投资活动。此外，为遏制高通胀，2022 年 7 月至 2023 年 9 月，欧央行连续大幅加息 10 次，欧元区存款机制利率升至 4%，高利率通过银行信贷等渠道对经济活动的抑制效应也逐步显现。在高价格与高利率的共同作用下，自 2023 年第二季度以来，意大利各项核心前瞻性经济指标的表现均趋于恶化。自 4 月起，制造业采购经理人指数（PMI）跌至 50 的荣枯线之下，之后直至年底始终未升至 50 及以上。同期，服务业采购经理人指数也一路下滑，至 10 月跌至 47.8，12 月仍低于 50 的荣枯线。6~12 月，消费者信心指数也一路走低，由 108.6 下滑至 95.8，跌至了中值以下。就产出而言，制造业产出仅在 1 月和 6 月出现了微弱的同比增长，其他月份都在萎缩，4 月更是同比大幅下滑 6.7%。[①] 就对外贸易而言，虽然 2023 年意大利的贸易条件有所改善，绝大多数月份实现了贸易顺差，但是受到外需整体疲弱的影响，顺差额明显低于 2021 年及此前多年的水平，对经济增长的拉动作用有限。在此背景下，2023 年意大利的经济复苏动力渐失，四个季度 GDP 环比增长率分别为 0.6%、-0.4%、0.1% 和 0.2%，同比增长率分别为 1.8%、0.6%、0.6% 和 0.5%，全年 GDP 增长率为 0.7%，远低于 2022 年，也低于年初意大利政府的预期（1.2%）。

值得注意的是，虽然 2023 年意大利经济增长大幅放缓，但是增长率仍高于欧盟和欧元区的整体水平（均为 0.5%），也高于欧洲第一大经济体德国（-0.3%），略低于法国（0.9%）。考虑到意大利经济长期存在诸多结构性问题，加之高价格、高利率以及外需疲弱等一系列掣肘因素，2023 年该国经济增长情况相对较好，由"下一代欧盟"复苏基金下的复苏与韧性工具（RRF）支持的"国家复苏与韧性计划"的落实仍然是最关键的推动因素。意大利是"下一代欧盟"复苏基金的最大受益国，其"国家复苏与韧性计划"于 2021 年 7 月正式获欧盟批准，总计约 2221 亿欧元，包括约 1916

---

① 本文中有关意大利制造业和服务业采购经理人指数、消费者信心指数、制造业产出等指标的数据均来自 tradingeconomics 网站（https://tradingeconomics.com/italy），最后访问日期：2023 年 12 月 30 日。

亿欧元欧盟资金（其中，690 亿欧元为赠款，1226 亿欧元为低息贷款）和约 306 亿欧元本国配套资金，实施期至 2026 年 8 月。该计划启动时共包括 58 个改革项目和 132 个投资项目，这些项目的落实是欧盟继续拨款的前提。[①] 至 2022 年年底，由于较好地完成了既定的改革与投资任务，意大利共收到来自欧盟的三笔资金，其中预付款为 249 亿欧元（2021 年 8 月拨付），第一笔资金为 210 亿欧元（2022 年 4 月拨付），第二笔资金为 210 亿欧元（2022 年 9 月）。2022 年 12 月 30 日，意大利政府向欧盟提交了第三笔 190 亿欧元资金的申请。

总体上看，2023 年梅洛尼政府推进"国家复苏与韧性计划"的进展较为顺利。虽然因为调整该计划以及与欧盟沟通协调使得拨款进度出现延误，但是意大利仍然在年内先后收到了欧盟的两笔拨款。进入 2023 年后，出于以下三个方面的原因，梅洛尼政府着手调整"国家复苏与韧性计划"：首先，2022 年以来的高通胀以及供应链紧张等新情况使得"国家复苏与韧性计划"中原定的一些投资项目已不具备实施的客观条件；其次，根据欧盟 2022 年 7 月对复苏与韧性工具中有关赠款分配规则所做的调整，由于意大利在 2020 年与 2021 年的经济增长表现未达到欧盟最初预期，因此可适当提高赠款金额；最后，欧盟于 2022 年 5 月发布的"REPowerEU"计划要求成员国加快发展可再生能源，作为高度依赖自俄罗斯进口化石能源的成员国之一，意大利需要增加相关投资。2023 年 7 月和 8 月，意大利政府先后向欧盟提交了调整后的"国家复苏与韧性计划"以及与第三笔和第四笔拨款对应的投资与改革项目清单，并于 11 月和 12 月先后获欧盟委员会和欧盟理事会批准。在调整后的"国家复苏与韧性计划"中，欧盟划拨资金提高至 1944 亿欧元，其中赠款提高至 718 亿欧元，贷款金额不变；计划涵盖的改革项目由之前的 58 个增加至 66 个，旨在进一步强化司法体系、政府采购和竞争法领域的改革；计划涵盖的投资项目由此前的 132 个增加至 150 个，新

---

① 孙彦红：《俄乌冲突下艰难求"变"的意大利》，载孙彦红主编《意大利发展报告（2022~2023）：俄乌冲突下艰难求"变"的意大利》，社会科学文献出版社，2023，第 9~10 页。

增项目重点支持可再生能源、绿色供应链和高速铁路发展。在新的"国家复苏与韧性计划"获批的过程中，意大利先后于 10 月 9 日和 12 月 28 日收到欧盟拨付的第三笔和第四笔资金，分别为 185 亿欧元和 165 亿欧元。2023年 12 月 29 日，意大利政府向欧盟提交了第五笔 106 亿欧元拨款的申请，成为最早提交第五笔拨款申请的成员国。①

回顾 2021 年至今意大利落实"国家复苏与韧性计划"的进展及成效，可总结出三个基本认识。第一，德拉吉政府与梅洛尼政府都较好地完成了该计划涵盖的改革与投资项目，获得了欧盟认可。第二，虽然意大利兄弟党和联盟党此前都有明显的"疑欧""反欧"倾向，但是对于显然有利于意大利经济社会发展进而有助于政府收获民意的欧盟资金，梅洛尼政府的态度相当务实，并且展现出较强的经济治理能力，这在其如期推动落实各项改革与投资项目以及为调整该计划与欧盟的良性互动中有明确的体现。第三，不少意大利经济分析人士认为，该国自 2023 年第二季度起经济增长再陷低迷主要受到欧盟拨款延误拖累，② 这在一定程度上表明当前意大利的经济增长仍主要依靠欧盟资金"输血"来支撑，自身"造血"功能还未真正得到加强。考虑到自 20 世纪 70 年代以来意大利的全要素生产率即进入低增长甚至负增长轨道，由欧盟资金支持的"国家复苏与韧性计划"无疑为该国提供了通过结构性改革与中长期投资显著提升国家体系效率，进而提升全要素生产率和潜在经济增长率的难得机遇。未来意大利经济会在欧盟资金的助力下步入可持续增长的新轨道，还是会在欧盟资金用尽后重回低迷状态，仍存在较大的不确定性。

---

① 本文中有关意大利"国家复苏与韧性计划"落实进度及 2023 年所做调整的详细情况，参见欧盟委员会网站（"Timeline"，https：//ec. europa. eu/economy _ finance/recovery-and-resilience-scoreboard/timeline. html？lang＝en）和意大利政府相关网站（"Italia Domani, il Piano Nazionale di Ripresa e Resilienza"，https：//www. italiadomani. gov. it/it/home. html），最后访问日期：2023 年 12 月 31 日。

② "Pnrr, la Ue fa partire il pagamento della terza rata: all'Italia 18, 5 miliardi"，*La Repubblica*，9 ottobre 2023，https：//www. repubblica. it/economia/2023/10/09/news/pnrr _ la _ ue _ fa _ partire_ il_ pagamento_ della_ terza_ rata_ allitalia_ 185_ miliardi-417344635/，最后访问日期：2023 年 12 月 20 日。

在公共财政方面，2023年梅洛尼政府决定大幅调整"超级津贴"计划引发关注。所谓"超级津贴110计划"（Superbonus 110 program）最初通过2020年5月出台的"重启法令"推出，其主要内容是政府通过税收抵免为家庭进行住宅节能和抗震翻修提供相当于实际成本110%的补贴，而且税收抵免可以通过银行转让。由于当时执政的"黄绿政府"（由五星运动和联盟党联合组建）缺乏执政经验，在设计该计划时缺乏长期视野且存在不少漏洞，给予的补贴过于慷慨，催生了大量造假骗补现象。此后德拉吉政府试图调整该计划，但是因当时政府内多个党派强烈反对而未能成功，进而导致公共财政不堪重负。2023年2月，梅洛尼政府发布了一项收紧该计划的法令。该法令规定，自2024年年初开始，房屋翻修的税收抵免将不可转让，补贴比例也将由此前的110%降至70%，2025年将进一步降至65%。[①] 值得注意的是，由于来自欧盟的大规模资金，以及能源补贴和家庭翻修补贴的大幅减少，2023年意大利政府的财政赤字率降至5.3%（2022年为8%），公共债务与GDP之比也由2022年的144.4%降至139.8%，但是仍处于高位。[②] 根据梅洛尼政府2023年10月通过的2024年财政预算案，未来意大利将进一步收紧财政支出，2024年财政赤字率有望降至4.3%，但是随着经济增长放缓，公共债务与GDP之比很可能不降反升。可以预见，未来如何在经济低增长的背景下逐步削减公共债务仍将是意大利政府须着力解决的难题。

三 民生整体小幅改善，政府调整社会救助措施

2023年，意大利的能源危机显著缓解，通胀率大幅回落，但是整体物价水平仍处于高位。随着就业改善和收入小幅增加，民生状况与2022年相

[①] "Superbonus, stop alle cessioni dei crediti: il decreto è già operativo", *Il Sole 24 Ore*, 17 febbraio 2023, https://www.ilsole24ore.com/art/superbonus-governo-studia-stop-tutte-cessioni-crediti-AEfiuPoC, 最后访问日期：2023年12月20日。

[②] 本文中有关意大利财政赤字和公共债务的数据均来自意大利国家统计局网站（https://www.istat.it）。

比有小幅改善。在逐步收紧财政的背景下，为更高效地使用有限的财政资金，梅洛尼政府调整社会救助措施，包括宣布将废除"全民基本收入计划"，旨在更精准地扶助各类困难群体，同时有效促进就业，总体上取得了较好的成效，社会秩序保持基本稳定。

前文述及，进入 2023 年，得益于能源价格的大幅回落，意大利的通胀率一路走低，至年底已低于欧元区货币政策设定的 2% 的通胀率目标。然而，经过 2022 年全年通胀由能源部门向食品和其他经济部门的渗透，2023 年的物价水平仅是涨幅缩小，但是仍处于上涨态势。特别是，意大利的食品通胀率在整个 2023 年上半年都处于 10% 以上的高位，虽然自下半年开始走低，但是直到 12 月仍高达 5.9%，加之 2022 年食品价格已大幅攀升形成的基数效应，这无疑意味着该国民众仍面临相当大的生活成本压力。但就业状况的改善在一定程度上抵消了物价上涨对生活水平的冲击，甚至还推动民生状况略有好转。从全年的失业率变化来看，虽然 2023 年意大利的经济增长显著放缓，但失业问题整体上有所缓解。1 月失业率为 8%，略低于 2022 年的平均水平（8.15%）。自 2 月起，失业率始终低于 2022 年同月水平，到 12 月降至 7.2%，正在接近 2008 年国际金融危机爆发前的历史低位。从就业数据来看，就业率自 1 月（60.9%）起持续攀升，至 12 月达到 61.9%，多次刷新近 20 年来的最高纪录。随着就业状况改善，个人可支配收入总额明显增长，相应的，第一季度至第三季度的家庭消费支出总额呈环比连续增长态势。①

2023 年，梅洛尼政府根据公共财政状况和既有措施的效果对社会救助政策做了较大调整。其中最为引人关注的当属决定调整"全民基本收入计划"实施办法并于 2024 年废止该计划。"全民基本收入计划"是孔特一期政府时由五星运动提出并推动通过的一项面向低收入家庭的社会救助计划，自 2019 年开始实施，直接目的是为最贫困、最易受冲击的群众提供基本生

---

① 本文中有关意大利失业率、就业率以及个人可支配收入总额的数据均来自意大利国家统计局网站：https：//www.istat.it。

活保障，其更高层次的目标则是帮助领取补贴者找到工作，使他们实现自食其力。① 该计划的扶助对象过于广泛，补贴又相当慷慨，造成了较重的财政负担，并且促进目标群体就业的效果并不明显，因此引起较大争议。此前，德拉吉政府尝试调整该计划，提高发放补贴的门槛，但是因五星运动等政府内党派的反对而未能启动。梅洛尼政府上台后，通过《2023 年预算法》对该计划做出重要调整，除了明显收紧 2023 年度申请人的条件、可申请的补贴金额并且增加了促进就业的规定之外，还明确宣布自 2024 年 1 月 1 日起将正式废止该计划，并代之以扶助对象更精准的包容性津贴（assegno di inclusione）。虽然梅洛尼政府的上述决定遭到五星运动等在野党的强烈反对，但是由于执政联盟在议会占有稳定多数席位，而政府在废止该计划的同时又推出了替代性措施，因此仅在那不勒斯和罗马等地爆发了几场规模不大的示威游行，并未引起强烈的社会反弹，也并未明显影响政府和梅洛尼本人的民众支持率。

除了调整和宣布废止"全民基本收入计划"，梅洛尼政府在 2023 年出台的若干旨在更精准地救助各类困难和弱势群体的举措也可圈可点。第一，倡议商户将临期食品分发给有需要的民众，并推出了专门的手机应用，便利商户与困难群众对接。此举既不需要增加公共支出，又能为弱势群体提供救助，还能有效减少食物过期造成的浪费，实行后获得普遍好评。此外，还针对特定的低收入家庭发放仅用于购买食品等生活必需品的储值购物卡。第二，针对有老人的困难家庭出台了简化保姆雇佣程序和为雇用看护人员提供补贴等措施，旨在帮助相关家庭应对实际困难并减轻其经济负担。第三，为减轻家庭养育子女的负担，提升家庭生育意愿，政府加大了针对有 3 岁以下子女家庭的补贴力度。第四，为更精准地应对"能源贫困"问题，政府提高了申领水电气补贴的家庭的收入门槛，同时延长了补贴发放时间。第五，政府首次为生活在贫困线下的自雇劳动者和自由职业者发放一次性生活补贴。

---

① 臧宇：《意大利社会：民生问题突出，社会救助空前》，载孙彦红主编《意大利发展报告（2020~2021）：新冠肺炎疫情冲击下的意大利》，社会科学文献出版社，2021，第 57 页。

不难发现,梅洛尼政府调整社会救助措施还有维护生育、家庭、劳动等方面传统价值的考虑,体现了其在探索中改进相关政策以更好地解决社会问题、在求"变"中维护传统价值观的努力。另外,5月艾米利亚-罗马涅大区(Emilia-Romagna)遭遇特大暴雨和洪水灾害也是对政府社会救助能力的一大考验。虽然梅洛尼政府的行动在某些方面受到诟病,但是其系列救灾、补贴和重建措施总体上取得了较好成效。[1]

2023年,非常规移民涌入仍是意大利政府和社会面临的一大难题。2023年共有超过15万名非常规移民通过中地中海线抵达意大利,较2022年增长了50.7%。[2]此外,非常规移民在登陆时间和区域上高度集中,给南部的西西里、卡拉布里亚等大区造成严重冲击。为减轻南方沿海地区的安置压力,梅洛尼政府曾要求部分移民乘船前往北部港口停靠,但是此举并不能从根本上解决问题,还使得政府面临人道主义指责。总体上看,意大利政府一方面通过立法打击非法移民入境,另一方面试图通过外交途径从源头上解决非常规移民涌入的问题。梅洛尼政府于2023年3月和9月先后颁布两部法令,旨在加强对合法移民的管理,同时加大打击非法移民偷渡的力度。9月颁布的法令提出加速驱逐非法移民,并为女性和未成年移民提供保护。[3]

四 与欧盟关系更趋务实,在国际舞台上展现雄心

2023年,梅洛尼政府在处理与欧盟关系时更加务实,在不与欧盟发生

---

[1] 有关2023年梅洛尼政府的社会救助措施的详细梳理分析,参见本书臧宇、陈展鹏《意大利社会:通胀阴霾渐散,民生略有改善》。

[2] Ministero dell'Interno, "Cruscotto Statistico Giornaliero", 27 dicembre 2023, https://www.interno. gov. it/it/stampa-e-comuit/documentazione/statistica/cruscotto-statistico-giornaliero, 最后访问日期:2023年12月20日。

[3] "Il governo Meloni al terzo decreto-legge sull'immigrazione irregolare, focus sui rimpatri", euronews., 28 settembre 2023, https://it. euronews. com/2023/09/28/il-governo-meloni-al-terzo-decreto-legge-sullimmigrazione-irregolare-focus-sui-rimpatri, 最后访问日期:2023年12月20日。

激烈冲突的前提下为本国争取现实利益，在对美国和北约关系上力图凸显自身作为西方国家的定位，同时也在一些重要问题上展现了希望实现突破和有所作为的雄心，特别体现在提出将意大利打造为欧洲能源门户和努力在印太地区提升影响力等方面。

虽然梅洛尼政府内的意大利兄弟党和联盟党都是持"疑欧"立场的极右翼政党，但是其上台后对欧盟的态度明显转向温和务实。这种转变主要基于两个原因：其一，英国脱欧的"前车之鉴"令意大利各党派认识到，留在欧盟内才能为意大利争取更有利的发展环境；其二，意大利是"下一代欧盟"复苏基金的最大受益国，欧盟资金对其经济复苏的拉动作用显而易见，这也是该国各党派的普遍共识。在此背景下，梅洛尼政府上台后，意大利与欧盟的关系也在较大程度上延续了上届德拉吉政府时期的路线。2023年，梅洛尼政府与欧盟整体上保持了良性互动，对待俄乌冲突的立场与欧洲主流保持一致，而在修改"国家复苏与韧性计划"以及争取欧盟支持其应对非常规移民问题上则表现得更趋积极务实。首先，如前文所述，出于多方面原因，2023年年初梅洛尼政府向欧盟提出修改"国家复苏与韧性计划"，涉及小幅提高欧盟赠款规模、增加改革与投资项目等。梅洛尼政府高度重视此项工作，由总理办公室统筹，还安排一名协调官员和四名总干事负责与政府各部委沟通并与欧盟委员会交涉。为了令修订后的计划获批，梅洛尼政府还以法令形式引入一系列措施，旨在简化各类投资项目的相关流程以保证其快速落地。[①] 虽然审批流程造成欧盟拨款有所延误，但是意大利与欧盟就相关修改和拨款细节进行的沟通磋商是务实高效的，并未发生公开龃龉，最终意大利的修改方案获批，欧盟也在年内向意大利拨付了两笔资金。其次，梅洛尼政府在处理非常规移民问题上重视与欧盟合作，也的确获得了欧盟层面的支持。如前文所述，2023年，经中地中海线抵达意大利的非常规移民数

---

① Governo Italiano, *Decreto Legge del 24 febbraio 2023*, n. 13, Disposizioni urgenti per l'attuazione del Piano nazionale di ripresa e resilienza（PNRR）e del Piano nazionale degli investimenti complementari al PNRR（PNC），nonché per l'attuazione delle politiche di coesione e della politica agricola comune, Pubblicato nella Gazz. Uff. 24 febbraio 2023, n. 47.

量达到新高峰，意大利的接待与安置能力面临严峻挑战。为改变这一局面，意大利呼吁在欧盟层面执行海军巡逻任务，以增加遣返人数。7月，梅洛尼政府在罗马召集了一次由地中海国家参加的移民问题国际会议，还推动欧盟与突尼斯签署了一份谅解备忘录，由欧盟提供1.05亿欧元援助，阻止移民船离开突尼斯海岸并打击"蛇头"。① 9月，梅洛尼与欧盟委员会主席冯德莱恩共同访问意大利南部的兰佩杜萨岛，该岛是非法移民的首要登陆点。冯德莱恩也提出了从欧盟层面解决非法移民挑战的新计划。②

需要强调的是，梅洛尼政府在诸多领域与欧盟紧密配合并不代表意大利兄弟党和联盟党对待欧洲一体化的立场发生了根本性变化，而是更多的基于务实考虑的策略性调整。极右翼政党的民族主义倾向决定了梅洛尼政府始终以维护意大利国家利益为出发点来处理与欧盟关系，这在其针对"欧洲稳定机制"（ESM）改革的不妥协态度上体现得颇为充分。该机制建立于2012年，是欧盟在欧债危机爆发后设立的永久性救助机制，意在救助陷入困境的欧洲银行和出现危机的欧盟国家。2020年11月，欧元区财政部长就该机制改革达成一致，决定自2022年起为欧元区银行业单一清算基金提供贷款支持，此外还将完善该机制的工具组合，强化其在设计、协商、监测欧元区财政救助方案中的作用。由于对救助附带的改革条件不满以及担心改革方案落地将导致意大利被迫重组公共债务，包括意大利兄弟党、联盟党和五星运动在内的意大利主要政党始终对改革方案持反对态度，同时还要求改革应纳入"战略性投资不计入财政赤字和公共债务"的内容。改革方案需要各成员国议会批准，而意大利与欧盟僵持不下致使改革方案始终无法落地。虽然梅洛尼政府上台后的相关表态转向温和，但是其核心立场并未改变。2023年12月21日，意大利众议院否决了改革方案，这意味着意大利仍是欧元区唯一

① "Il memorandum Ue-Tunisia mette a rischio i diritti dei migranti", *openpolis*, 28 luglio 2023, https：//www. openpolis. it/il-memorandum-ue-tunisia-mette-a-rischio-i-diritti-dei-migranti/，最后访问日期：2023年12月20日。

② Governo Italiano Presidenza del Consiglio dei Ministri, "Meloni e von der Leyen in visita a Lampedusa", 17 settembre 2023, https：//www. governo. it/it/articolo/meloni-e-von-der-leyen-visita-lampedusa/23589，最后访问日期：2023年12月20日。

未批准改革方案的国家，该机制改革仍无法生效。① 此外，从欧洲层面看，梅洛尼本人仍是欧洲议会中持"疑欧"立场的右翼"欧洲保守派和改革主义者"党团的主席，而联盟党所在的欧洲议会党团"认同与民主"也属于"疑欧"的极右翼党团，同时，梅洛尼政府一直与欧洲其他国家的极右翼政党之间保持密切联系。多个权威民调结果显示，在 2024 年 6 月的欧洲议会选举过后，民粹、"疑欧"和保守派人士很可能会占据欧洲议会近半数席位。若果真如此，无疑将增加意大利与欧盟关系走向的不确定性。

虽然梅洛尼本人和意大利兄弟党对待堕胎、LGBTQ（性少数者）群体权益、外来移民等问题的态度与美国民主党领导的拜登政府大相径庭，拜登最初对梅洛尼政府上台后的美意关系走向也不十分乐观，但是后者上台后的务实做法令意大利与美国关系基本上保持良好。总体而言，由于梅洛尼政府力图凸显意大利作为西方国家重要一员的定位，在重要国际事务上就必然追随美国和北约。2023 年 7 月，梅洛尼上任总理后首次访问美国，在与美国总统拜登会谈时，两人讨论了俄乌局势、地中海移民问题以及与中国的关系，还发表了联合声明。意美两国就俄乌局势达成一致意见，梅洛尼明确表示意大利会继续支持乌克兰。在军事援助问题上，梅洛尼政府不再持模糊立场，明确承诺会向乌克兰提供军事援助。在应对地中海移民问题上，梅洛尼重申了北非对美国和欧盟的战略重要性，而意大利在北非发挥更大作用符合拜登政府在非洲建立新外交联盟的战略目标。这些表态令拜登政府颇为满意，从而令双方找到了加强协调合作的重要基础，也使意美两国在其他方面的分歧显得不那么突出。② 总体上看，梅洛尼的访美之行强化了她和本届意大利政府作为跨大西洋联盟支持者的形象。此外，随着北约地位的提升，梅洛尼政府还试图推动意大利在北约框架下扮演更重要的角色。2023 年 9 月，

---

① "Italy parliament rejects ESM reform, irking Brussels", *Reuters*, 22 December 2023, https：//www. reuters. com/world/europe/italian-coalition-parties-vote-against-esm-reform-partl-committee-2023-12-21/，最后访问日期：2023 年 12 月 31 日。

② "Il governo Meloni al terzo decreto-legge sull'immigrazione irregolare, focus sui rimpatri", *euronews.*, 28 settembre 2023, https：//it. euronews. com/2023/09/28/il-governo-meloni-al-terzo-decreto-legge-sullimmigrazione-irregolare-focus-sui-rimpatri，最后访问日期：2023 年 12 月 20 日。

意大利海军上将德拉贡（Giuseppe Cavo Dragone）被选举为北约军事委员会新任轮值主席，其在 2024 年接任，这为意大利接下来在北约发挥更大作用提供了契机。

2023 年，对地中海和非洲政策仍是意大利外交政策的重心之一。除在应对非常规移民问题上与欧盟加强协调之外，梅洛尼政府还提出将意大利打造为欧洲能源门户这一颇具雄心的目标。2022 年俄乌冲突爆发后，欧盟国家加快了在能源上与俄罗斯"脱钩"的进程。在可再生能源短期内难以弥补自身能源缺口的背景下，寻求替代俄罗斯的能源进口来源地成为欧盟和意大利的当务之急。随着地中海和非洲地区对于欧盟能源供给变得更重要，在地理位置上临近这一地区的意大利对于整个欧盟的战略重要性也相应提升了。梅洛尼在 2022 年大选期间即提出将意大利打造成连接欧洲和非洲的能源枢纽，其当选上台后很快开始落实这一构想。2023 年梅洛尼政府开始酝酿对非合作的"马泰计划"，也是冷战后意大利第一个系统性的对非合作计划。该计划以在非洲享有良好声誉的意大利能源巨头埃尼集团创始人恩里科·马泰（Enrico Mattei）的姓名命名，以突出能源合作在对非合作中的突出地位。根据媒体披露的消息，该计划将主要包括实现能源供应多样化、遏制非常规移民、重塑欧非关系等多重目标。意大利将通过该计划为非洲提供 55 亿欧元的贷款、赠款和公共担保资金，重点投入能源、卫生、教育、农业、水资源五大领域。[①] 意大利作为 2024 年七国集团（G7）轮值主席国，还承诺将非洲事务列为 G7 核心议题之一。总体而言，就地理位置以及意大利过去多年与非洲开展能源合作的成果来看，意大利要将本国打造成欧洲能源门户具备一定基础，但是也面临与法国在该地区争夺影响力、资金不足、能源基础设施互联互通程度低等障碍，其前景不容乐观。

2023 年，梅洛尼政府尝试在印太地区提升本国影响力的一系列行动也颇为引人关注。印太地区过去并非意大利的外交政策重点，2023 年 7 月，

---

① "Gas e migranti, cos'è il Piano Mattei voluto dal Governo Meloni", *QuiFinanza*, 5 Novembre 2023, https://quifinanza.it/politica/video/piano-mattei-cose-cosa-prevede-gas-migranti/755072/，最后访问日期：2023 年 12 月 30 日。

意大利众议院同意设立印太外交政策常设委员会，体现出该国对这一地区的关注度正快速提升。在安全和外交方面，意大利加强了与日本和印度的战略合作。2023年年初，日本首相岸田文雄访问意大利，两国将关系提升至战略伙伴层面，并且决定启动双边防务磋商机制。3月，梅洛尼访问印度并与该国总理莫迪举行会晤，双方决定将两国关系提升到战略伙伴层面。在经济方面，意大利也试图在印太地区加强与中国之外的其他国家的合作。9月，在印度新德里举行的二十国集团峰会上，美国和印度宣布将联合沙特、阿联酋、法国、德国、意大利与欧盟等，共同推进建设"印度-中东-欧洲经济走廊"（以下简称"印欧经济走廊"）。该计划将建造铁路与海运网络，连接南亚与海湾地区的东部走廊、中东以及欧洲的北部走廊。出于自身地理位置以及向印太地区扩张影响力的考虑，意大利是这一倡议的重要支持者和参与者，梅洛尼7月访美时专门与拜登商讨了该计划。考虑到近两年美国已先后在若干多边框架下发起全球基建计划，但是后续落实都因缺乏资金和协调而未取得明显进展，印欧经济走廊的前景及意大利究竟将发挥何种作用还需跟踪观察。

五　意大利进一步调整对华政策，互利合作仍为中意关系主流

2023年，新冠疫情逐步消散，不再构成"国际关注的突发公共卫生事件"，中国与意大利的人员往来快速恢复。在俄乌冲突持续的背景下，美国对华战略竞争态势显著增强，欧盟对华政策也更加强调竞争性，相应的，意大利政府对待与中国合作的态度整体上仍在收紧。受到地缘政治因素影响，意大利进一步调整对华政策，决定不再续签2019年中意两国签署的共同推进"一带一路"建设的谅解备忘录（以下简称"一带一路"备忘录），但是希望实现"软退出"，以确保不破坏中意关系。总体上看，中意两国高层保持密切沟通，以理性从容的态度应对这一波折，确保了两国务实合作大局未受到明显影响，也并未引起国际舆论的过度炒作。与此同时，两国各界务

力推进多领域交流合作,在经贸往来和人文交流方面都取得了不少新进展。

自 2019 年以来,在国际格局加速演变的大背景下,意大利政府经历了三次更迭,中欧与中意关系都发生了显著变化。进入 2023 年后,对于是否续签即将到期的"一带一路"备忘录,意大利陷入了两难境地:一方面,梅洛尼政府上台后希望更多地融入欧盟与跨大西洋同盟,以提高自身在西方世界的话语权,因而不得不重视来自美国和西方盟友的压力;另一方面,意方仍高度重视对华经贸合作与文化交流,并不想破坏中意关系。近几年,美国明确视中国为最主要的竞争对手,不仅在高科技领域全面打压中国,而且对中方提出的"一带一路"倡议也颇为敌视。考虑到意大利是 G7 中唯一加入"一带一路"倡议的国家,自 2019 年中意两国签署"一带一路"备忘录后,美方就不断对意方施压,试图改变其对华合作态度。意大利发行量最大的报纸《晚邮报》在 2023 年 5 月的一篇报道披露,随着中意"一带一路"备忘录有效期临近,美方更是加大了施压力度,频繁通过官方和非官方渠道要求意方不再延期。① 此外,作为"下一代欧盟"复苏基金的最大受益国,意大利对中国资金的需求不再那么迫切,同时在决定是否延期"一带一路"备忘录时也不得不考虑欧盟层面的态度,而后者坚持认为欧盟应整体上采取统一的政策对待"一带一路"。从梅洛尼政府的角度看,其不希望因"一带一路"备忘录续签问题破坏中意关系,主要原因在于加强对华务实合作完全符合意大利的国家利益。意大利是高度外向型的经济体,2022 年,其经济的对外依存度高达 57%,货物出口额占 GDP 的比重为 31%。2022 年,虽然对华出口额占意大利对外出口总额的比重仅为 2.6%,但是对华出口增长额占其对外出口增长总额的比重超过 30%。② 对于双边贸易长期存在的不平衡问题,虽然主要原因在于两国产业结构与比较优势的差异,但是过去几年

---

① "Via della Seta, asse con gli Usa. L'Italia ha già scelto di uscire", *Corriere della Sera*, 3 maggio 2023, https://www.corriere.it/politica/23_maggio_03/via-seta-asse-gli-usa-l-italia-ha-gia-scelto-uscire-b210ec88-e9e4-11ed-b051-eaed8a84c878.shtml, 最后访问日期: 2023 年 12 月 20 日。

② 本文中有关意大利对外贸易和对中国出口的数据均来自意大利国家统计局网站(https://www.istat.it)。

中方主动与意方签署多项协议，致力于扩大自意方进口规模。鉴于意大利的经济规模、相对完备的制造业体系和颇具特色的服务业，加之中国具备超大规模市场的需求潜力，中意经贸往来的规模和质量仍有较大提升空间。① 从文化角度看，中国和意大利分别是东方和西方文明的杰出代表，是公认的世界文化大国，均拥有丰富的历史文化遗产，而且相互间的友好交往源远流长，因此意大利始终重视与中国开展文化交流。基于此，是否续签"一带一路"备忘录被意大利媒体称为梅洛尼政府上任后面临的一大外交挑战。② 可以说，梅洛尼政府最终决定不再续签"一带一路"备忘录表明，地缘政治因素已在意大利对华关系决策中发挥了相当重要的作用。然而，并不能因此忽视意大利外交政策的灵活性与务实性及其保持对华合作的强烈意愿。2023 年 4 月，意大利成为第三届中国国际消费品博览会唯一主宾国。9 月，意大利成为第二届中外地理标志产品博览会的唯一主宾国。这表明意大利政商两界仍看好中国市场前景，仍重视对华经贸合作。总体而言，在两国政界和经济社会各界的共同努力下，双边关系的大局得以保持稳定，务实合作、互利共赢仍为两国关系的主流。

2023 年，中意两国高层全面恢复了面对面交往，为促进双边各领域合作发挥了引领作用。2 月 16~17 日，中共中央政治局委员、中央外事工作委员会办公室主任王毅访问意大利。在与意大利总统马塔雷拉的会见中，王毅首先转达了习近平主席的亲切问候，之后表示，中意都能从历史和文明的广阔角度包容对待彼此的不同，尊重各自的发展道路，推动两国关系保持健康稳定发展；中意应全面重启各层级交往，推动各领域互利合作；中方愿同意方携手努力，践行多边主义，维护联合国核心地位，推进完善全球治理，为世界和平稳定和中欧关系健康发展发挥建设性作用。马塔雷拉请王毅转达对

---

① 孙彦红：《维护中意务实合作大局意义深远》，《世界知识》2023 年第 18 期。

② "Italia-Cina, l'incognita della 'Via della Seta': il dossier scottante sul tavolo di Giorgia Meloni", *Il Sole 24 Ore*, 19 maggio 2023, https://www.ilsole24ore.com/art/italia-cina-incognita-via-seta-dossier-scottante-tavolo-giorgia-meloni-AESm9TVD? refresh_ ce = 1，最后访问日期：2023 年 12 月 20 日。

习近平主席的诚挚问候，表示愿本着相互理解、相互尊重精神推动意中关系发展，深化经贸、文化等领域合作，赞同双方尽快重启各项合作机制；意方支持欧盟发展对华关系，当前形势下，欧中合作对于应对全球挑战至关重要。[①] 6月25~27日，中联部部长刘建超率中共代表团访问意大利，分别同参议长拉鲁萨、副总理兼外长塔亚尼、前总理达莱马、民主党全国书记施莱因、意中理事会基金会主席博塞利等会见交流，并同意大利议会"中国之友"协会以及各界人士座谈。[②] 9月3~5日，意大利副总理兼外长塔亚尼访华，其间与王毅共同出席中意政府委员会第十一次联席会议。王毅在与塔亚尼会见时表示，面对地缘政治等挑战和干扰，中意应坚持互尊互信、开放合作、平等对话的正确相处之道；中方愿同意方落实好两国领导人重要共识，加强高层交往，夯实双边关系政治基础，拓展高水平务实合作，丰富人文交流，推动中意关系持续健康稳定向前发展。塔亚尼表示，意方高度重视发展长期稳定的意中关系；将继续恪守一个中国政策，期待同中方密切高层交往，加强各领域交流合作；尽管当前国际局势动荡不定，但意中关系不会受其影响。[③]

根据中国海关总署公布的统计数据，2023年，中意双边贸易额为717.57亿美元，同比下降7.2%，自新冠疫情以来首次出现下滑。其中，中国对意大利的出口额为445.23亿美元，同比下降11.8%；中国自意大利的进口额达272.34亿美元，同比增长1.4%。[④] 中意双边贸易额出现同比下降主要可归因为两个方面。其一，2023年全球经济不振，全球贸易活动整体呈萎缩态势。联合国贸发会议在2013年12月中旬发布的报告预测，2023年，全球贸易额将同比下滑5%。[⑤] 可以说，中意双边贸易额有所下滑与全

---

① 《意大利总统马塔雷拉会见王毅》，新华网，2023年2月17日，http：//www.xinhuanet.com/world/2023-02/17/c_1129375239.htm，最后访问日期：2023年12月20日。

② 《刘建超访问意大利》，《人民日报》2023年6月29日，第2版。

③ 《王毅同意大利副总理兼外长塔亚尼举行会谈》，中华人民共和国外交部网站，2023年9月4日，https：//www.fmprc.gov.cn/wjbz_673089/xghd_673097/202309/t20230904_11137853.shtml，最后访问日期：2023年12月20日。

④ 参见中国海关总署官方网页，http：//ningbo.customs.gov.cn/customs/302249/zfxxgk/2799825/302274/302275/index.html。

⑤ UNCTAD, *Global Trade Update*, December 2023.

球贸易额变化的大趋势是一致的。其二，2023 年，欧盟与意大利经济复苏势头明显减弱，在下半年更是趋于停滞，全年整体进口需求显著下降。根据意大利国家统计局的数据，2023 年 1~11 月，意大利的总进口额同比下降9%。换言之，意大利自中国进口下滑与该国进口整体下滑的趋势是一致的。然而，2023 年，中国自意大利进口额实现小幅同比增长表明，即便在当前全球经济低迷的状况下，中国作为意大利的重要出口市场仍有一定增长空间。值得注意的是，新冠疫情以来，中国电商平台在促进中国自意大利进口方面发挥的作用越来越突出。博科尼商学院的调查报告显示，2022 年，意大利 500 多家企业通过天猫国际、考拉、盒马鲜生、淘宝国际等电商平台向中国市场的出口销售额达 54.2 亿欧元，几乎占意大利对华出口总额的1/3。① 从双向投资来看，虽然意大利政府在收紧对中国企业赴意大利投资的审查，但是意大利企业在华投资在稳步发展。2023 年 3 月，中国意大利商会在中国的第八家办公室——天津办公室揭牌，表明意大利企业界对于继续在中国扩展业务持积极乐观态度。

2023 年，得益于人员正常往来恢复的推动，中意两国文化交流合作取得不少新进展。9 月和 11 月，意大利旅游部部长桑坦切（Daniela Santanchè）、大学与科研部部长贝尔尼尼（Anna Maria Bernini）先后率团访华，为两国全面重启旅游与高等教育合作注入了动力。此外，贯穿全年的高水准艺术展也为两国文化交流增色不少。4 月 27 日，"心影传神——乌菲齐美术馆藏大师自画像展"在中国国家博物馆面向公众开放，展出乌菲齐美术馆文艺复兴至当代的 50 幅画作，包括拉斐尔、提香、鲁本斯、伦勃朗等 50 位艺术大师的自画像。6 月 12 日，"古罗马文明之光——意大利那不勒斯国家考古博物馆珍藏展"在北京中华世纪坛艺术馆开幕。9 月 25 日，"庞贝神话——意大利那不勒斯国家考古博物馆藏古希腊古罗马珍品文物展"在国家典籍博物馆开幕，展出了来自意大利的 127 件/套珍贵馆藏文物。10 月 5~8 日，第三

---

① "Quanto vale il fattore Alibaba nell'export italiano in Cina", *WIRED*, 11 maggio 2023, https：//www.wired.it/article/alibaba-export-italiano-cina/，最后访问日期：2023 年 12 月 20 日。

届繁花中国电影节于意大利佛罗伦萨举行,《艺术学院》《长安三万里》《莫尔道嘎》《香魂女》等 15 部中国影片在电影节期间展映。12 月 12 日,中国首个卡拉瓦乔主题展"卡拉瓦乔与巴洛克奇迹"在上海浦东美术馆开幕,《捧果篮的男孩》等多幅意大利国宝级作品在国内美术馆首次亮相。值得一提的是,10 月 23~24 日,"中意世界文化遗产地结好论坛"在杭州成功举行,重启了因新冠疫情而陷入停顿的相关合作,还确定了接下来开展新的遗产地结对意向,体现了中意两国开展文化交流的特色。

六　结语与展望

综上所述,对于意大利而言,2023 年可谓相对平稳的一年。虽然由极右翼政党主导的梅洛尼政府上台引起国际社会的广泛关注,其中不乏对其执政能力的质疑声音,但是 2023 年梅洛尼政府的表现有力地回应了外界的各种担忧和疑虑。2023 年,梅洛尼政府不仅保持了稳定,还尝试在政治、经济、社会、外交各领域求"新"求"变",获得了较高的民众认可度。在政治方面,"稳"中求"变"体现得颇为充分。2023 年,梅洛尼政府在保持稳定的同时,还通过地方选举巩固了执政基础,特别是,11 月提出的宪法改革草案展现了其试图在改革国家政治体系上有所作为的雄心。此外,意大利政坛"常青树"贝卢斯科尼的离世增加了该国政治走向的不确定性。在经济方面,2023 年,意大利的通货膨胀率大幅回落,多方面因素导致经济增长显著放缓,但得益于"下一代欧盟"复苏基金的支持,其经济增长率仍高于欧盟的整体水平。梅洛尼政府调整"国家复苏与韧性计划"和为削减财政开支而大幅调整"超级津贴"计划也是其求"变"的突出体现。在社会方面,梅洛尼政府调整救助措施,转向更有针对性地帮扶各类困难群体,取得了较好成效,而其决定自 2024 年起废止"全民基本收入计划"的做法也体现了求"新"求"变"的抱负。在外交方面,梅洛尼政府在很大程度上延续了上届德拉吉政府的路线,在处理与欧盟关系时更加务实,在不与欧盟发生激烈冲突的前提下为本国争取现实利益,在对美国和北约关系上力图凸显自身作为西方国家的定位，同时也在一些重要问题上展现了希望实现突破和有所作为的雄心。毋庸置疑，上述新变化究竟会朝着什么方向发展，将在很大程度上受到未来国际格局演变的影响，有待跟踪观察。总体而言，虽然2023年意大利决定不再与中国续签"一带一路"备忘录，令中意关系发展出现了波折，但是在两国政界与经济社会各界的共同努力下，双边关系的大局得以保持稳定，务实合作、互利共赢仍为两国关系的主流。

2024年，意大利与中意关系的发展都是机遇与挑战并存。就意大利自身而言，虽然由欧盟资金支持的"国家复苏与韧性计划"的逐步落实将继续为其经济增长提供支撑，但是在经济已呈现"三高一低"特征的背景下，预计2024年经济增长很难回到2021年和2022年的高位，很可能与2023年持平。特别是，当前意大利的经济增长主要依靠欧盟资金"输血"来支撑，自身"造血"功能还未真正得到加强，未来会在欧盟资金的助力下步入可持续增长的新轨道，还是会在欧盟资金用尽后重回低迷状态，存在较大的不确定性。在政治上，虽然至2023年年底执政联盟内三党仍较为团结，但是在即将于2024年6月举行的欧洲议会选举中，三党将因属于不同的党团而展开激烈竞争，加之贝卢斯科尼去世后意大利力量党前途未卜，梅洛尼能否继续团结其他两党的领导人进而保持政府稳定还存在变数。

就中意关系而言，虽然地缘政治因素已在意大利对华关系决策中产生重要影响，但是正如意大利副总理兼外长塔亚尼在2023年9月访华期间所言，意方高度重视发展长期稳定的意中关系，并不希望两国关系受到国际局势动荡的冲击。考虑到两国在政治上无重大利益冲突、在经济上高度互补、在文化上相互欣赏的"基本面"并未改变，同时两国也有加强务实合作的共同愿望，只要继续秉持务实开放态度加强沟通，求同存异，继续在各领域实现互利共赢的空间仍很广阔。2024年是中意建立全面战略伙伴关系20周年，也是中意文化交流的标志性人物马可·波罗逝世700周年，因此有望成为两国加强合作的重要年份。若2024年中国与意大利能够推动实现国家元首或政府首脑级别的国事访问，更新两国全面战略伙伴关系文件，并且签署新的全面合作计划，将为未来两国继续加强务实合作以及共同应对全球性挑战提供新的重要指引。

分 报 告

B.2

意大利政治：开启"后贝卢斯 科尼时代"*

石 豆**

摘 要： 2023 年，梅洛尼政府执政第一年的支持率总体较为稳定，这得益于新政府延续了德拉吉政府以来的对内对外政策。在 5 月中旬举行的市政选举中，中右阵营延续了 2022 年大选的强势，中左阵营的表现不尽如人意。进入 11 月，梅洛尼政府正式提出宪法改革草案，旨在引入"直选总理"机制以加强政府稳定性，但遭到在野党普遍反对。2023 年，执政党与在野党均迎来新的挑战。执政党方面，贝卢斯科尼去世为意大利力量党的前景投下阴影，进而可能影响中右阵营政党之间的关系。在野党方面，卡兰达领导的行动党与伦齐领导的意大利活力党分道扬镳，"第三极"不复存在，重振"中间阵营"再次失败。2024 年是意大利的选举大年，各党派将围绕欧洲议

---

* 本文受到中央高校基本科研业务费专项"从清末至今中国意大利研究的视域变迁"（项目编号：2122019342）的资助。

** 石豆，南开大学意大利语讲师，天津翻译协会理事，主要研究领域为意大利语言文化、意大利政党政治。

会选举、地方选举和宪法改革继续展开竞争。

关键词： 梅洛尼政府　宪法改革　贝卢斯科尼　意大利活力党　行动党

2023 年，面对依旧严峻的国内国际挑战，梅洛尼政府平稳度过了执政的第一年。这得益于梅洛尼政府采取了务实的对内对外政策，与德拉吉政府时期保持了高度的延续性，令新政府树立了可信的国内和国际形象。在 5 月中旬举行的市政选举中，中右阵营大获全胜，延续了自 2022 年大选以来的强势，巩固了新政府的基础。进入 11 月，梅洛尼政府提出"直选总理"草案，正式重启宪法改革，但遭到在野党普遍反对。2023 年，意大利主要政党中除民主党迎来新任书记施莱因（Elly Schlein）外，意大利兄弟党、五星运动以及联盟党并未经历重大调整，但意大利力量党（后简称"力量党"）、行动党、意大利活力党（后简称"活力党"）等中小党派的最新动态，却使得意大利政党格局"暗流涌动"。

一　2023年意大利政局变化

2023 年并非意大利的选举大年，这使得梅洛尼政府能够专注于内政外交。总体而言，梅洛尼政府执政第一年的表现获得了民众认可，执政党联盟在 5 月中旬举行的市政选举中也收获颇丰。但年末梅洛尼政府正式启动"直选总理"（premierato）宪法改革，可能激化与在野党之间的矛盾。

（一）梅洛尼政府：追求务实且延续的对内对外政策

2022 年梅洛尼政府上台后，总体上延续了上届德拉吉政府的国内政策，将控制能源成本、对抗通胀作为政府工作的优先事项。彼时意大利经济仍处于复苏阶段，在经历了 2021 年国内生产总值（GDP）增长 6.7% 的强势反弹后，2022 年 GDP 再次增长 3.7%，涨幅高于预期。进入 2023 年，在俄乌冲突延续、意大利国内通胀持续高企、全球经济增长乏力的大背景下，意大利经济增长后劲不足，这使得德拉吉政府时期颁布的税收、就业、能源等领域的许多优惠政策难以为继。因此，梅洛尼政府成立后，相继出台了一系列措施以减少政府开支。例如，2023 年年初，意大利政府宣布不再延长燃料消费税退税；2023 年 2 月，意大利政府宣布进一步收紧用于房屋节能、防震改造的"超级津贴"（Superbonus）计划。如果说上述两项政策并未引起意大利社会的强烈反应，梅洛尼政府决定逐步废除"全民基本收入计划"，则激化了执政党与在野党之间的矛盾。

"全民基本收入计划"最早由孔特一期政府于 2019 年引入，是五星运动执政期间最重要的国内政策之一。2021 年，德拉吉政府通过《2022 年预算法》对其进行修订。2022 年梅洛尼政府上台后，通过《2023 年预算法》再度对其进行修订。该法律除进一步收紧 2023 年度申请人的限制条件和可申请的金额及期数外，还明确规定自 2024 年 1 月 1 日起，将正式废止"全民基本收入计划"，取而代之的是梅洛尼政府推出的"包容性津贴"（assegno di inclusione）。根据意大利政府发布的数据，截至 2023 年 8 月 1 日，共有 89.6 万户家庭受益于"全民基本收入计划"；8 月 1 日之后，将有 16 万~17 万户家庭无法继续申请该项补贴，这一数据将在 2023 年内上升到 25 万户，并在 2024 年内上升至 43.6 万户。①

对于梅洛尼政府废止"全民基本收入计划"的决定，五星运动的反应最为强烈。党派创始人格里洛批评梅洛尼政府工作的核心是"向穷人宣战"；②众议院前议长、五星运动议员菲科称政府的决定"混乱且短视"，是国家的倒退；③而前总理、五星运动现任主席孔特则提醒政府，要警惕该决定可能会带来的

①　"Rdc, 250mila famiglie saranno senza entro il 2023. E dopo?", *Sky TG24*, 1 agosto 2023, https：//tg24. sky. it/economia/2023/08/01/reddito-cittadinanza-famiglie-dati-2023，最后访问日期：2023 年 11 月 7 日。

②　"Reddito di cittadinanza, Pd e M5s：Governano con l'algoritmo della cattiveria. Forza Italia：Indagine parlamentare", *La Repubblica*, 30 luglio 2023, https：//www. repubblica. it/politica/2023/07/30/news/pd_ e_ m5s_ allattacco_ sul_ reddito_ di_ cittadinanza_ governano_ con_ lalgoritmo_ della_ cattiveria-409483630/，最后访问日期：2023 年 11 月 7 日。

③　Emanuele Buzzi, "Fico (M5S)：Abolire il reddito di cittadinanza? Il governo è confuso e miope. Così torniamo al passato", *Corriere della Sera*, 7 marzo 2023, https：//www. corriere. it/politica/23_ marzo_ 07/fico-m5s-abolire-reddito-cittadinanza-10d30796-bc55-11ed-9045-076b9cc 27837. shtml，最后访问日期：2023 年 11 月 6 日。

"社会灾难"。①民主党对待"全民基本收入计划"的态度经历了以下变化：从早年反对该政策，到2022年大选时主张保留并改良，再到梅洛尼政府决定废除该政策后与五星运动一起指责政府不顾底层人民生活。②梅洛尼政府取消"全民基本收入计划"的"新政"引发了那不勒斯、罗马等地部分民众的不满，这些地方先后爆发了一些示威游行，但规模较小，并未造成太大的社会影响。这是因为多数意大利民众赞成政府收紧"全民基本收入计划"，反对的声音主要集中在那不勒斯等南方城市。

总体而言，梅洛尼政府以较小的代价改变了前几届政府的若干国内政策。有意大利学者认为，这在一定程度上增强了梅洛尼政府税收政策的公信力。③与此同时，梅洛尼政府推进"国家复苏与韧性计划"的总体进展较为顺利。尽管对计划的修改以及与欧盟的协调使得拨款进度出现延误，但意大利还是在2023年内收到了欧盟的第三笔和第四笔拨款。在外交政策方面，梅洛尼政府也大体延续了德拉吉政府时期的路线，加强了与欧盟和美国在国际事务上的协调。例如，在俄乌冲突议题上，尽管执政党联盟中的力量党和联盟党都有亲俄的传统，但梅洛尼政府选择站在乌克兰一方，并支持对乌进行武器援助。在地中海非法移民问题上，意大利虽然与法国爆发了一些争执，但欧盟加大了在其中斡旋的力度。2023年6月，意大利总理梅洛尼、荷兰首相吕特和欧盟委员会主席冯德莱恩一同访问突尼斯，为与非洲国家签署谅解备忘录以控制地中海的移民潮奠定了基础。2023年9月，冯德莱恩

---

① "Conte, allarme disastro sociale su reddito di cittadinanza", *ANSA*, 1 agosto 2023, https：//www. ansa. it/sito/notizie/politica/2023/08/01/conte-allarme-disastro-sociale-su-reddito-di-cittadinanza_ eaf36968-51be-424e-84e0-d5a56674a1e8. html，最后访问日期：2023年11月7日。

② Pierluigi Battista, "Rdc, il Pd di ieri contro quello di oggi：cambiare idea è lecito, senza spiegarlo resta un senso di ridicolo", *HuffPost Italia*, 1 agosto 2023, https：//www. huffingtonpost. it/rubriche/uscita-di-sicurezza/2023/08/01/news/rdc_ il_ pd_ di_ ieri_ contro_ quello_ di_ oggi_ cambiare_ idea_ e_ lecito_ senza_ spiegarlo_ resta_ un_ senso_ di_ ridicolo-13040675/，最后访问日期：2023年11月7日。

③ Feltri Stefano, *Una forza fragile. Il primo anno di Giorgia Meloni e della nuova destra al potere*, 2023, Fondazione Friedrich Ebert in Italia, p. 5, https：//library. fes. de/pdf-files/bueros/rom/20636. pdf，最后访问日期：2023年11月7日。

与梅洛尼一同前往意大利兰佩杜萨岛，视察移民管理一线，并召开新闻发布会。虽然梅洛尼及其意大利兄弟党在野期间一直指责欧盟在移民问题上不作为，但梅洛尼政府上台后在移民问题上的态度转向务实，加强了与欧盟的合作。在对美政策上，梅洛尼于 2023 年 7 月底对美国进行正式访问，进一步强化了意美同盟关系。在巴以冲突爆发后，梅洛尼政府同样选择与欧盟和美国的立场保持一致，强调以色列拥有正当的自卫权。

在梅洛尼政府执政一周年之际，意大利民调机构 Demopolis 发布了对政府的满意度调查。①其中，40% 的受访者对政府第一年的表现表示满意，46% 的受访者对总理梅洛尼的表现表示满意。在对新政府内政外交的评价中，60% 的受访者认可意大利目前与欧盟的关系，另有超半数的受访者（54%）对意大利的外交政策给予了积极评价。在国内议题上，受访者对税收政策的满意度为 44%，对控制通胀（28%）、医疗（25%）、移民（20%）等议题的满意度较低。在另一项由民调机构 Quorum/YouTrend 为 Sky TG24 所做的调查中，梅洛尼和孔特分别以 20% 和 19% 的得票率成为支持率排名前两位的党派领导人，其余党派领导人的支持率均为个位数。与之相应的，意大利兄弟党（19%）和五星运动（18%）被视为表现最好的执政党和在野党。②

（二）市政选举：中右阵营延续强势

2023 年并非意大利的选举大年，但仍有 786 个市镇迎来地方选举，其中包括 19 个省会城市和 1 个大区首府。③首先，在 19 个省会城市的"选举争夺"

---

① Istituto Demopolis，"Un anno di Governo Meloni nel giudizio degli italiani"，*RaiNews*，2 novembre 2023，https：//www.rainews.it/photogallery/2023/11/un-anno-di-governo-meloni-nel-giudizio-degli-italiani--e5b3d98c-dcef-40fe-ab29-11faa28 b0167.html，最后访问日期：2023 年 11 月 3 日。

② Sondaggio Quorum/YouTrend per Sky TG24，"Un anno dopo voto Meloni considerata leader che si è comportata meglio"，*Sky TG24*，25 settembre 2023，https：//tg24.sky.it/politica/2023/09/25/leader-politica-sondaggio-youtrend，最后访问日期：2023 年 11 月 3 日。

③ 19 个省会城市为：安科纳（Ancona）（马尔凯大区首府）、布雷西亚（Brescia）、布林迪西（Brindisi）、卡塔尼亚（Catania）、福贾（Foggia）、因佩里亚（Imperia）、拉蒂纳（Latina）、马萨（Massa）、比萨（Pisa）、拉古萨（Ragusa）、锡耶纳（Siena）、锡拉库萨（Siracusa）、松德里奥（Sondrio）、泰拉莫（Teramo）、特尔尼（Terni）、特拉帕尼（Trapani）、特雷维索（Treviso）、乌迪内（Udine）、维琴察（Vincenza）。

中，中左阵营在选举前拥有 5 名市长，中右阵营拥有 7 名市长；选举过后，中左阵营的市长人数变成 6 人，中右阵营的市长人数则增加到 10 人。此外，在最受瞩目的马尔凯大区首府安科纳市的选举中，中右阵营候选人西尔维蒂（Daniele Silvetti）击败中左阵营候选人西蒙内拉（Ida Simonella）当选市长。而此前 30 年，该市市长一直来自中左阵营。因此，这一结果被中右阵营视为本轮市政选举中的最大突破。[①]其次，在对人口超过 1.5 万人的 92 座城市的"选举争夺"中，中右阵营的市长人数从 19 人上升到 29 人，而中左阵营的市长人数仅增加 2 人，由 23 人变为 25 人。[②]中右阵营对中左阵营的压倒性胜利不仅体现在胜选的城市数量上，还体现在城市的地理分布上，从北部城市松德里奥（Sondrio）到南部城市布林迪西（Brindisi），中右阵营在意大利各个选区都取得了对中左阵营的优势。从具体党派来看，意大利兄弟党仍保持中右阵营第一大党的位置，联盟党在北方选区仍保持一定优势，而力量党的选情进一步走低。中左阵营方面，民主党有复苏的迹象，但五星运动收获惨淡，几乎在所有选区的支持率都不超过 5%。[③]

2023 年市政选举的结果呈现与 2022 年大选相似的特点。首先，中右阵营取胜的关键在于更加团结，而中左翼政党依旧分裂。例如，在全部 19 个省会城市选举中，中右阵营在绝大多数情况下经商议后支持同一位市长候选人；而中左翼政党方面，民主党、五星运动、"第三极"仅在少数城市联合，且多数情况下未能取胜。其次，市政选举的投票率进一步下滑，仅为 59.03%，较上一轮地方选举下降了约 2 个百分点，较 2022 年大选则下降了近 5 个百分点。市政选举过后，中右阵营斩获颇丰，巩固了梅洛尼政府的执

---

① "Amministrative: il Centrodestra vince ovunque tranne che a Vicenza. Meloni: 'Ancona risultato storico'", *ANSA*, 30 maggio 2023, https://www.ansa.it/sito/notizie/politica/2023/05/29/amministrative-il-centrodestra-vince-ovunque-tranne-che-a-vicenza.-meloni-ancona-risultato-storico_1ac115b5-330d-4519-872a-ac7d9210e063.html, 最后访问日期：2023 年 11 月 7 日。

② "Speciale Elezioni Comunali 2023: tutti i risultati", *La Repubblica*, 2023, https://www.elezioni.repubblica.it/2023/comunali/, 最后访问日期：2023 年 11 月 7 日。

③ Antonio Fraschilla, "Risultati Comunali: FdI schiaccia la Lega, Pd in ripresa, M5S meno del 5% quasi ovunque, FI ai minimi storici. Ecco chi vince e chi perde", *La Repubblica*, 16 maggio 2023, https://www.repubblica.it/politica/2023/05/16/news/risultati_amministrative_2023_pd_lega_fdi_fi_m5s-400322425/, 最后访问日期：2023 年 11 月 7 日。

政基础。中左阵营方面，民主党与五星运动的选择性联合策略效果不佳。一方面，这是由于五星运动长期在地方选举中表现低迷，即使与民主党联合，对中左阵营胜选的贡献也并不大；另一方面，正如孔特所言，为应对选举而临时组建的"大联合阵营"缺乏凝聚力，无法提出真正有别于中右阵营的替代方案。①对于民主党而言，外界期待的"施莱因效应"并未出现。实际上，对于这位 2023 年 3 月新当选的书记而言，施莱因为这一轮市政选举所做的准备并不充分。民主党的表现不尽如人意，自然不能简单地归责于施莱因。然而，对于当前的中左翼政党而言，尽管所有人都知道，各自为政的结果是无法与中右阵营竞争，但如何处理好各党派之间的竞合关系，将考验包括施莱因和孔特在内的主要领导人的政治智慧。

（三）重启宪法改革：从"直选总统"到"直选总理"

梅洛尼领导的意大利兄弟党自成立以来，一直主张通过某种形式的宪法改革来加强政府的稳定性。2013 年大选期间，意大利兄弟党首次提出其宪法改革主张，包括直选共和国总统、强化行政权力、取消"对等两院制"等，从而建立起一个"总统制共和国"。②此后，有关"总统制"改革的主张先后出现在该党 2017 年的《的里雅斯特论纲》③ 以及 2018 年和 2022 年大选的竞选纲领中。④ 2018 年 6 月 11 日，意大利兄弟党首次在众议院提出宪

---

① "Elezioni Comunali, Le reazioni politiche dopo i risultati del ballottaggio, da Salvini a Meloni", *Sky TG24*, 29 maggio 2023, https://tg24.sky.it/politica/2023/05/29/risultati-ballottaggio-elezioni-comunali-reazioni，最后访问日期：2023 年 11 月 13 日。

② "Politiche 2013, i punti di 'Fratelli d'Italia' dall'euro alla giustizia", *Public Policy*, 4 gennaio 2013, https://www.publicpolicy.it/politiche-2013-i-punti-di-fratelli-ditalia-dalleuro-alla-giustizia-4347.html，最后访问日期：2023 年 11 月 13 日。

③ "Tesi di Trieste per il Movimento dei Patrioti", *flipsnack*, 2017, https://www.flipsnack.com/fratelliditalia/tesi-di-trieste.html，最后访问日期：2023 年 11 月 13 日。

④ "Un programma per l'Italia. Per la crescita, la sicurezza, le famiglie e la piena occupazione", 2018, https://dait.interno.gov.it/documenti/trasparenza/politiche 2018/Doc/97/97_ Prog_ Elettorale.pdf; "Il Programma. Pronti a risollevare l'Italia. Elezioni politiche", 2022, https://www.fratelli-italia.it/wp-content/uploads/2022/08/Brochure_ programma_ FdI_ qr_ def.pdf，最后访问日期：2023 年 11 月 14 日。

法改革提案，主张应通过直选总统，在意大利推行类似法国的"半总统制"。①但此阶段，意大利兄弟党的宪法改革主张有前后矛盾之处。例如，该党在强调赋予总统更大权力的同时，还主张引入"建设性不信任"（sfiducia costruttiva）制度，而后者实际上是加强总理权力的重要工具。② 2022 年 10 月 25 日，梅洛尼在出任总理后的首次议会演说中重申，本届政府将推动直选总统，以保证政治稳定，恢复人民主权的中心地位。③

　　然而，梅洛尼政府的"总统制"改革主张在 2023 年 5 月迎来了转折。2023 年 5 月 9 日，梅洛尼就宪法改革议题与在野党展开讨论。5 月 17 日，在总理秘书曼托瓦诺（Alfredo Mantovano）的领导下，Federalismi. it 杂志与治理进程研究所（Osservatorio sui processi di governo）在罗马联合举办了题为"体制改革与政府形势"的学术研讨会，有近 60 名持不同立场的宪法学者参与讨论。两场会议讨论得出的结果高度一致，即多数人反对在意大利推行"总统制"或"半总统制"改革，但对加强政府首脑的权力持开放态度。此后，梅洛尼政府的宪法改革主张从"直选总统"转向"直选总理"。经过近半年的酝酿，梅洛尼政府于 2023 年 11 月 3 日批准了有关"直选总理"的宪法改革草案，主要包括以下五个方面的内容。（1）引入总理直选机制，总理由普选产生，与全国议会选举同时进行，使用同一张选票。此外规定，总理应在其代表的议院中选出，且在任何情况下，总理都必须是议员。（2）规定总理任期为五年，以保障政府和政治方向的稳定。（3）为确保政

① Camera dei deputati, "XVIII Legislatura-Testi allegati all'ordine del giorno", 11 giugno 2018, https：//www. camera. it/leg18/995？sezione = documenti&tipoDoc = lavori _ testo _ pdl&idLeg islatura = 18&codice = leg. 18. pdl. camera. 716. 18PDL00 15210&back _ to = http：//www. camera. it/leg18/126？tab = 2-e-leg = 18-e-idDo cumento = 716-e-sede = -e-tipo = ，最后访问日期：2023 年 11 月 14 日。

② Valbruzzi Marco e Sofia Ventura, *Le riforme costituzionali in Italia：Le proposte della destra al governo*, 2023, Fondazione Friedrich Ebert in Italia, p. 6, https：//library. fes. de/pdf-files/bueros/rom/20584. pdf，最后访问日期：2023 年 11 月 14 日。

③ Governo Italiano Presidenza del Consiglio dei Ministri, "Le dichiarazioni programmatiche del Governo Meloni", 25 ottobre 2022, https：//www. governo. it/it/articolo/ le-dichiarazioni-programmatiche-del-governo-meloni/20770，最后访问日期：2022 年 11 月 27 日。

府连续性以及选民意志得到尊重，总理若辞职或不能继续履职，只能由多数派议员接替；新任总理任期届满后，议会将解散。（4）改革选举制度，在全国范围内分配奖励席位，确保总理所在的政党或政党联盟在议会中拥有55%的席位，以保证政府具备治理能力。（5）共和国总统不再任命终身参议员，但已任命的终身参议员继续留任。①

根据政府发布的公告，该草案的设计原则是对宪法进行最低程度的修改，以便与意大利的宪法和议会传统保持一致，并最大限度地保障共和国总统作为维护国家团结关键人物的权力。② 宪法改革的目标是提高政府的稳定性，使其能够实施中长期的政治方针；巩固民主原则，提高选民在确定国家政治方向中的作用；促进增强选举阵营的凝聚力；打击议会转型主义。同时，梅洛尼政府多个相关部委均表示，该草案文本并非不可修改，与在野党的讨论是开放的。③

宪法改革草案通过后，很快遭到在野党的批评。民主党书记施莱因称宪法改革草案"违宪且危险"，将尽一切努力阻止改革，因为该草案削弱了议会和总统的权力。④此外，民主党认为宪法改革并非当务之急，梅洛尼政府启动宪法改革，是为了转移民众对当前意大利经济社会问题的注意力。五星运动主席孔特则表示，如果关于宪法改革的全民公投失败，梅洛尼应承担相

① Governo Italiano Presidenza del Consiglio dei Ministri, "Comunicato stampa del Consiglio dei Ministri n. 57", 3 novembre 2023, https：//www. governo. it/it/articolo/comunicato-stampa-del-consiglio-dei-ministri-n-57/24163，最后访问日期：2023 年 11 月 5 日。

② Governo Italiano Presidenza del Consiglio dei Ministri, "Comunicato stampa del Consiglio dei Ministri n. 57", 3 novembre 2023, https：//www. governo. it/it/articolo/comunicato-stampa-del-consiglio-dei-ministri-n-57/24163，最后访问日期：2023 年 11 月 5 日。

③ Adriana Logroscino, "Premierato, parte la conta dei voti. Casellati：aperti alle modifiche", *Corriere della Sera*, 5 novembre 2023, https：//www. corriere. it/politica/23_ novembre_ 05/ riforma-premierato-conta-voti-64788408-7c11-11ee-8eea-fc9ff09b1145. shtml，最后访问日期：2023 年 11 月 7 日。

④ Franco Stefanoni, "Schlein attacca la riforma del Premierato：'pericolosa e contro la costituzione, faremo di tutto per impedirla'", *Corriere della Sera*, 4 novembre 23, https：//www. corriere. it/ politica/23_ novembre_ 04/schlein-attacca-riforma-prem ierato-pericolosa-contro-costituzione-faremo-tutto-impedirla-ced43fe4-7b09-11ee-a74c-7ca6 70ad1bbe. shtml，最后访问日期：2023 年 11 月 7 日。

应后果。① 行动党书记卡兰达同样认为梅洛尼的改革"十分危险"，他的理由是不应轻易试图发明新的政治体制模式，而应借鉴行之有效的模式，如德国模式。②在野党中唯一对"直选总理"持开放态度的是活力党主席伦齐。伦齐并不认为宪法改革会导致政府权力过大，也不认为"直选总理"将弱化总统的权力。他还表示，如果宪法改革文本进一步完善，活力党会去投票。③可以预见，梅洛尼政府推进宪法改革的过程必将困难重重。在未占据议会 2/3 席位的情况下，如果政府无法与在野党就宪法改革内容达成一致，梅洛尼最终将不得不诉诸全民公投。

二 2023年主要政党动态

2023 年，意大利中右、中左阵营均迎来新的挑战。中右阵营方面，贝卢斯科尼去世，令"后贝卢斯科尼时代"的力量党与中右阵营的前景充满不确定性。中左翼政党方面，卡兰达领导的行动党与伦齐领导的活力党分道扬镳，"第三极"破裂，使得意大利的政党格局更为支离破碎。

（一）"后贝卢斯科尼时代"：力量党前途未卜

学界一般将 2011 年贝卢斯科尼政府倒台，视作意大利政党政治"贝卢

① Luca Pons，"Premierato, Conte sfida Meloni：'Se si va al referendum e perde, deve trarne le conseguenze'"，*Fanpage*，6 novembre 2023，https：//www. fanpage. it/politica/premierato-conte-sfida-meloni-se-si-va-al-referendum-e-perde-deve-trarne-le-conseguenze/，最后访问日期：2023 年 11 月 7 日。

② "Premierato, Calenda Boccia La Riforma：La Risposta All'Adnkronos"，*Adnkronos*，13 novembre 2023，https：//www. adnkronos. com/politica/premierato-calenda-boccia-la-riforma-la-risposta-alla dnkronos_ 4aVUawYjZ4RnkW2tqd5D4S，最后访问日期：2023 年 11 月 14 日。

③ Maria Teresa Meli，"Intervista a Renzi：'Pronti a votare la riforma costituzionale, se migliorata. Non farò a Meloni ciò che lei fece a me'"，*Corriere della Sera*，4 novembre 2023，https：//www. corriere. it/politica/23_ novembre_ 04/matteo-renzi-intervista-riforma-costituzionale-a67cb802-7b48-11ee-a74c-7ca670ad1bbe. shtml，最后访问日期：2023 年 11 月 7 日。

斯科尼时代"的终结。①此后，作为意大利"第二共和"的缔造者的贝卢斯科尼不再占据意大利政治舞台的核心位置，意大利的政党格局进入新的发展阶段。即便如此，在过去的十多年中，贝卢斯科尼依旧是意大利政坛的主角之一。尤其对于中右阵营和力量党而言，似乎只有在 2023 年贝卢斯科尼去世后，才能真正谈论"后贝卢斯科尼时代"。失去了贝卢斯科尼的力量党还能存续吗？力量党的未来对梅洛尼政府又会产生何种影响？这是"后贝卢斯科尼时代"人们最关心的话题。

对于力量党未来的担忧是合理的，因为该党自 1994 年诞生之日起，就被视作贝卢斯科尼的"个人政党"。在过去的 30 年中，力量党的发展轨迹与其创始人的命运紧密相连。贝卢斯科尼不仅是力量党的创立者和政治领袖，还是该党的赞助人和"雇主"。鉴于这种不对称的权力关系，力量党一直被牢牢掌握在贝卢斯科尼一人手中。1994 年力量党成立后，首次参与意大利大选就大获成功，获得了 21.1% 的选票，成为议会第一大党。此后近 20 年中，力量党一直是中右阵营的绝对领袖。2001 年大选，力量党独自获得 29.43% 的选票（见图 1），为历史之最。2008 年大选，力量党与国家联盟（Alleanza Nazionale）合并，成立"自由人民党"（Popolo della Libertà），获得了 37.38% 的选票，创下中右阵营单一政党得票率的最高纪录。但 2011年贝卢斯科尼政府倒台，成为力量党及中右阵营发展史上的转折点。2013年大选，中右阵营败选，自由人民党解散，力量党回归，但辉煌不再。2018年大选，力量党被萨尔维尼领导的联盟党超越，中右阵营的盟主地位首次易主。2022 年大选，力量党的支持率进一步下滑，不仅被梅洛尼领导的意大利兄弟党远远甩开，也未能实现对联盟党的超越，在中右阵营中的地位进一步边缘化。2023 年 6 月贝卢斯科尼去世，给力量党的未来蒙上巨大阴影。

贝卢斯科尼在生前从未认真考虑过力量党的接班人问题，这也导致在不同时期党内部分骨干流失。例如，2012 年，作为自由人民党主席的贝卢斯

---

① Ceccarini Luigi, "Un nuovo cleavage? I perdenti e i vincenti (della globalizzazione)", in Bordignon Fabio, Luigi Ceccarini e Ilvo Diamanti (eds.), *Le divergenze parallele. L'Italia: dal voto devoto al voto liquido*, Editori Laterza, 2018, pp. 156-182.

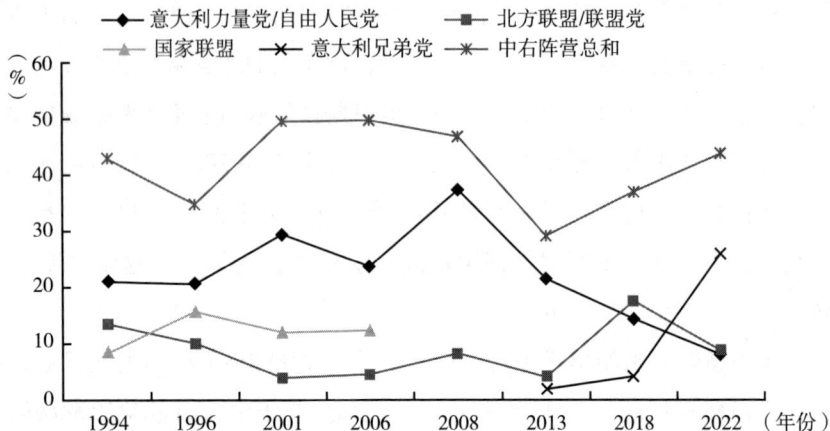

图1　1994~2022年历次大选中中右阵营主要政党支持率变化情况

资料来源：笔者根据意大利内政部网站（http：//www. interno. gov. it）数据整理制作。

科尼表示要放开党内初选，新任自由人民党书记阿尔法诺（Angelino Alfano）被视作潜在候选人之一。但之后贝卢斯科尼改变主意，不再谈论此事。2013年大选后，莱塔政府获得了自由人民党的支持。但2013年11月，因贝卢斯科尼被判决犯有税务欺诈罪，参议院投票决定取消其担任公职的资格。此后，贝卢斯科尼宣布撤销对莱塔政府的支持。然而，自由人民党的五位部长并未听从贝卢斯科尼的指示，而是脱离了该党，成立了"新中右党"（Nuovo Centrodestra），由阿尔法诺担任主席，并且继续支持莱塔政府。自由人民党解散后，力量党依旧被牢牢掌控在贝卢斯科尼手中，但随着党派支持率持续下滑，贝卢斯科尼也受到了党内的一些挑战。最近的例子是2019年，时任利古里亚大区主席托蒂（Giovanni Toti）主张党内改革，开放党内初选。但在最后一刻，贝卢斯科尼再次改变主意。此后，力量党选出5名新的全国委员会成员，托蒂并不在其中，这也直接导致托蒂脱离力量党，成立自己的党派"一起改变"（Cambiamo）。①

　　贝卢斯科尼去世一个月后，意大利副总理兼外长塔亚尼出任力量党临时

----

① 石豆：《意大利政治："民粹政府"谢幕，不确定性加剧》，载孙彦红主编《意大利发展报告（2019~2020）：中国与意大利建交50年》，社会科学文献出版社，2020，第37~51页。

全国书记。塔亚尼是力量党的创始人之一，是贝卢斯科尼在党内的左膀右臂，一直位于党内的核心领导层。在进入梅洛尼政府之前，塔亚尼主要在欧盟任职。早在1994年，他就当选为欧洲议会议员，此后先后出任欧盟交通专员、欧盟工业和企业专员等重要职务。2017年，他当选欧洲议会议长，2019年7月任期结束。2018年，他被贝卢斯科尼任命为力量党副主席，2021年又被任命为力量党唯一的全国协调员。因此，无论从政治履历、党内基础还是与贝卢斯科尼家族的紧密关系来看，塔亚尼都是现阶段力量党的最佳领导候选人。在当选力量党临时书记后，塔亚尼也坦言，自己继承了一份"不可能的遗产"，即贝卢斯科尼对于力量党而言是无法被取代的。[①]对于力量党的未来，塔亚尼强调了对创始人路线的坚持，指出力量党作为中右阵营中的温和派，在意大利政治格局中具有不可替代的作用，并承诺将重振该党。按照计划，力量党于2024年2月24~25日召开全国大会，以正式选出党内新一届领导层。不出意外，塔亚尼实现了"转正"，成为贝卢斯科尼之后力量党的第一位政治领袖。

然而，塔亚尼面前并非一片坦途。首先，力量党面临严重的债务问题，可能会影响其存续。力量党截至2023年年底负债近1亿欧元，是意大利负债最多的政党，而创始人贝卢斯科尼正是该党的最大债权人。从该党的资金来源看，仅2023年，贝卢斯科尼家族的捐款就占力量党获得的全部资助的56%，其他捐款主要来自担任公职的党员。[②]贝卢斯科尼去世后，虽然其家族表示会继续支持力量党，但党内势必会面临更大的财政压力。其次，长期来看，力量党内部的权力斗争会进一步加剧。这里主要涉及贝卢斯科尼家族成员［例如，贝卢斯科尼的伴侣、众议员法希纳（Marta Fascina）］、塔亚尼与党内其他领导人之间的关系。贝卢斯科尼在世时，拥有对党派的绝对掌

---

① "Forza Italia dopo Berlusconi: Tajani segretario fino al congresso: 'Ora uniti'", *Il Sole 24 Ore*, 15 luglio 2023, https://www.ilsole24ore.com/art/fi-tajani-c-e-solo-presidente-berlusconi-statuto-ora-segretario-nazionale-AF9qDmE, 最后访问日期：2023年8月26日。

② Davide Leo e Federico Gonzato, "Forza Italia è il partito con più debiti di tutti", *Pagella Politica*, 14 giugno 2023, https://pagellapolitica.it/articoli/debiti-forza-italia-partiti, 最后访问日期：2023年11月14日。

控权，在其过世之后，这种不对等的权力关系在一定程度上被贝卢斯科尼家族成员继承。虽然目前法希纳表示无意在党内担任要职，贝卢斯科尼的子女玛丽娜、皮耶尔也均表示无意从政，但毫无疑问，贝卢斯科尼家族仍是力量党的实际控制者。塔亚尼目前在党内拥有很高的威望，但他仍需要用实际成绩来巩固自己在党内的地位，以应对其他的潜在挑战者。最后，力量党与中右阵营盟友的关系也将变得更为复杂。一方面，贝卢斯科尼离世后，梅洛尼和萨尔维尼都虎视眈眈，希望进一步"蚕食"力量党的选民基础；另一方面，从梅洛尼的角度看，力量党目前是执政党联盟不可或缺的一部分，在本届政府中拥有超过其实际支持率的影响力。[①]因此，短期内梅洛尼并不希望看到力量党走向分裂，因为这将破坏政府的稳定性。总之，"后贝卢斯科尼时代"力量党的未来充满不确定性。其前景是如许多观察者所言，将随着创始人生命的终结不可避免地走向"消亡"，还是能够"化危为机"，摆脱"个人政党"的标签，向一个"正常"的政党转变，值得密切关注。

（二）"第三极"破裂："中间阵营"难成气候

2023 年 11 月，伦齐领导的活力党与卡兰达领导的行动党在参众两院的联合党团完成切分，正式宣告"第三极"破裂，两党的合并计划也成为历史。"第三极"是活力党与行动党在 2022 年大选前夕成立的竞选联盟，意图在中左、中右阵营之外，建立起一个主张改革主义和自由主义的"中间阵营"。值得一提的是，"第三极"不仅由前中左阵营的政党组成，还吸引了来自中右阵营的政治骨干。2022 年德拉吉政府发生危机后，力量党中的几位重要人物因不满党内路线而转投行动党，例如，力量党前全国协调人、德拉吉政府南方与地方团结部部长卡尔法涅（Mara Carafagna，后当选行动党主席），力量党众议院党团前主席、德拉吉政府大区事务和自治部部长杰尔米尼（Mariastella Gelmini，后当选行动党副书记兼新闻发言人），以及伦

---

① 石豆：《意大利政治：大联合政府落幕，右翼政府上台》，载孙彦红主编《意大利发展报告（2022~2023）：俄乌冲突下艰难求"变"的意大利》，社会科学文献出版社，2023，第 42 页。

巴第大区前副主席莫拉蒂（Letizia Moratti）等。

在 2022 年大选中，"第三极"在众议院获得 7.79% 的选票，共有 21 名众议员当选（行动党 12 人，活力党 9 人）；在参议院获得 7.73% 的选票，共有 9 名参议员当选（活力党 5 人，行动党 4 人）。大选过后，两党经历了短暂的"蜜月期"。首先，在新一届议会立法任期开启后，两党在参众两院组成了联合议会党团。之后，两党于 2022 年 12 月 8 日正式签署联合协议，成立了"行动党-活力党联盟"。根据联合协议，两党结盟是为了尽快组建一个单一政党。该党将向所有主张自由主义、改革主义和人民权利的政治力量开放，并与任何形式的民粹主义保持距离。[①] 2022 年 12 月 12 日，"行动党-活力党联盟"选出了联盟领导机构——"政治协调办公室"的 14 名成员（两党各 7 名），行动党书记卡兰达担任联盟主席，活力党平等与家庭部前部长博内蒂（Elena Bonetti）担任副主席。[②] 2023 年 1 月 24 日，行动党加入了活力党所在的欧洲复兴党团（Renew Europe），[③]加强了两党在欧盟层面的融合。

然而，两党合并的进程在 2023 年 4 月遭遇挫折。此前两党在伦巴第大区、拉齐奥大区和弗留利·威尼斯·朱利亚大区的选举结果不佳，而且卡兰达与伦齐对解散活力党的时机、合并后新党的规章制度、资金来源、组织架构等方面产生分歧，[④]分歧在此后半年中愈演愈烈，最终导致两党分道扬镳。

---

① Tommaso Coluzzi, "Nasce ufficialmente la federazione tra Azione e Italia Viva: l'anno prossimo sarà partito unico", *Fanpage*, 9 dicembre 2022, https://www.fanpage.it/politica/nasce-ufficialme nte-la-federazione-tra-azione-e-italia-viva-lanno-prossimo-sara-partito-unico/，最后访问日期：2023 年 12 月 13 日。

② Federico Gonzato, "Che cosa prevede l'accordo di federazione tra Azione e Italia viva", *Pagella Politica*, aggiornamento 13 dicembre 2022, https://pagellapolitica.it/articoli/accordo-feder azione-azione-italia-viva，最后访问日期：2023 年 12 月 13 日。

③ "Azione joins the European Democratic Party. Secretary General Gozi: 'Together we build an alternative to bipopulism'", *European Democrats*, 24 gennaio 2023, https://democrats.eu/it/ azione-si-unisce-al-partito-democratico-europeo-segretario-generale-gozi-costruiamo-insieme-unalterna tiva-al-bipopulismo/，最后访问日期：2023 年 12 月 14 日。

④ Federico Gonzato, "Come si è arrivati alla rottura tra Renzi e Calenda", *Pagella Politica*, 14 aprile 2023, https://pagellapolitica.it/articoli/rottura-partito-unico-azione-italia-viva，最后访问日期：2023 年 12 月 13 日。

两党的分裂并不令人意外，因为"第三极"本身就是为了应对大选而成立的松散联盟，两党联合的动机更多出于现实考量，而非基于重振中间阵营的"宏伟计划"。[①] 2022 年大选前夕，行动党与活力党的民调支持率均低于 4%，仅略高于选举法规定的单个竞选名单进入议会的最低门槛，即 3%。倘若两党各自为战，则有很大的风险无法获得议会席位，进而走向消亡。行动党由于与民主党的联合竞选计划破裂，转而与活力党"抱团取暖"，无疑是理性的选择。

"第三极"的破裂反映出在意大利当前的政治格局下"中间阵营"难成气候。意大利自"第二共和"以来引入多数制选举规则，实际上鼓励各政党在选举前组成竞选联盟。因此，自 1994 年大选以来，意大利总体上形成了中左、中右阵营两极对垒的格局。过去 10 年，五星运动的崛起短暂打破了这一局面，但当前又有重回两极格局的趋势。在此背景下，由中左、中右阵营之外的诸多中小党派构成的"中间阵营"的生存空间并不大。实际上，打造一个主张自由主义和改革主义的"第三极"的想法并非活力党与行动党首创。在过去 20 多年中，有一大批中间派小党试图建立"第三极"，但均未取得成功。例如，2001 年大选中，意大利工会联合会（Cisl）前主席达安东尼（Sergio D'Antoni）领导的欧洲民主党（Democrazia Europea）在众议院仅获得 2.4% 的支持率（比例制选区），没有人当选议员。2006 年大选中，前天民党成员卡西尼（Pier Ferdinando Casini）领导的"中间联盟"（Unione di Centro）与中右阵营联合，获得了 6.8% 的选票。2008 年大选中，单独竞选的"中间联盟"仅获得 5.6% 的选票。2013 年大选中，卡西尼领导的"中间联盟"与前总理蒙蒂领导的"公民选择"（Scelta civica）联合，组建了中间派竞选联盟"为了意大利支持蒙蒂"（Con Monti per l'Italia）。虽然竞选联盟获得了 10.6% 的选票，但是联盟内部票数分配十分不均，"公民选择"获得了 8.3% 的选票，而"中间联盟"仅获得了 1.8% 的选票。最终，

---

① "Programma Elettorale 2022 by Azione_ it-Issuu", 2022, https://issuu.com/azione_ it/docs/impaginato，最后访问日期：2023 年 12 月 13 日。

卡西尼于 2016 年告别"中间联盟"，该党在意大利政治版图中的位置也日益边缘化。蒙蒂的"公民选择"也未能幸免，最终在 2018 年大选前夕分崩离析，并于 2019 年正式解散。除上述党派外，在过去 20 多年，还有一批中间派小党或分化重组，或走向消亡，包括阿尔法诺领导的新中右党（2013年成立，2017 年解散）、托蒂领导的"一起改变"〔2019 年成立，2022 年与"人民与自由党"（IDeA）组成"意大利中间派"（Italia al centro）〕、迪马约领导的"公民参与"（Impegno Civico）（2022 年 8 月成立，同年 10月解散）等。上述提到的党派多数从中左、中右阵营脱离而来，虽然这些党派的领导人均以"中间派"自居，但对于"中间派"的内涵缺乏共识。所谓的"第三极"，更像是由对中左、中右阵营路线不满的政客组成的"失意者联盟"，而这与"第一共和"时期的中间阵营有着本质区别。天民党领导的中间阵营是意大利"第一共和"的基石，在"极化多党制"的政党格局之下，①天民党与左翼的意大利共产党和右翼的后法西斯主义政党都保持距离。天民党作为议会第一大党，长期维持接近 30% 的支持率，代表了意大利比例最大的一部分选民。这种认同以天民党的政党文化与意识形态为基础，并依靠"政党统治"（partitocrazia）与选民建立起强大纽带。很显然，活力党与行动党试图重建"第三极"的尝试已经失败，而这段经历再次说明，基于政治算计、机会主义和个人主义的政治联合没有未来。"第三极"的分裂对活力党和行动党也并非没有影响，例如，两党分裂后，"行动党-活力党联盟"副主席博内蒂选择离开活力党，加入行动党。然而真正的挑战在 2024 年，这一年意大利将迎来一系列重要选举。分裂后的两党将如何调整竞选策略及其对意大利政党格局的影响需要跟踪观察。

三　结语与展望

2022 年梅洛尼政府上台，引发国际社会对意大利战后"最右"政府的

---

①　Sartori Giovanni, *Parties and Party Systems a Framework for Analysis*, ECPR Press, 2005, pp. 129-139.

广泛关注。①然而，在过去的一年中，梅洛尼政府采取了务实的对内对外政策，实际表现比预期温和、理性得多。梅洛尼政府不仅以较小的代价推动了一些国内政策变革，提升了税收政策的公信力，还在外交政策方面延续了德拉吉政府的路线，加强了与美国和欧盟在国际事务中的协调，再加上中右阵营在地方选举中的出色表现，使得其在执政第一年的支持率总体较为稳固。

虽然 2023 年意大利政党格局并未迎来重大变化，但一些中小党派的动态仍使得执政党与在野党阵营迎来新的挑战。中右阵营方面，贝卢斯科尼去世，使得力量党的前景充满不确定性，执政党联盟内部各党的关系也将变得更为复杂。中左阵营方面，施莱因出任民主党新任书记后，在医疗、教育、社会福利等诸多议题上提高了"调门"，并更多地采用"政党运动"的方式向政府施压。②但施莱因能否真正提出现任政府的"替代方案"，在很大程度上仍取决于民主党与五星运动和其他中左翼党派的竞合关系。与此同时，随着卡兰达领导的行动党与伦齐领导的活力党分道扬镳，重振"中间阵营"再度沦为空谈。

2024 年是意大利的选举大年，意大利的主要党派将在欧盟和国内两个舞台继续展开竞争。首先，定于 2024 年 6 月举行的欧洲议会选举将是"重头戏"。与 2022 年意大利议会选举采用混合选举法不同，欧洲议会选举采用的是比例制选举法。选举规则的转变，意味着曾经的盟友要相互竞争。如果说意大利大选要突出竞选联盟施政纲领的共性，欧洲议会选举则要突出每个政党的个性，以便其与其他党派区分开来，进而在欧盟层面寻找盟友。对执政党联盟而言，三大党派分属三个不同的欧洲议会党团：意大利兄弟党属于欧洲保守派和改革主义者党团（ECR），联盟党属于认同与民主党团（ID），而力量党属于欧洲人民党党团（EPP）。基于当前的民调，三大党派的竞选

---

① 石豆:《意大利政治：大联合政府落幕，右翼政府上台》，载孙彦红主编《意大利发展报告（2022~2023）：俄乌冲突下艰难求"变"的意大利》，社会科学文献出版社，2023，第 24~43 页。

② "Manifestazione Pd contro il governo, Schlein: 'Piazza meravigliosa'", *Sky TG24*, 11 novembre 2023, https://tg24.sky.it/politica/2023/11/11/manifestazione-pd-contro-governo，最后访问日期：2023 年 12 月 18 日。

目标也不尽相同。意大利兄弟党的目标是巩固当前的优势地位，争取在欧洲议会选举中赢得更多席位，并在欧洲议会党团中找到合适盟友，让自己与胜利者站在一起，同时在国际舞台上寻求更多认可；联盟党需要确保自己在国内和欧盟层面不被边缘化；至于力量党，最低目标是突破4%的进入议会最低门槛，从而保证在欧洲议会仍能占有一席之地。对塔亚尼而言，这无疑是一场"大考"。中左阵营方面，民主党和五星运动都希望能够有所突破。尤其对于五星运动而言，在2019年自由和直接民主欧洲党团（EFDD）解散后，尚未找到新的党团归属。至于"第三极"破裂后，行动党与活力党将采用何种策略以争取达到4%的"生存线"，目前尚未可知。

其次，2024年意大利将有五个大区（阿布鲁佐、巴西利卡塔、皮埃蒙特、撒丁岛和翁布里亚）和大约3700个市镇（其中有27个省会城市、6个大区首府）迎来地方选举。中右阵营在2023年的地方选举中完胜中左阵营，其中意大利兄弟党的表现尤其抢眼。虽然在欧盟舞台上各党派不得不相互竞争，但回到国内选举，较为团结的中右阵营相较于一盘散沙的中左翼政党仍具有较大优势。短期来看，上述选举结果无论对于执政党联盟，还是对力量党、活力党和行动党等中小党派都意义重大，对意大利政治格局的整体走势也会产生深远影响。

最后，长期来看，执政党与在野党围绕宪法改革的博弈，是另一个影响意大利政局走向的重要变量。目前执政党与在野党在宪法改革的内容与时机等问题上均存在分歧，而梅洛尼政府若想实现"直选总理"的目标，需要推动宪法和选举法的同步改革，难度可想而知。对于执政党而言，首先要确保中右阵营内部保持团结，此外还要竭力争取在野党中支持改革的政党，如伦齐领导的活力党。对于在野党而言，共同反对宪法改革可能成为促进中左阵营走向团结的催化剂。但是这仍依赖一个前提，即主要中左翼党派有走向联合的意愿和能力。至少目前来看，无论是中左翼政党走向团结，还是中右联盟实现宪法改革目标，难度都相当大。

B.3

意大利经济：增长放缓，政策转型

〔意〕洛伦佐·科多尼奥*

摘　要：　2023 年是意大利经济增长放缓和经济政策转型的一年。2022 年，通货膨胀率飙升迫使欧洲中央银行大幅加息，加息在逐步压低通胀的同时也抑制了总需求，与此同时财政政策保持适度宽松。到 2023 年年底，欧盟与意大利的通胀率已大幅下降，使得宏观经济政策具备了逐步稳定的空间，预计随着时间推移，紧缩性货币政策将逐渐放松，而财政政策则会越来越趋于紧缩。此外，自新冠疫情发生以来，意大利政府推出的三项重要财政举措（总投入额达到意大利国内生产总值的 7%）的效果仍在全面释放中：（1）疫情发生以来，意大利政府发放给家庭和企业的大量财政补贴主要以储蓄的形式累积了起来，这些储蓄可在未来用于消费和投资；（2）意大利政府通过"超级津贴"计划为房屋翻修活动发放了大规模补贴，但是由于该计划造成过重的财政负担，已被宣布将逐步取消；（3）由欧盟资助的"国家复苏与韧性计划"正在实施，虽然存在一些延误，但是该计划的确为公共投资提供了大规模的资金支持。预计 2024 年意大利经济将随着上述财政举措影响的进一步释放而逐步复苏。

关键词：　意大利　经济增长　财政政策　额外储蓄　"超级津贴"计划

＊　洛伦佐·科多尼奥（Lorenzo Codogno），意大利经济与财政部前首席经济学家，现为英国伦敦政治经济学院（LSE）欧洲研究所访问教授，主要研究领域为意大利经济、欧洲经济。

一 2023年：一个经济政策转型的过渡年份

对于意大利而言，继 2020～2021 年新冠疫情造成强烈经济冲击以及 2022 年年初俄乌冲突引发能源成本飙升之后，2023 年是诸多经济政策充分发挥作用的一年。2020 年，意大利的国内生产总值（GDP）大幅下滑 9%，随后在 2021 年显著反弹，增长了 7%。2021 年经济实现强劲复苏主要得益于十分宽松的财政政策和货币政策，促进家庭消费和投资分别同比增长 5.2% 和 20.7%。2022 年，消费继续同比增长 5.0%，但是投资增速开始放缓，降为 9.7%，加之能源价格飙升引发的贸易条件冲击，意大利的 GDP 仅增长了 3.7%。

2022 年，能源成本上升和货币政策收紧共同挤压了实际可支配收入，进而抑制了消费。尽管有持续的公共投资支持，但是总需求减少和借贷成本上升抑制了固定资本形成总额的增长，以至于 2022 年第四季度 GDP 环比增长率转为负值，为-0.2%。

实际上，在俄乌冲突发生前，由于俄罗斯减少了天然气供应，欧洲的天然气价格已经开始走高。2020 年，欧元区的天然气平均价格为 9.4 欧元/兆瓦时，2021 年升至 46.6 欧元/兆瓦时，到 2022 年年中则飙升至超过 300 欧元/兆瓦时。天然气价格在短期内飞涨导致通货膨胀率急剧上升。在意大利，消费者价格指数中的能源价格同比上涨曾一度超过 70%（见图 1），远高于欧元区。2022 年 10 月，意大利的整体通胀率升至阶段性峰值，按照意大利国家消费者价格指数（NIC）衡量为同比增长 11.8%，按照欧盟消费者物价协调指数（HICP）衡量则为同比增长 12.6%。

2023 年，受全球需求疲弱和货币政策收紧的影响，意大利的总需求整体上趋于停滞，第一、第二、第三和第四季度 GDP 环比增长率分别为 0.6%、-0.4%、0.1% 和 0.2%，全年 GDP 增长率为 0.7%。2023 年第三季度，意大利国内需求出现复苏迹象。该季度最终消费支出环比增长 0.6%（第二季度为-0.2%），其中家庭消费环比增长 0.7%（第二季度为 0），政

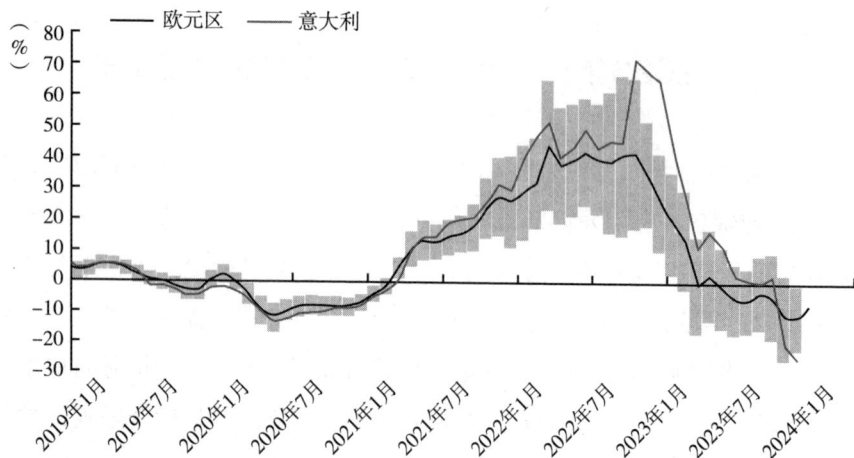

图1 2019年1月至2024年1月意大利和欧元区能源价格变化趋势

注：图中灰色柱状条代表该时点欧元区国家通胀率的标准差。

资料来源：笔者根据 Refinitiv（Datastream）和欧盟统计局（Eurostat）数据自制。

府消费增长率为1%，与上季度持平。2023年第一、第二、第三季度，最终消费支出一直处于同比下滑态势，分别下滑了0.2%、0.2%和0.3%。2023年第四季度，GDP超预期环比增长0.2%。总体而言，自2022年通胀率飙升以来，意大利实际可支配收入不断被挤压，至2023年年底开始逐步缓解。过去几年，受到新冠疫情和俄乌冲突导致的供应链中断和库存变化的影响，意大利的净出口对季度GDP增长的贡献也大幅波动。到2023年年底，这些干扰因素得到缓解，相应的影响也明显有所弱化。

尽管在2023年有所下降，但是意大利的能源通胀率仍略高于其他欧元区国家。到2023年年底，情况发生了逆转，即能源通胀对于拉低意大利整体通胀的影响远大于其他欧元区国家。2020年，意大利以国家消费者价格指数衡量的通胀率为-0.2%，2021年上升到1.9%，2022年猛增至8.1%。2023年全年的通胀率降至5.7%（家庭消费平减指数为5.4%，GDP平减指数为4.0%）。受石油、天然气和农产品等价格下跌的影响，意大利的消费者价格通胀率在2022年10月达到峰值后一路下滑，至2023年12月已降至0.8%。

2022 年 7 月至 2023 年 9 月，欧洲中央银行（以下简称"欧央行"）已连续 10 次加息，存款利率升至 4%。考虑到通胀率已降至较低水平，预计欧央行将暂停加息，至少在 2024 年上半年大概率会保持利率稳定。随着时间推移，利率稳定后将逐步对实际可支配收入水平形成支撑效应，从而支持消费和投资活动稳定并逐步回升。因此，虽然意大利经济在 2023 年第四季度陷入低谷，但是只要不发生新的重大冲击，预计将逐步进入复苏轨道。

尽管经济增长放缓，但是意大利的劳动力市场状况总体在改善。2023 年第三季度，以工作时间衡量的劳动力总投入环比增长 0.4%，同比增长 1.8%；就业率环比增长 0.2 个百分点；劳动者总收入环比增长 1.1%。2023 年 12 月，失业率降至 7.2%，表明尽管经济活动出现停滞，但是就业情况并未恶化。就合同小时收入而言，2020 年和 2021 年均同比增长 0.6%，2022 年增长 1.1%，2023 年的增长率为 3.1%。预计 2024 年还会进一步增长。考虑到近两年劳动生产率处于下滑态势（换言之，劳动力市场是粗放型的，而非朝着集约型演进），合同小时收入的增长无疑将推动单位劳动力成本走高。

在经济自新冠疫情中复苏的第一阶段，制造业活动的回暖起到了重要拉动作用。之后，随着全球商品需求开始下降，服务业对经济复苏的拉动作用开始加强。2022 年，意大利工业增加值占 GDP 的比重为 20.5%，工业规模及其占 GDP 的比重在欧洲都仅次于德国，意大利保持欧洲第二大工业国的地位。正因如此，全球商品需求下降、能源成本上升和能源密集型生产被取代不可避免地对意大利经济产生了较大冲击。有些令人担忧的迹象表明，意大利的制造业在国际竞争中正处于颓势，尤其是汽车业等正经历重大技术变革的部门。最后，由于能源价格很可能暂时无法完全恢复至新冠疫情前的水平，2022 年能源价格上涨造成的贸易条件冲击和实际可支配收入收缩对家庭支出能力造成的影响或将是长久的。

2021 年 12 月，随着美联储释放出收紧货币政策的信号，欧元区的无风险长期利率（通常以 10 年期国债收益率衡量）即开始走高，远远早于欧央行正式开启加息进程的 2022 年 7 月。换言之，实际上货币紧缩周期已经持续了两年之久，其对经济增长的抑制效应很可能已经或正在达到顶峰，预计将在 2024 年逐渐减弱。2024 年和 2025 年，国内需求将继续推动 GDP 增长，这主要得益于持续了数月的高通胀在未完全传导至工资环节进而形成顽固的恶性循环之前即开始走低。

二 "下一代欧盟"复苏基金支持的投资计划正逐步实施

众所周知，意大利能否充分利用"下一代欧盟"复苏基金以提高潜在经济增长率和摆脱公共债务问题对其经济发展前景至关重要。2023 年，意大利的固定资产投资额出现下滑，这很可能与欧盟延迟了对意大利"国家复苏与韧性计划"（PNRR）的拨款有关。

2023 年，意大利梅洛尼政府与欧盟委员会就意大利的"国家复苏与韧性计划"重新进行谈判，成功地改变了该计划的结构和部分内容，使得调整后的计划更具可行性。2023 年 12 月，意大利经济与财政部部长焦尔杰蒂在参加欧盟经济与财政部长理事会（Ecofin）之后公开表示，"（意大利）要求并获得了'国家复苏与韧性计划'的修改权。现在（该计划）进入了最重要的阶段，这需要加快实施改革并进行实际投资支出。随着我们推进该计划，形势已变得更加复杂，因此有必要对最初的计划进行调整。既然（当前）已制定了相关规制框架，那么就必须落实新的计划，希望采购法等改革措施将对我们实施新计划有所帮助。然而，除了意大利低效的官僚机构可能阻碍该计划推进之外，我还担心供应方会出现短缺，因为从建筑到公共工程再到参与'国家复苏与韧性计划'的其他部门的意大利企业，当前都相当疲弱。我们的企业必须调整生产方向，以确保在该计划规定的时间表内完成相关任务"[①]。

在考虑投资项目对经济增长的拉动作用时，需要注意的是，有一些投资

---

① "Giorgetti：nuovo Patto più realistico di regole attuali"，Ministero dell'Economia e delle Finanze，20 dicembre 2023，https：//www.mef.gov.it/inevidenza/Giorgetti-nuovo-Patto-piu-realistico-di-regole-attuali/，最后访问日期：2023 年 12 月 20 日。

项目是即便没有"国家复苏与韧性计划"支持也要进行的。此外，有些领域的项目涉及同一批工人，特别是在 IT 和建筑行业，因此也会在一定程度上对私人投资形成挤出效应。总之，预计意大利的公共投资活动很可能在未来几个季度稳步恢复。按照目前的规划，2024~2026 年，"国家复苏与韧性计划"的投资支出将分别占意大利当年 GDP 的 2.0%、2.6% 和 2.0%（见图 2、表 1）。同期，公共投资支出将通过乘数效应刺激 GDP 每年多增长超过 2 个百分点。考虑到有可能与此前规划的投资项目有重叠以及对私人投资的挤出效应，即便这一预期只实现了一半，其对 GDP 增长的额外拉动每年也将超过 1 个百分点，这足以令意大利摆脱目前的经济停滞状态。

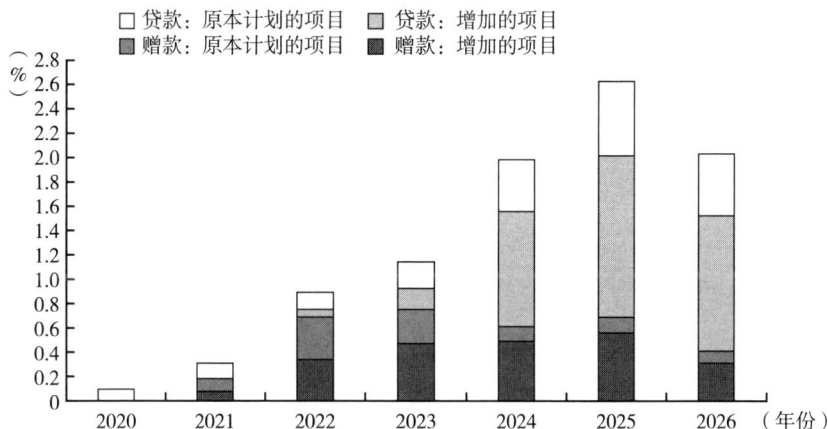

图 2　2020~2026 年意大利"国家复苏与韧性计划"下的投资支出占 GDP 的比重

资料来源：笔者根据 Refinitiv（Datastream）和意大利经济与财政部网站数据制作。

表 1　意大利"国家复苏与韧性计划"下的投资支出及其占 GDP 比重

单位：10 亿欧元，%

	2020年	2021年	2022年	2023年	2024年	2025年	2026年	总额	占 GDP 比重*
官方预计的全部支出	1.5	5.5	17.2	23.3	41.6	56.9	45.5	191.5	10.5
占 GDP 比重	0.1	0.3	0.9	1.1	2.0	2.6	2.0		
增加的项目	0.0	1.3	7.7	13.0	30.0	40.9	31.6	124.5	6.8
占 GDP 比重	0.0	0.1	0.4	0.6	1.4	1.9	1.4		

	2020年	2021年	2022年	2023年	2024年	2025年	2026年	总额	占GDP比重*
原本计划的项目	1.5	4.2	9.6	10.3	11.5	16.0	13.9	67.0	3.7
占GDP比重	0.1	0.2	0.5	0.5	0.6	0.7	0.6		
其中：									
欧盟赠款(金额)	0.0	3.2	13.5	15.3	12.6	15.1	9.1	68.9	3.8
增加的项目	0.0	1.2	6.5	9.5	10.2	12.2	6.8	46.3	2.5
原本计划的项目	0.0	2.0	7.0	5.8	2.4	3.0	2.4	22.6	1.2
欧盟贷款(金额)	1.5	2.3	3.7	8.0	29.0	41.7	36.4	122.6	6.7
增加的项目	0.0	0.1	1.2	3.5	19.9	28.7	24.8	78.2	4.3
原本计划的项目	1.5	2.1	2.6	4.6	9.1	13.0	11.5	44.4	2.4
其中：									
公共投资	1.5	2.6	3.7	7.3	24.7	34.3	31.0	105.1	5.8
其他资本支出	0.0	2.9	12.3	13.7	7.9	11.7	9.6	58.0	3.2
经常性支出	0.0	0.0	0.9	2.1	8.1	10.1	4.6	25.8	1.4
金融交易	0.0	0.0	0.4	0.2	0.9	0.8	0.3	2.6	0.1

＊占GDP比重基于修正后的2021年名义数据计算得出。

资料来源：笔者根据意大利经济与财政部网站数据制作。

三 额外家庭储蓄仍在持续缓慢释放

自新冠疫情发生以来，意大利政府向家庭进行了大规模的转移支付，而这也刺激了2022年和2023年的总需求。目前，这些转移支付带来的经济拉动效应并未充分释放，因为其中大部分资金以额外储蓄的形式积累了起来，在未来可能继续发挥财政刺激的作用。

需要注意的是，正如意大利央行和意大利经济与财政部的相关研究表明的，虽然当前累积的额外储蓄规模很大，但是如果这部分储蓄进入消费倾向低的高收入人群的口袋，那么对总需求的刺激作用就会消失，至少会大打折扣。若果真如此，那么意大利未来的经济增长就不能依靠这部分额外储蓄的支持。有鉴于此，观察与研究当前额外储蓄在人群中的分布结构至关重要，可为我们预测未来意大利 GDP 的增长前景及其构成提供关键支撑。

2022 年上半年，意大利的累积额外储蓄达到了 GDP 的 8.6%（见图 3）。事实上，由于新冠疫情期间消费大幅减少，意大利家庭的储蓄倾向达到了自 20 世纪 90 年代末以来的最高水平，在 2020 年第二季度达到 19.7%，之后有所下降。2022 年第三季度，储蓄倾向降至低于新冠疫情危机前水平，达 7.3%，此后直到 2023 年第一季度始终低于这一水平（见图 4）。俄乌冲突引发的不确定性、消费者信心下降、通货膨胀飙升以及由此引起的家庭实际可支配收入缩水，都会造成预防性储蓄增加，从而减少额外储蓄的释放。2024 年，这一情况或许会发生变化。

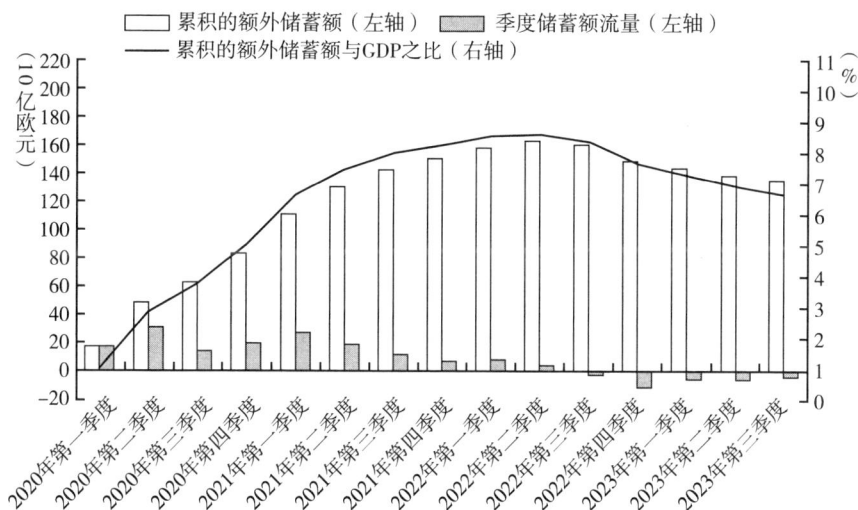

图 3　新冠疫情以来意大利家庭累积的额外储蓄额及其与 GDP 之比

注：家庭额外储蓄额指与 2017~2019 年的年均水平相比多出的储蓄额。

资料来源：笔者根据 Refinitiv（Datastream）和意大利国家统计局（Istat）数据制作。

我们来看看 2023 年第三季度的数据透露的重要信息。2023 年第三季度，意大利的家庭可支配总收入环比增长 1.8%，家庭最终消费支出环比增长 1.2%，投资环比增长 1.0%（均为名义值）。同期，家庭储蓄率为 6.9%，比 2023 年第二季度高 0.6 个百分点，但是低于新冠疫情前 8.1% 的三年平均

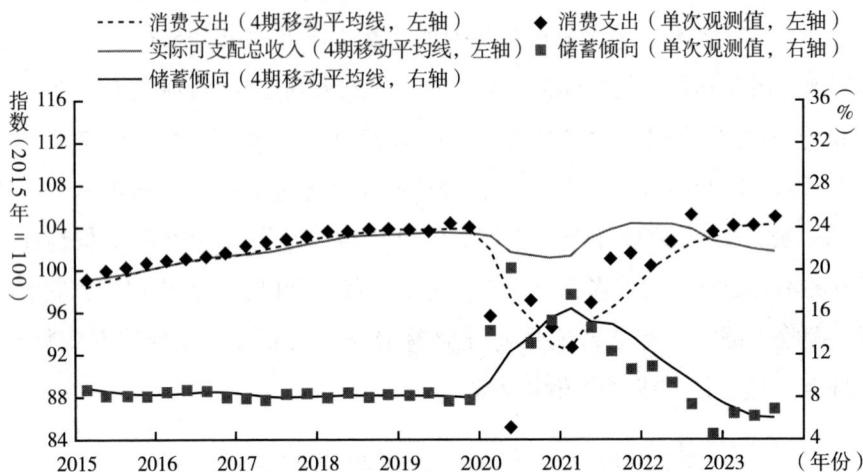

图 4　意大利家庭消费、可支配收入与储蓄率变化趋势

注：储蓄倾向指家庭储蓄占家庭可支配总收入的比重。

资料来源：笔者根据 Refinitiv（Datastream）和意大利国家统计局（Istat）数据制作。

储蓄率。换言之，如果假设人们对疫情前至今的储蓄水平的预期保持不变，储蓄率实际上出现了下降。虽然有慷慨的财政转移以及应对能源危机的补贴措施的帮助，但是家庭仍不得不动用疫情期间积累的额外储蓄以维持生活水平。2022 年年底，由于通胀达到阶段性峰值，家庭实际可支配收入（以购买力衡量）明显受到挤压。此后由于通胀率开始走低、就业改善以及工资水平的上升，情况有所改善。家庭购买力在 2022 年第四季度同比下降了 4.4%，而 2023 年第三季度仅下降了 0.6%。

自新冠疫情以来，意大利历届政府都采取措施来缓解低收入群体受到的负面冲击。例如，据意大利央行估算，2023 年政府预算中用于应对能源成本上升的家庭补贴相关支出可占到家庭可支配收入的 0.5%。这些补贴举措由德拉吉政府设计，梅洛尼政府上台后通过 2023 年政府预算加以落实。如果我们抛开即将取消的"全民基本收入计划"不提，那么上述补贴措施主要惠及处于收入分配最底层的 30% 的家庭，鉴于这部分家庭的消费倾向更高，因此这些措施是可以拉动消费进而拉动投资的。

值得注意的是，尽管政府采取了有针对性的税收减免和财政转移措施，但最终额外储蓄还是主要分布在收入最高的 1/5 和 1/10 群体中。根据意大利央行 2023 年 4 月的估算，在全部额外储蓄中，有 63% 分布在处于收入分配前 20% 的群体中，19.8% 分布在处于收入分配前 21%~40% 的群体中，余下的 17.2% 分布在剩余的 60% 的群体中。目前尚不清楚究竟为什么会发生这种情况。一种解释认为，可能是高收入群体因为新冠疫情而减少了旅行、娱乐、餐饮等方面的消费支出，但是在疫情后这些支出不可能完全得到弥补，因而拥有了较大比例的额外储蓄。另外，通货膨胀率的飙升主要相当于对低收入家庭"征税"，而政府的支持措施无法完全弥补这些损失。还有一种解释认为，过去几年政府也为企业发放了大量补贴，其中一部分最终可能成为私人企业主的个人收入。此外，也有可能是过去两年意大利政府发放的用于支持房屋翻修的"超级津贴"计划减少了高收入者原本计划的支出，实际上起到提升高收入者储蓄率的作用。

那么，消费者会动用累积的额外储蓄吗？通常而言，高收入者的额外储蓄很可能永远不会完全释放出来，这意味着其在疫情期间未实现的大部分消费将继续作为储蓄存在，而低收入者将继续努力存下手头的余钱。因此，最终新的均衡很可能是推高整体储蓄率，而财富分配也会变得更加扭曲。

假设未来几个季度只会释放一部分额外储蓄，约占 GDP 的 6.7%（1350 亿欧元），这也将成为一种延迟的财政刺激，会促进家庭消费和投资。根据意大利央行在 2023 年 8~9 月开展的一项调查，2023 年上半年报告每月入不敷出或至少在日常支出上遇到一定困难的家庭所占比例较 2022 年有所提高，其中只有 1/5 的家庭表示确实积累了储蓄。在认为自身收入足以满足支出需求的家庭中，约 2/3 的家庭表示正在储蓄，并希望将积累的资金继续储蓄。在调查中，约 2/3 的受访家庭表示，他们打算在未来 12 个月内增加总支出。然而，相当大一部分经济最脆弱的家庭表示将减少消费支出，尤其是在旅游、娱乐服务以及耐用品等方面的非必要消费支出。意大利央行得出的结论为，"在新冠疫情危机期间积累的大量经济资源对消费的支持将是有限的"。然而，如果未来可支配收入继续增长，而储蓄率保持在 6.9% 不变，即低于

8.1%的历史平均水平，将有望令 GDP 每年多增长 0.8%~0.9%。实际上，包括政策制定者在内，没有人能很好地预见接下来家庭将如何处理过去积累的额外储蓄。但是，2020~2023 年的经验显示，延迟且缓慢释放的家庭储蓄的确在一定程度上放大了宽松财政政策的效应，这也解释了为什么过去两年意大利经济在面对高通胀时仍相当有韧性。

四 "超级津贴"：代价高昂的试验，将在2024年产生积极的溢出效应

所谓"超级津贴"（Superbonus）计划是通过意大利政府在 2020 年 5 月出台的"重启法令"推出的。在推出时，由于新冠疫情导致的"封锁"，意大利经济处于断崖式下跌状态，政府极力寻求"支撑"国内需求的办法。出台"重启法令"的目的就是应对疫情带来的经济挑战，该法令不仅提出了"超级津贴"计划，还为其实施提供了法律框架。[1]

实际上，为实现减少能源消耗的政策目标以及其他社会和政治目标而对房屋翻新提供补贴，在意大利和欧盟并不是什么新鲜事。在意大利，早在新冠疫情前，政府就出台了这类激励措施，包括为鼓励房屋翻新以提高住宅建筑能效和地震安全性而提供补贴，具体的补贴措施和方案则根据不断变化的经济、环境和社会需求而不断调整。

简言之，意大利政府在疫情期间推出的"超级津贴"计划主要有两个新特点，也正是因为这两个特点，该计划在当时得到五星运动和联盟党的大力支持。首先，补贴十分慷慨，以税收抵免的形式抵扣房屋翻新成本的110%。考虑到进行房屋翻修的家庭凭借建筑商的发票即可获得税收折扣，这一计划绝对算是"免费的午餐"。然而，不能忽视的是，这一机制大大提

---

[1] "Misure urgenti in materia di salute, sostegno al lavoro e all'economia, nonche' di politiche sociali connesse all'emergenza epidemiologica da COVID-19", Decreto-legge 19 maggio 2020, n. 34, https：//www. gazzettaufficiale. it/eli/id/2020/05/19/20G00052/sg 最后访问日期：2023 年 12 月 20 日。

高了房屋翻修家庭与建筑商共谋骗取政府补贴的可能性，事实上也的确导致政府相应开支远超此前预期。其次，由于承接房屋翻新工程的建筑商往往没有资金支付购买建筑材料的预付款，意大利政府规定税收抵免可通过银行进行转让或贴现，事实上将补贴转变成了一种可用作交换媒介的平行货币。由于只要建筑商开具增值税发票，房主就能获得税收抵免，因此容易造成逃税行为。此外，这种税收抵免的形式也导致出现很多建筑商虚标报价和虚开发票的情况。

2020年之前，与房屋翻修相关的税收抵免通常是在十年内逐步兑现的，即纳税人可在十年内逐步收回翻修房屋的部分支出。2020年意大利政府出台的"超级津贴"计划将税收抵免兑现期缩短至四年。当时新冠疫情正在蔓延，进行房屋翻修的房主并不多，该计划对公共财政的影响并未显露。自2021年起，申请"超级津贴"进行房屋翻修的纳税人开始呈爆炸式增长，很快就导致公共财政负担飙升。2021年德拉吉政府上台后多次试图限制该计划，包括限制税收抵免额度和提高申请门槛等，但是并未成功，原因在于议会中的大多数政党都十分支持这项措施。时任总理德拉吉明确表达了他的担忧和反对，然而，五星运动发出威胁信号，表示如果政府取消或限制该计划，该党就将撤回对政府的支持。正因如此，该计划在2021年和2022年一直在推进，几乎未设定额外限制，进而导致公共财政不堪重负。

过去几年，意大利政府与意大利国家统计局和欧盟统计局就"超级津贴"计划支出的会计处理方式进行了激烈的辩论。欧盟统计局于2023年2月公布了适用于该计划的会计规则。根据该规则，如果税收抵免是可转让的，可随时间推移延期，并且能够抵消多种税款（"超级津贴"恰好具备这些特征），则必须将其视为应付款，这意味着它们类似于费用，因此在签订房屋翻新合同时，相应的税收抵免金额必须在政府财政赤字和债务数据中体现出来。实际上，在欧盟统计局公布上述会计规则之前，意大利政府已经意识到"超级津贴"计划的支出失控了。也正是在2023年2月，意大利政府发布了一项法令，规定自2024年年初开始，该计划的税收抵免不再可转让。为了在削减补贴前让正在施工的翻修工程完工，该法令规定将2023年年底作为过渡期截止时间。该法令发布后,很多建筑商都急于转让手里的税收抵免单,但是卖不掉,这俨然成了"抢椅子"游戏。即便如此,意大利政府仍然决定在2023年年底结束过渡期。2024年,"超级津贴"计划下的税收抵免将不可转让,抵扣比例也将由此前的110%降至70%,2025年将进一步降至65%。

总体而言,意大利政府首先要根据《马斯特里赫特条约》规定的公共财政规则将相关补贴支出统计为财政赤字。至于该计划对现金流和政府公共债务的影响,预计将在接下来的四年里逐步显现。换言之,意大利政府不得不预先承受该计划对财政赤字的影响,而该计划的经济刺激效应将在2024年及之后进一步体现出来,2024年的效应可能相对有限。

意大利央行此前曾估算,"超级津贴"计划的投资乘数将接近1%,与公共工程的投资乘数相近,明显高于那些即使没有公共激励也会实施的项目的投资乘数,后者约为0.5%。然而,迄今为止基于对2020~2023年与此前三年的住房投资进行对比所做的初步估计显示,"超级津贴"计划的投资乘数远低于1%。至于这样一个补贴总额达到意大利GDP的7%且严重干扰了公共财政健康发展的计划,最终是否会对GDP产生与其补贴规模相当的积极影响,目前还无法得出定论。然而,无论如何,2024年该计划将发挥一定的经济刺激效应。

五 意大利正小心谨慎处理与中国的经济合作

2023年,意大利与中国合作出现"小插曲",但是意大利仍高度重视并且力求谨慎处理与中国的经济合作,两国合作的大局并未受到大的影响,意大利经济也未受到冲击。2019年3月,中国与意大利签署共同推进"一带一路"建设的谅解备忘录。然而,受到近几年地缘政治因素凸显特别是中美关系紧张的影响,意大利梅洛尼政府在2023年年底做出不再续签该备忘录的决定。意大利政府认为,该国加入"一带一路"倡议令两国的重要合作项目受到过多的国际关注,不仅不利于合作的顺利推进,而且使意大利承受了来自美国盟友的巨大压力。

毋庸讳言，受到新冠疫情期间人员往来严重受阻、全球经济动荡、国际地缘政治局势紧张等因素影响，中意两国在"一带一路"倡议框架下的部分合作未能达到预期成效。此外，在德拉吉政府时期，意大利多次援引所谓"黄金权力"法令阻止中国企业在意大利并购，也影响了两国在该备忘录框架下的合作。然而，应该看到，尽管中意两国没有联合开展如希腊比雷埃夫斯港那样的大型旗舰项目，但是自2019年以来，双方在许多领域的合作仍在继续，并且取得了互利共赢的效果。

自新冠疫情以来，得益于跨境电子商务的快速兴起，意大利与中国的双边贸易蓬勃发展。2022年，中国是意大利的第七大出口目的国，当年意大利对中国的出口额达到164亿欧元（见图5），比2019年（130亿欧元）增加了34亿欧元。其间，中国自意大利的进口额占中国总进口额的比重始终在1%~1.1%之间，变化不大。与此同时，意大利自中国的进口额从2019年的317亿欧元升至2022年的575亿欧元，增长了81.4%。目前，意大利是中国在欧盟内的第二大出口目的国，仅次于德国。值得注意的是，近几年，意大利对中

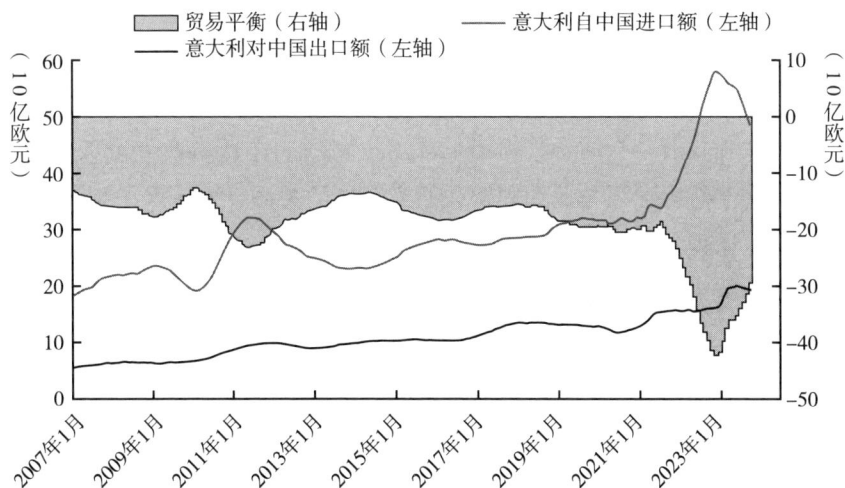

图5　意大利与中国双边贸易额及贸易平衡情况

资料来源：笔者根据 Refinitiv（Datastream）和意大利国家统计局（Istat）数据制作。

国的贸易逆差一直处于高位，2019 年为 187 亿欧元，2022 年升至 411 亿欧元，2023 年降至 284 亿欧元。同期，欧盟整体上对华贸易逆差呈扩大趋势。

然而，部分政界人士和媒体将意大利对中国的贸易赤字归因于"一带一路"倡议是缺乏依据的，会产生严重误导。实际上，过去几年，两国政府签订了不止一项旨在促进意大利对中国出口的经贸协议，但是对于平衡双边贸易的效果并不显著。归根结底，意大利与中国的产品贸易流动更多是由经济结构性因素而非周期性因素决定的。换言之，两国的产业结构和企业规模等因素决定了双边贸易难以平衡。此外，近两年，意大利开始增加自中国进口的电动汽车的数量，未来两国贸易可能会进一步失衡。就此而言，在新形势下重新平衡两国贸易、缩小意大利对中国的贸易逆差仍将是一个挑战。

综上，2023 年年底，意大利政府提出不再续签共同推进"一带一路"建设的谅解备忘录并非主要出于经济原因，更多的是受到新的地缘政治因素的影响。此外，我们还应将中意合作放在中国与欧盟关系发展变化的背景下看待。自 2021 年以来，欧盟方面已由于政治原因冻结了对"中欧全面投资协定"（CAI）的批准。随后，欧盟针对外国直接投资的监管框架发生了变化，强调保护欧洲战略资产以及在公共采购中确保国家安全。而欧盟于 2023 年提出的所谓"去风险"和调整供应链及相关措施也进一步改变了中欧经贸关系的基础。在此背景下，意大利对待与中国的合作也不可避免地会发生变化。

就意大利政府本身而言，梅洛尼政府上台后力图获得西方盟友的认可，因此在外交上努力加强与北约和跨大西洋盟友的关系，这一点在对待俄乌冲突的态度上体现得非常明显。考虑到美国越来越视中国为最重要的战略竞争对手，并且极力拉拢、施压盟友以共同遏制中国，意大利最终不再续签共同推进"一带一路"建设的谅解备忘录的决定不可避免地受到了美国的影响。换言之，美国施压是意大利做出该决定的重要影响因素。

值得强调的是，意大利政府仍十分看重并且力求小心翼翼地对待与中国的经济合作，极力避免令两国关系和合作陷入尴尬境地。意大利是高度外向型的经济体，对外经贸合作是其经济的生命线，因此意大利政府希望维护与中国在运输、能源、银行、机械、制药、时尚和旅游等方面已达成的诸多合作协议，继续从务实合作中获利。就企业界而言，中国拥有 14 亿人口的消费市场，同时对工业机械设备的需求也有相当大的增长空间，这对于意大利商界仍极具吸引力。意大利总理梅洛尼的一些声明体现出，意大利政府仍看重与中国的传统友谊与现实合作，仍计划与中国保持对话沟通并加强经贸合作，特别是以 2024 年两国建立全面战略伙伴关系 20 周年为契机将双方务实合作提升到一个新的高度。客观地看，当前意大利经济增长趋于停滞，推动绿色与数字转型也面临挑战，因此，就中长期而言，与中国保持合作特别是进一步开拓"意大利制造"在中国的市场空间的确十分重要。

六　结语与展望

由前文分析可知，进入 2024 年，意大利和欧盟的政策组合应该会逐渐变得对经济增长更加有利，此外经济增长的动力由服务业转向制造业对意大利经济复苏也会有所帮助。2023 年 12 月，意大利的总体通胀率已降至 0.6%，预计未来数月将从低位反弹，并在 2024 年年末逐步接近欧央行确定的 2% 的目标，而通胀水平整体上回落将支持实际可支配收入和消费。在 2024 年及之后，本文提及的意大利政府自新冠疫情以来推出的三项政策措施可能会为经济增长提供额外的支持。由于"超级津贴"计划对公共财政造成的巨大影响，意大利公共财政的前景面临新挑战。然而，只要经济增长能维持在一定的水平，就足以令公共债务比率（公共债务与 GDP 之比）逐渐下降。

归纳而言，2024 年及之后，意大利经济增长的利好因素主要包括额外储蓄的进一步释放、欧盟资金用于投资的力度加大，以及"超级津贴"计划继续产生经济刺激效应等，而经济的下行风险则与全球经济与地缘政治形势可能恶化以及货币政策紧缩的影响或将强于预期有关。总体而言，如果不遭遇重大的意外冲击，预计 2024 年和 2025 年意大利经济将逐步复苏。

（孙彦红 译）

B.4
意大利社会：通胀阴霾渐散，民生略有改善

臧宇　陈展鹏*

摘　要：　2023 年，意大利的高通胀有所缓解，但是价格水平仍处于高位。随着就业改善和收入小幅增加，民众的购买力略有提升。然而，青年失业问题依旧严重，超过 200 万个绝对贫困家庭亟待救助。在财力有限的情况下，梅洛尼政府出台多样化的措施，有针对性地帮扶各类困难群体。在艾米利亚-罗马涅大区救灾问题上，梅洛尼政府制订了全面系统的计划，但是落实情况不尽如人意。中地中海航线偷渡掀起新高潮，超过 15 万名非常规移民在意大利南部登陆，给当地社会造成巨大压力。考虑到移民来源国的经济发展水平与欧盟存在巨大差距，同时意大利对外籍劳工的需求也持续存在，意大利对移民的吸引力在短期内不会消退。2023 年年底，欧盟委员会向意大利政府拨付了支持其"国家复苏与韧性计划"的第四笔资金，为该国 2024 年经济社会发展与民生改善提供了保障。

关键词：　意大利　通货膨胀　社会救助　非常规移民

2023 年，新冠疫情退散，意大利正在走出俄乌冲突导致的持续通胀，主要商品价格趋向稳定，能源价格大幅回落。随着就业增长和家庭收入提高，民生整体向好，但是青年失业问题依然严重，绝对贫困家庭数量仍旧庞

---

* 臧宇，文学博士，广东外语外贸大学意大利语副教授、国际移民研究中心研究员、中国人类学民族学研究会国际移民专委会理事，主要研究领域为中意跨文化交际、地中海移民治理；陈展鹏，广东外语外贸大学西方语言文化学院欧洲语言文学专业 2023 级硕士研究生。

大。在财力并不充盈的情况下，梅洛尼政府出台了多样化的社会救助措施，兼顾"救穷"、"救急"和"救灾"三个方面，保障了困难人群的基本生活。中地中海航线（central mediterranean route，以下简称"中地线"）偷渡问题愈演愈烈，给西西里等南方大区带来安置压力和人道主义风险，并造成民意撕裂，同时也为深入认识意大利社会提供了另类的视角。

一 物价趋向稳定，民生整体向好

2023 年，意大利的持续通胀问题终于有所缓解，消费品价格趋向稳定，但生活成本依然居高不下。随着就业率的进一步增长和家庭收入提高，民生状况有所好转，但贫困民众的绝对数量依旧庞大。

如图 1 所示，2023 年 1~11 月，意大利消费者物价指数（CPI）始终在 118.8~120.3 小幅震荡，于 9 月创下历史新高——120.3 后，在 10 月和 11 月均出现环比小幅下降。[1] 由此可见，2023 年意大利物价水平的变化幅度不大，逐渐趋向稳定。然而，值得注意的是，该国 CPI 始终处于高位，2023 年任何一个月份的水平均高于 2021 年和 2022 年同月。除 3 月（118.8）外，CPI 始终保持在 119 以上，高于前两年中任何一个月份，而且显著高于 5 年均线（108）和 10 年均线（105）。可以说，尽管涨势已经趋缓，意大利物价水平仍旧居高不下。通过比较不难发现，意大利 2021~2023 年的 CPI 变化趋势与欧盟基本一致。[2] 2023 年 9 月以来，意大利在平抑物价方面的成效优于欧盟。

民以食为天，食品价格的变化对意大利民众特别是困难民众生活的影响不可小觑。2023 年 2 月和 3 月的食品通胀率均处于 13.2% 的高位，与历史最高水平（2022 年 11 月，13.6%）接近。进入第二季度后，食品通胀率持续下

---

[1] "Italy Consumer Price Index（CPI）"，2023，https：//tradingeconomics.com/italy/consumer-price-index-cpi#calendar-table，最后访问日期：2023 年 12 月 5 日。

[2] "European Union Consumer Price Index（CPI）"，2023，https：//trading economics.com/european-union/consumer-price-index-cpi，最后访问日期：2023 年 12 月 5 日。

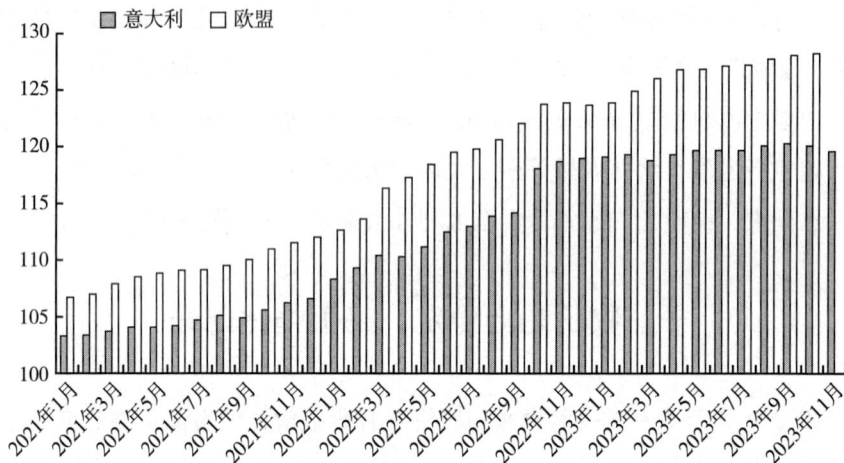

图1 意大利、欧盟CPI月度变化（2021年1月至2023年11月）

资料来源：笔者根据tradingeconomics网站数据制作。

降，于11月降至5.9%，①且始终低于欧盟同月水平，但仍高于俄乌冲突爆发前的水平，也显著高于1997年以来的平均水平（2.3%）。食品价格仍旧保持同比上涨的趋势，只是涨幅有所下降。通俗地讲，吃饭还是越来越贵。

能源价格飞涨是导致2022年意大利物价全面上涨的重要原因。2023年，意大利的能源通胀率同比持续下降，由1月的42.5%一路降至7月的0.7%，价格恶性持续上涨的局面渐渐远去。8月的能源通胀率首次降到0以下，10月和11月的数据分别为-19.7%和-24.4%，说明能源价格终于开始同比下降，且降幅可观。这对缓解冬季可能出现的能源贫困（povertà energetica）问题无疑具有重要意义。

从2023年1~10月的失业率数据来看，意大利的失业问题有所缓解。1月失业率较2022年第四季度略有上升，达到8%的年度高位，但仍略低于2022年的平均水平（8.15%）。自2月起，失业率始终低于上年同月水平，低于10年均线（10.4%）和5年均线（9.0%），最低时两度降至7.5%（6月、8

---

① 本文中有关意大利整体通胀率、食品通胀率和能源通胀率的数据均来自tradingeconomics网站（https://tradingeconomics.com/italy），最后访问日期：2023年12月30日。

月），平了 2009 年 5 月以来的最低纪录，但始终高于欧盟同月数据。① 1 ~ 10 月，意大利失业人口数量略有起伏，最高时达到 201.12 万人（1 月），最低时降至 188.125 万人（6 月），但任何一个月份的数据均低于 2021 年和 2022 年同月的水平，且远低于 2004 年以来的平均水平（232.99 万人）。就业数据也持续向好，就业率自 1 月（60.9%）起持续小幅攀升，于 9 月达到 61.7%，多次刷新近 20 年来的最高纪录。就业人数的走势也大致相同，最低值出现在 1 月（2334.234 万人），其后除在 7 月（2352.017 万人）出现小幅下滑外，持续保持增长，于 10 月达到 2369.43 万人的历史新高。2023 年各月的就业人数始终高于 2004 ~ 2022 年中任何一个月的水平，更显著高于 20 年来的平均水平（2256.579 万人）。青年失业率（youth unemployment rate）在 21.51%（4 月）~ 24.66%（10 月）间持续震荡，整体水平略低于上年，也低于近 40 年来的绝大多数年份，处于欧债危机以来的最低水平，但始终比同月欧盟青年失业率高出 8~9 个百分点。综上可见，意大利就业状况整体向好，已处于 30 年来的最好水平，但青年失业问题依然较为严重。

随着就业状况改善，个人可支配收入总额也有明显增长，2023 年第一、第二季度分别为 3359.01 亿欧元和 3346.99 亿欧元，分列 21 世纪以来个人可支配收入总额季度数据的第 1 位和第 2 位。可支配收入总额的增长在消费端也有所体现，第一季度至第三季度的家庭消费支出环比连续增长。②

那么，在扣除通胀因素后，2023 年意大利家庭的实际购买力究竟经历了怎样的变化？关于这一点，目前公开的信息尚不完整。意大利国家统计局的报告显示，2023 年第一季度，家庭可支配收入环比增长 3.2%，同比增长 8.2%，③得益于收入增长和通胀趋缓，家庭购买力环比上升 2.8%，但仍略低于 2022

---

① 本文中有关意大利失业率和就业率的数据均来自 tradingeconomics 网站（https://tradingeconomics.com/italy），最后访问日期：2023 年 12 月 30 日。

② 本文有关意大利居民可支配收入和消费支出的数据均来自 tradingeconomics 网站（https://tradingeconomics.com/italy），最后访问日期：2023 年 12 月 30 日。

③ Istat, "Conto Trimestrale delle Amministrazioni Pubbliche, Reddito e Risparmio delle Famiglie e Profitti delle Società-I Trimestre 2023", 4 luglio 2023, https://www.istat.it/it/files/2023/07/comunicatoQSA2023Q1.pdf，最后访问日期：2023 年 12 月 30 日。

年同季度水平。[①] 第二季度，家庭可支配收入和家庭购买力环比分别下降
0.1%和0.2%，但是均高于2022年同季度水平。[②] 亦有分析人士指出，由于
不充分就业（sottoccupazione）问题长期得不到缓解，[③] 大批劳动者难以人尽
其才，无法获得与其能力、资质相当的报酬，[④] 在剔除通胀因素后，意大利
家庭实际收入"近30年来未曾增长"，截至2023年年底，家庭购买力仍难
以恢复到疫情前的水平。[⑤] 然而，总体而言，意大利的家庭财力正在缓慢恢
复，实际情况比意大利媒体在2022年年末的大多数预测更加乐观。

　　2023年年初，意大利家庭的储蓄能力尚未恢复。根据意大利国家统计
局的数据，第一季度家庭储蓄率（propensione al risparmio，即毛收入中用于
储蓄的部分所占的比例）达到6.7%，环比提升1.4个百分点，结束了几个
季度以来环比连续下跌的趋势，但与2022年同期相比仍有4.3个百分点的
差距。第二季度家庭储蓄率为6.3%，同比下降3.1个百分点。上半年家庭
储蓄率同比下降3.6个百分点，相比疫情之前也有较大差距，[⑥] 但高于2022
年下半年水平。由此可见，意大利家庭的储蓄能力处在缓慢回升中，"元

① Luca Pons, "ISTAT, cresce il potere d'acquisto delle famiglie e cala la pressione fiscale nei primi mesi del 2023", 4 luglio 2023, https：//www.fanpage.it/politica/ istat-cresce-il-potere-dacquisto-delle-famiglie-e-cala-la-pressione-fiscale-nei-primi-mesi-del-2023/, 最后访问日期：2023年12月30日。

② Istat, "Conto Trimestrale delle Amministrazioni Pubbliche, Reddito e Risparmio delle Famiglie e Profitti delle Società-Ⅱ Trimestre 2023", 4 ottobre 2023, https：//www.istat.it/it/files//2023/ 10/comunicatoQSA2023Q2. pdf, 最后访问日期：2023年12月20日。

③ "Ocse, in Italia il maggiore calo dei salari reali tra i grandi Paesi", Il Sole 24 Ore, 11 luglio 2023, https：//www.ilsole24ore.com/art/ocse-italia-maggiore-calo-salari-reali-i-grandi-paesi-75percento-pre-pandemia-AFCnOeB, 最后访问日期：2023年12月20日。

④ Sandro Riccio, "Stipendi fermi da trent'anni e inflazione, ma resta alto il risparmio：come è possibile?", La Stampa, 15 dicembre 2023, https：//www.lastampa.it/economia/2023/12/15/ news/risparmio_ inflazione_ stipendi_ italia-13934677/, 最后访问日期：2023年12月5日。

⑤ Nicola Barone, "Confronto salariale in Italia：dal 1991, +1% contro il +32, 5% nell'area Ocse", Il Sole 24 Ore, 14 dicembre 2023, https：//www.ilsole24ore. com/art/salari-italia-palo-1991-1percento-contro-325percento-nell-area-ocse-ma-pesa-anche-bassa-produttivita-AFzaOH3B, 最后访问日期：2023年12月5日。

⑥ Istat, "Conto Trimestrale delle Amministrazioni Pubbliche, Reddito e Risparmio delle Famiglie e Profitti delle Società-Ⅱ Trimestre 2023", 4 ottobre 2023, https：//www.istat.it/it/files//2023/ 10/comunicatoQSA2023Q2. pdf, 最后访问日期：2023年12月20日。

气"尚未恢复。

消费者信心指数（CCI）旨在量化地反映消费者对经济形势的预期，体现其对收入水平、收入预期、经济走势等问题的主观判断。2023 年 1～11 月，意大利的 CCI 持续保持在中值（100）之上，最低值出现在 1 月（100.9），最高值为 108.6（6 月），均值为 104.8，整体水平显著低于新冠疫情逐渐得到控制、百业复苏的 2021 年，但高于物价飞涨的 2022 年。[①] 对比 2022 年连续 6 个月 CCI 低于中值的情况，2023 年的 CCI 数据显示意大利民众正在对未来重拾信心，但仅保持谨慎乐观。

意大利储蓄基金与储蓄银行协会（ACRI）联合益普索集团（IPSOS）于"世界储蓄日"（10 月 31 日）发布了第 23 版《意大利人与储蓄》调查报告（以下简称"《储蓄报告》"），其中的数据也印证了民生正在小幅好转。一方面，"生活水平有所提升"或"相对较容易地保持原有生活水平"的受访者比例达到 50%，比上年提升 3 个百分点；"生活水平有所提升"的受访者比例达到 14%，同比提升 7 个百分点；"生活水平下降"的受访者比例为 13%，同比降低 6 个百分点。另一方面，53% 的受访者"可以相对轻松地储蓄"，较上年提高 4 个百分点，与 2021 年持平；而主张"享受生活，不必为未来储蓄"的受访者所占比例仅为 7%，同比下降 4 个百分点，达到罕见的历史低位。[②] 可见意大利民众的储蓄意愿和能力均有所加强。

意大利民众在圣诞－新年假期掀起消费高潮。据酒店业联合会（Federalalberghi）估算，超过 1900 万名民众期待"回归到因疫情而阔别已久的正常状态"，选择在圣诞－新年假期出游，总花费约为 150 亿欧元。其中，圣诞节出游者的总消费高达 115.43 亿欧元，同比增长 14%。[③] 得益于

---

① 此处的意大利消费者信心指数数据来自 tradingeconomics 网站（https：//tradingeconomics.com/italy），最后访问日期：2023 年 12 月 30 日。

② ACRI & IPSOS，"Gli Italiani e il Risparmio"，31 ottobre 2023，https：//www.ipsos.com/sites/default/files/ct/news/documents/2023-10/ACRI% 202023 _ 3010% 20DEF _ VERSIONE% 20COMPLETA.pdf，最后访问日期：2023 年 12 月 30 日。

③ "A natale più di 19 milioni di italiani in viaggio"，*Confcommercio*，18 dicembre 2023，https：//www.confcommercio.it/-/federalberghi-natale-2023，最后访问日期：2023 年 12 月 30 日。

第 13 个月薪金（la tredicesima）总额的提高，意大利家庭购买假日礼物的花费高达 80 亿欧元，比上年增加约 9 亿欧元。[①]

然而，困难民众的绝对数量和所占比例皆不容低估。意大利明爱（Caritas Italiana）于 2023 年 11 月中旬发布的《意大利贫困与社会排斥问题报告（2023）》显示，2022 年意大利共有 9.7% 的人口（约 567 万人，218 万个家庭）处于绝对贫困状态。贫困群体呈现明显的结构性特点：首先，"遗传性贫困"，亦即"生来贫困者，成年后有很大概率继续贫困"的现象普遍；其次，"工作穷"问题突出，22.8% 的绝对贫困者有工作，47% 的绝对贫困家庭由"一家之主"（capofamiglia）工作养家，但仍无法摆脱贫困，只得求助于慈善组织。[②] 如何为困难民众生活"兜底"，是对意大利政府财力和执政能力的重要考验。

二　出台多样化帮扶举措，"救穷""救急""救灾"

在财力有限的前提下，为有针对性地帮助困难民众减轻生活压力，意大利政府仍旧延续了"兼顾点面"的思路，[③] 出台了多样化的帮扶措施，总体效果值得肯定。

"全民基本收入计划"（Reddito di Cittadinanza，RdC）作为"兜底"类的社会救助工具，曾在抗疫期间和疫后复苏阶段发挥重要作用，对长期贫困家庭的帮扶作用尤其突出，但也因造成较重的财政负担且在促进就业方面乏善可陈遭到批评。根据《2023 年预算法》的规定，梅洛尼政府将对"全民

[①] "Per consumi e acquisti sarà un bel dicembre", *Confcommercio*, 6 dicembre 2023, https：//www. confcommercio. it/-/consumi-natale-e-tredicesime，最后访问日期：2023 年 12 月 30 日。

[②] "Rapporto Caritas：5, 6 milioni di poveri assoluti, è fenomeno strutturale", *Sky TG24*, 17 novembre 2023, https：//tg24. sky. it/economia/2023/11/17/poverta-rapporto-caritas-italia-2023，最后访问日期：2023 年 12 月 20 日。

[③] 臧宇、秦珂：《意大利社会：多措并举力保民生，官民齐动安置难民》，载孙彦红主编《意大利发展报告（2022~2023）：俄乌冲突下艰难求"变"的意大利》，社会科学文献出版社，2023，第 67 页。

基本收入计划"有关办法进行调整，并于 2024 年 1 月 1 日废除该计划，此举将影响全国约 40.4 万个核心家庭。①实际上，2023 年度补贴的申请方式、ISEE 计算、补贴标准等与往年并无二致。修改部分的文字表述相当细琐，概括起来要旨有四：一是 2023 年补贴的最长领取时间缩短为 7 个月（有未成年人、残疾人或 60 岁以上老人的核心家庭除外）；② 二是从 2023 年 1 月 1 日起，若"全民基本收入计划"受益者拒绝接受就业中心介绍的工作，即使是初次拒绝，即使薪资偏低，也将丧失领取补贴的资格；③ 三是年龄在 65 岁以下，身体健康，无工作，无上学任务，无年幼、残疾家人须看护的"全民基本收入计划"受益者，一律参加地方政府安排的公益劳动，拒绝者将丧失领取补贴的资格；④ 四是鼓励私营雇主雇用"全民基本收入计划"受益者，若与之签订不定期合同，则可享受免缴受雇者当年社保的优待。如此一来，政府节省了高达 9.5 亿欧元的开支，⑤ 也迫使部分救助对象进入就业市场，或对社会有所贡献，但"全民基本收入计划"的"兜底"作用无疑明显减弱。此外，上述有关就业的新规似有些简单粗暴，难以实现帮助困难民众自食其力的预设目标。

尽管"全民基本收入计划"逐渐淡出，但是梅洛尼政府继续将困难家

① "Reddito di cittadinanza 2023, quali sono i requisiti per ISEE e patrimonio", *Sky TG24*, 11 gennaio 2023, https：//tg24.sky.it/economia/approfondimenti/reddito-di-cittadinanza-2023-requisiti，最后访问日期：2023 年 11 月 30 日。

② "Circolare numero 61 del 12-07-2023: Modifiche apportate dalla legge 29 dicembre 2022, n.197, alla disciplina del Reddito di cittadinanza di cui al decreto-legge 28 gennaio 2019, n.4, convertito, con modificazioni, dalla legge 28 marzo 2019, n.26", *INPS*, 12 luglio 2023, https：// www.inps.it/it/it/inps-comunica/atti/circolari-messaggi-e-normativa/dettaglio.circolari-e-messaggi. 2023.07.circolare-numero-61-del-12-07-2023_14216.html，最后访问日期：2023 年 12 月 20 日。

③ "Manovra/Rdc scende a sette mesi, salta offerta 'congrua'", *Il Sole 24 Ore*, 29 dicembre 2022, https：//www.ilsole24ore.com/art/manovrardc-scende-sette-mesi-salta-offerta-congrua-AE4qI7QC? refresh_ce，最后访问日期：2023 年 11 月 30 日。

④ Camera dei Deputati, "La riforma del Reddito di cittadinanza", 3 luglio 2023, https：// temi.camera.it/leg19/temi/il-reddito-di-cittadinanza.html，最后访问日期：2023 年 11 月 30 日。

⑤ "Reddito di cittadinanza 2023: regole e novità da ottobre", *Fiscoetasse*, 7 ottobre 2023, https：// www.fiscoetasse.com/approfondimenti/15128-reddito-di-cittadinanza-2023-regole-e-novita-da-ottobre.html#paragrafo1，最后访问日期：2023 年 11 月 30 日。

庭作为最主要的帮扶对象，特别是在原有措施基础上出台了多样化的"救急"措施，以便利用有限资金更精准地帮助弱势群体。解决困难家庭的吃饭问题，是扶危济困的头等大事。在此方面，梅洛尼政府倡议商户将临期食品分发给有需要的民众，并于5月推出专门的手机应用。有需求者可通过应用预订，然后前往合作商户领取临期食品包。疫情结束后，意大利的食物浪费问题日益严重。据测算，2022年，平均每人每周浪费食物593.3克，同比增加15%。[①] 通过鼓励商户以临期食品帮扶困难民众，既不增加公共支出，又能为弱势群体提供食物，还能有效减少食物浪费，此举获得普遍好评。

2022年，意大利国内食品方面的消费降级现象较为明显，家庭牛肉和鱼肉消费量分别下降4.4%和13%，民众被迫选择更便宜的替代品。[②] 为帮助中低收入家庭减轻"菜篮子"负担，意大利政府拨专款5亿欧元，用于发放储值购物卡。从2023年7月8日起，核心家庭经济状况换算示数（ISEE）[③] 低于1.5万欧元的家庭皆可申领一张存有382.5欧元的购物卡。该卡无法提现，持卡者可于2023年9月15日前在定点商店刷卡消费，但仅能购买食品等生活必需品。[④] 为避免重复资助，意大利政府规定，"全民基本收入计划"、职工新社保（Napsi）等国家补贴计划的受益者不得申领储值购物卡。

老有所养，同样事关社会稳定。意大利是人口老龄化最严重的欧洲国家，2022年，65岁以上老人占总人口比例高达23.8%，因此家政人员、

---

① "Mentre gli italiani dichiarono di prestare attenzione, i 18/24enni sono i campioni", *Smartway*, 18 settembre 23, https://smartway.ai/it/blog/2023/09/18/mentre-gli-italiani-dichiarano-di-prestare-attenzione-i-18-24-enni-sono-i-campioni/, 最后访问日期：2023年11月30日。

② Manuela Soressi, "Così cambia il carello della spesa con l'inflazione: meno carne e pesce più uova e formaggi", *Il Sole 24 Ore*, 27 marzo 2023, https://www.ilsole24ore.com/art/carrello-spesa-meno-carne-e-pesce-piu-uova-e-formaggi-AE KQer7C, 最后访问日期：2023年11月30日。

③ ISEE =［核心家庭年收入 +（动产价值 + 不动产价值）× 20%］/ 换算参数。

④ Allesandro Sodano, "Carta Risparmio Spesa 2023, chi non la riceverà: gli esclusi dalla carta 'Dedicata a te'", *LeggiOggi*, 12 luglio 2023, https://www.leggioggi.it/carta-risparmio-spesa-2023-soggetti-esclusi/#block-a3acee0f-c939-4aa7-826c-a8373 bc5f003, 最后访问日期：2023年12月3日。

护工、保姆严重短缺，且雇佣费用高昂。若通过规范程序雇佣，通常须等待数月甚至更长时间。为帮助有老人的困难家庭减轻负担，政府出台《2023~2025 年度打击黑工国家计划》，对家政行业繁琐的雇佣程序进行简化，有效缩短了雇主的等待时间，还以 ISEE 为依据，为失能老人家庭雇用看护人员提供每月 360~3600 欧元的补贴，家庭经济条件越困难，补贴越多。①

在人口长期负增长、出生率低迷的意大利，有效减轻家庭养育子女的负担关乎国家未来。为此，意大利政府于 2023 年加大单一普遍津贴（Assegno Unico Universale，AUU）的补贴力度：自 1 月 1 日起，子女在 1 岁以下的家庭获得的补贴金额翻倍；从 3 月 1 日至次年 2 月 27 日，子女年龄在 1~3 岁的家庭，每月也能多领 50% 的补贴。② AUU 是一项普惠性的补贴，对申领家庭的 ISEE 并未设定上限，但 ISEE 越低的家庭，获得的补贴越多。③

2023 年，为更精准地应对"能源贫困"问题，意大利政府提高了申领水电气补贴（Bonus Bollette）的 ISEE 上限，延长了补贴发放的时间。成员数在 3 人以内的核心家庭申领补贴的 ISEE 上限由 1.2 万欧元提高至 1.5 万欧元，而成员数大于等于 4 人的核心家庭申领补贴的 ISEE 上限则提高至 3 万欧元，补贴发放时间延长至全年，能源消耗量最大的第四季度也被涵盖进补贴范围。④ ISEE 在 1.5 万欧元以下的家庭每季度可获得 265~379 欧元的

① Carlo Iacubino, "Contributi colf e badanti, dopo il 'no' del decreto Lavoro, la deducibilità totale ridurrebbe il lavoro nero e consentirebbe 109mila nuove assunzioni", 19 maggio 2023, *TAG24*, https：//www.tag24.it/631169-contributi-colf-badanti-deducibilita-totale-quanto-risparmierebbero-le-famiglie/，最后访问日期：2023 年 10 月 28 日。

② "Assegno unico 2023：istruzioni INPS per il ricalcolo e il pagamento", *PMI*, 11 aprile 2023, https：//www.pmi.it/economia/lavoro/408714/assegno-unico-2023-istruzioni-inps-per-il-ricalcolo-e-le-maggiorazioni.html#assegno-unico-2023，最后访问日期：2023 年 11 月 30 日。

③ INPS, "Assegno unico e universale per i figli a carico", 6 dicembre 2023, https：//www.inps.it/it/it/dettaglio-scheda.schede-servizio-strumento.schede-servizi.assegno-unico-e-universale-per-i-figli-a-carico-55984.assegno-unico-e-universale-per-i-figli-a-carico.html，最后访问日期：2023 年 11 月 30 日。

④ "Bonus bollette 2023 2024：come richiederlo, a chi spetta, novità, proroga", *Ti Consiglio*, 26 settembre 2023, https：//www.ticonsiglio.com/bonus-bollette-famiglie-imprese/#cose_ il_ bonus_ bollette_ 2023，最后访问日期：2023 年 11 月 30 日。

电费补贴，由于天然气补贴的额度还受申领家庭居住地的影响，故差异更大，每个家庭每季度的领取数额为120~2000欧元。①

此外，以个体为帮扶对象的几项措施同样值得关注。首先，根据《2023年预算法》，针对雇佣劳动者（含学徒）降低个税、社保等税费，相当于间接涨薪。自2023年1月起，年收入不超过2.5万欧元者每年少缴的税费相当于其年收入的3%，而年收入在2.5万~3.5万欧元者可获得的税费减免相当于其收入的2%，但第13个月的薪金不享受税费减免。升格为法律的《劳动法令》（Decreto Lavoro）进一步加大了减负力度，其规定自7月1日起至年末，收入处于上述两档的雇佣劳动者的税费减免比例将分别提升至7%和6%。②

意大利安莎社报道显示，2022年有9.9%的自雇劳动者和自由职业者生活在贫困线下，同比增长了2个百分点。③在此背景下，意大利政府出台专门措施对上述群体进行帮扶。2023年3月16日的第30号通知扩大了《救济法令》（Decreto Aiuti）的补贴人群范围，无增值税号的自雇劳动者和自由职业者终于可以以个人名义申领一次性生活补贴。若2021年收入不超过3.5万欧元，则可一次性领取200欧元补贴；若2021年收入低于2万欧元，则可一次性领取350欧元。④尽管补贴额度有限，但体现了政府对以往被忽视的困难人群的关注。

2023年，意大利政府社会救助的另一"重头戏"是在艾米利亚-罗马涅

---

① Natalia Piemontese, "Bonus bollette, quanto dura per il 2023: chi può averlo e come controllare la pratica", *Trend online*, 6 gennaio 2023, https://www.trend-online.com/bonus/bonus-bollette-quanto-dura/，最后访问日期：2023年11月27日。

② "Bonus contributi 2023: cos'è e cosa cambia in busta paga da luglio", *Idealista News*, 3 agosto 2023, https://www.idealista.it/news/finanza/economia/2023/08/03/174881-bonus-contributi-2023，最后访问日期：2023年12月20日。

③ "Confersercenti, 'povertà si allunga su autonomi e professionisti'", *ANSA*, 25 ottobre 2023, https://www.ansa.it/sito/notizie/economia/pmi/2023/10/25/con fesercenti-poverta-si-allunga-su-autonomi-e-professionisti_34abcbda-3a38-4561-87ef-fe0dfa8930c2.html，最后访问日期：2023年12月4日。

④ "Bonus 200 euro autonomi e partita IVA 2023: come richiederlo", *Soldioggi*, 27 dicembre 2023, https://www.soldioggi.it/bonus-200-euro-autonomi-partita-iva-27112.html，最后访问日期：2023年12月27日。

（Emilia-Romagna）大区的救灾工作。5月，该大区遭受特大暴雨袭击，降水量高达往年同月均值的7~8倍，引发大规模洪灾，同时伴有6万余起山体滑坡，导致17人遇难，3.6万人流离失所，近8万公顷农田被淹，道路交通大面积中断，基础设施和房屋受损严重，经济损失高达85亿欧元。[1] 在该大区主席博纳奇尼（Bonaccini）发出请求后，意大利政府经过约两周的讨论，于23日批准了紧急援助计划，包括一系列救灾、补贴和重建措施。受灾个人与企业获准暂停缴纳5月1日到8月31日的税款[2]以及电费、燃气费、水费和垃圾费，受灾前欠费的民众也暂无服务中断之虞。[3] 此类措施简便易行，在减轻灾民负担方面的效果立竿见影，有利于稳定民心。为确保灾区民众的居住条件，政府出台住房补贴政策，截至8月15日，已处理1.5万份申请，转账4500万欧元。救灾计划还为住房遭受破坏的家庭提供补贴，最高档一户可领取5000欧元。[4] 此外，政府还为受灾劳动者发放经济补贴，专门拨款6亿欧元补贴雇佣劳动者，另拨款3亿欧元补贴自雇劳动者。被迫停工的雇佣劳动者可申领最长期限为90天的务工补助，因受灾而中断业务的自雇劳动者则可申领最高3000欧元/人的一次性补助。[5] 上述补贴于6月

① Regione Emilia-Romagna, "Post alluvione, 'Romagna mia': Servizio civile straordinario voluto dalla Regione per i territori colpiti", 29 novembre 2023, https://www.regione.emilia-romagna.it/notizie/2023/novembre/post-alluvione-romagna-mia-servizio-civile-straordinario-voluto-dalla-regione-per-i-territori-alluvionati, 最后访问日期：2023年12月20日。

② Governo Italiano, Presidenza del Consiglio dei Ministri, "Comunicato stampa del Consiglio dei Ministri n. 35", 23 maggio 2023, https://www.governo.it/it/articolo/consiglio-dei-ministri-n-35/22682, 最后访问日期：2023年12月20日。

③ Regione Emilia-Romagna, "Stop ai pagamenti di luce, gas, acqua e rifiuti nelle aree colpite", 5 giugno 2023, https://www.regione.emilia-romagna.it/alluvione/aggiornamenti/2023/giugno/stop-ai-pagamenti-di-luce-gas-acqua-e-rifiuti-nelle-aree-colpite, 最后访问日期：2023年12月20日。

④ Regione Emilia-Romagna, "Alluvione, via al pagamento del contributo di immediato sostegno: direttamente sul conto ai primi 2.700 cittadini", 11 luglio 2023, https://www.regione.emilia-romagna.it/notizie/2023/luglio/alluvione-via-al-pagamento-del-contributo-di-immediato-sostegno, 最后访问日期：2023年12月20日。

⑤ Regione Emilia-Romagna, "Dalla Cassa integrazione al sostegno degli autonomi: subito misure per proteggere lavoro e imprese", 27 maggio 2023, https://www.regione.emilia-romagna.it/notizie/2023/maggio/dalla-cassa-integrazione-al-sostegno-degli-autonomi-confronto-tra-regione-e-ministero-sul-lavoro-nelle-zone-colpite-dallalluvion, 最后访问日期：2023年12月8日。

15 日开放申请。截至 7 月 17 日，意大利国家社会保障局（INPS）共收到 18419 份务工补助申请和 14414 份一次性补助申请。截至 12 月初，上述两项补贴的受益者数量已达 1.9 万人。①

在应急的同时，意大利政府还关注复学、复工与重建。政府拨款 2000 万欧元，支持灾区教育机构复课，并为受灾大学生减免学费；拨款 800 万欧元用于恢复灾区的医疗服务；② 拨款 1000 万欧元，为 5 月 1 日至 6 月 30 日营业额损失严重的企业提供补贴。③ 考虑到农业在艾米利亚-罗马涅大区具有举足轻重的地位，意大利政府为农业复产与重建拨款 1 亿欧元，欧盟也提供了超过 6000 万欧元的资金，加上社会各界的资助，该大区获得的助农资金总额超过 3.25 亿欧元。④

然而，救灾行动并非尽善尽美，因行政效率低下，重要人事任命拖延，资金落实迟迟不到位，部分措施落实缓慢，梅洛尼政府屡遭诟病。首先，紧急援助计划获批后，因党派之争，政府无法任命最了解灾情的大区主席博纳奇尼为重建专员，⑤ 经过近两个月的争论，才决定由无党派军官菲里奥罗（Figliuolo）将军担任该职。菲里奥罗处理应急事务的经验丰富，曾任新冠

---

① Regione Emilia-Romagna, "Oltre 19mila indennità pagate ai lavoratori colpiti dall'alluvione", 17 luglio 2023, https://www.regione.emilia-romagna.it/alluvione/aggiornamenti/2023/luglio/oltre-19mila-le-indennita-pagate-ai-lavoratori-colpiti-dalle-alluvioni, 最后访问日期：2023 年 12 月 8 日。

② Governo Italiano, Presidenza del Consiglio dei Ministri, "Comunicato stampa del Consiglio dei Ministri n. 35", 23 maggio 2023, https://www.governo.it/it/articolo/consiglio-dei-ministri-n-35/22682, 最后访问日期：2023 年 12 月 8 日。

③ Regione Emilia-Romagna, "Turismo, primi ristori per le imprese delle zone più colpite: 10 milioni di euro dal Governo", 13 giugno 2023, https://www.regione.emilia-romagna.it/alluvione/aggiornamenti/2023/giugno/turismo-in-arrivo-i-primi-ristori-per-le-imprese-delle-zone-piu-colpite-10-milioni-di-euro-dal-governo, 最后访问日期：2023 年 12 月 8 日。

④ Regione Emilia-Romagna, "Post alluvione, in arrivo 106 milioni di euro per sostenere le imprese agricole dell'Emilia-Romagna", 23 novembre 2023, https://www.regione.emilia-romagna.it/notizie/2023/novembre/post-alluvione-in-arrivo-106-milioni-di-euro-per-sostenere-le-imprese-agricole-dell2019emilia-romagna, 最后访问日期：2023 年 12 月 8 日。

⑤ "Perché il governo non ha ancora nominato Stefano Bonaccini commissario per la ricostruzione in Emilia Romagna", *Fanpage*, 25 maggio 2023, https://www.fanpage.it/politica/emilia-romagna-chi-sara-commissario-per-ricostruire-dopo-le-alluvioni-il-governo-frena-su-bonaccini/, 最后访问日期：2023 年 12 月 8 日。

疫情紧急事务专员，且与博纳奇尼私交不错，也算堪当重任，只是政府在重要人事任命上一再迁延时日，激起广泛不满。① 其次，中央政府在兑现救灾承诺方面打了折扣，各项援助措施的预算金额相加，总额仅为 16 亿多欧元，比 5 月承诺的总金额少了 5 亿多欧元，② 而且直至 7 月底，资金也未能全部到位。③ 资金到位滞后，最直接的后果便是灾区道路的修复工程一再拖延，给居民生活和复产复工造成不便。④

三　中地线偷渡再掀高潮，非常规移民"入侵"南意

2023 年是地中海非常规移民十分活跃的年份，中地线是主要偷渡线路中"最繁忙的移民通道"⑤，南欧门户意大利再度成为整个地中海区域最重要的移民登陆国。意大利内政部在 2023 年 12 月底公布的数据显示，2023 年共有 154526 名非常规移民通过中地线抵达该国，数量较 2022 年增长 50.7%，约为 2021 年的 2.3 倍。⑥ 此外，非常规移民在登陆时间、区域上高度集中，给南

① "Alluvione, polemiche sul commissario: governo sceglie Figliuolo, Bonaccini e i sindaci protestano", *Fanpage*, 28 giugno 2023, https://www.fanpage.it/politica/alluvione-polemiche-sul-commissario-governo-sceglie-figliuolo-bonaccini-e-i-sindaci-in-protesta/, 最后访问日期：2023 年 12 月 8 日。

② "Il governo Meloni non ha mantenuto le promesse sul decreto di aiuti all'Emilia Romagna", *Fanpage*, 5 giugno 2023, https://www.fanpage.it/politica/il-governo-meloni-non-ha-mantenuto-le-promesse-sul-decreto-di-aiuti-allemilia-romagna/, 最后访问日期：2023 年 12 月 8 日。

③ "Alluvione in Emilia-Romagna, Bonaccini contro il governo: 'Dopo tre mesi non è arrivato un euro' ", *Fanpage*, 31 luglio 2023, https://www.fanpage.it/politica/alluvione-in-emilia-romagna-bonaccini-contro-il-governo-dopo-tre-mesi-non-e-arrivato-un-euro/, 最后访问日期：2023 年 12 月 8 日。

④ "Alluvione Emilia Romagna, strada ancora bloccata a Fontanelice, i residenti: 'Rischiamo evacuazione' ", *Fanpage*, 7 agosto 2023, https://www.fanpage.it/attualita/alluvione-emilia-romagna-strada-ancora-bloccata-a-fontanelice-i-residenti-rischiamo-evacuazione/, 最后访问日期：2023 年 12 月 8 日。

⑤ "Italy 2023: Central Mediterranean Becomes Busiest Route to Europe", *Infomigrants*, 22 December 2023, https://www.infomigrants.net/en/post/54069/italy-2023-central-mediterranean-becomes-busiest-route-to-europe, 最后访问日期：2023 年 12 月 28 日。

⑥ Ministero dell'Interno, "Cruscotto Statistico Giornaliero", 27 dicembre 2023, https://www.interno.gov.it/it/stampa-e-comuti/documentazione/statistica/cruscotto-statistico-giornaliero, 最后访问日期：2023 年 12 月 28 日。

部的西西里、卡拉布里亚（Calabria）等大区造成严重冲击，引发国际、国内激烈争论。仅在 9 月，兰佩杜萨岛（Lampedusa）一地就数度拉响警报，曾在 2 天内有 7000 余名移民登陆，[①] 7 天内 12000 余名移民上岛……短时间内大批偷渡者"入侵"这个常住居民不过 6000 人的弹丸之地，[②] 导致前沿安置设施爆满甚至崩溃。频发的紧急状态之下没有赢家：社会秩序遭受严重冲击，民众情绪惊恐；政府物资调拨、人员转运滞后，因而备受指责；登陆者缺衣少食，难寻住所……互联网上更是意见撕裂，"前沿"和"后方"态度差异明显。为减轻南方沿海地区的安置压力，意大利政府要求部分移民船只前往北部港口停靠、卸客，但如此一来，本就饱受海上颠簸之苦、给养不足的移民还须继续航行更长时间，方可上岸得到安置。[③] 此举无疑增加了船只失事的风险，对移民的身心健康造成威胁，也令政府屡遭人道主义方面的指责。

实际上，近年来经中地线抵意的非常规移民数量一直在增加，且增幅始终可观。读者难免会问：为什么无论是新冠疫情，还是俄乌冲突导致的高通胀，都未能吓退移民？实际上，我们还能列出众多证明移民生活贫困的数据：170 万名旅意外籍居民处于绝对贫困状态，占外籍居民总数的 34.0%，这一比例远高于意大利公民的绝对贫困率（7.4%）；在全意大利至少拥有 1 名外籍成员的家庭中，有 28.9% 处于绝对贫困状态，而在无外籍成员的家庭中，绝对贫困的比例仅为 6.4%；在全意大利的绝对贫困家庭中，有三成至少拥有 1 名外籍成员。[④] 那么，既然旅意外国人生计如此艰难，为何还有

---

① Barbie Latza Nadeau, Chris Liakos, Claudia Colliva and Sharon Braithwaite, "7, 000 People Arrive on Italian Island of 6, 000 as Migrant Crisis Overwhelms Lampedusa", *CNN*, 15 September 2023, https://edition.cnn.com/2023/09/15/europe/italy-lampedusa-migrant-crisis-intl/index.html，最后访问日期：2023 年 12 月 16 日。

② Ruth Sherlock, "On Lampedusa, There's Sympathy for Migrants—as Long as They Don't Stay", *npr*, 28 September 2023, https://www.npr.org/2023/09/28/1201785102/lampedusa-italy-migrant-crisis-meloni，最后访问日期：2023 年 12 月 16 日。

③ "Italy 2023: Central Mediterranean Becomes Busiest Route to Europe", *Infomigrants*, 22 December 2023, https://www.infomigrants.net/en/post/54069/italy-2023-central-mediterranean-becomes-busiest-route-to-europe，最后访问日期：2023 年 12 月 26 日。

④ Istat, "Le Statistiche dell' ISTAT sulla Povertà", 25 ottobre 2023, https://www.istat.it/it/files//2023/10/REPORT-POVERTA-2022.pdf，最后访问日期：2023 年 12 月 28 日。

大批移民冒险前往意大利呢？倘若对移民的目的和来源略做梳理，便不难回答上述问题，且能为我们深入理解意大利提供另一视角。

首先，意大利并非多数非常规移民的实际目的国，相当一部分登陆者只是将其视作进入欧盟的跳板，待条件成熟，便会自主前往福利待遇更高的国家。其次，收入高于贫困线的移民仍占大多数。最后，移民来源国普遍经济落后，与意大利的发展差距巨大，即使留意务工，或领取救济，其生活水平也比在母国高，甚至有可能回馈母国以及曾支持其移民的亲友。

2023 年，经中地线抵意大利的非常规移民中，有超过七成来自非常规移民数量排名前十的来源国（见表 1）。自"阿拉伯之春"以来，排名前十的来源国中的大多数国家长期"霸榜"。其中，仅有叙利亚是真正意义上的难民输出国，而其他九个国家输出的绝大多数移民被认定为经济移民（economic migrants）。这九个国家大致可分为三类。

表 1　2023 年中地线非常规移民主要来源国情况

单位：人，%

排名	来源国	人数	占比
1	几内亚	18204	12
2	突尼斯	17271	11
3	科特迪瓦	16004	10
4	孟加拉国	12169	8
5	埃及	11071	7
6	叙利亚	9516	6
7	布基纳法索	8412	5
8	巴基斯坦	7642	5
9	马里	5904	4
10	苏丹	5830	4
其他		42503	28
总计		154526	100

资料来源：意大利内政部网站，https://www.interno.gov.it/it/stampa-e-comuit/documentazione/statistica/cruscotto-statistico-giornaliero。

第一类国家包括排名第二的突尼斯与排名第五的埃及，它们同属北非国家，传统上就是中地线非常规移民的重要来源国，移民费用也较低。其中，突尼斯还是距意大利最近的非洲国家，占尽地利，故而也是中地线最重要的登船国之一。① 2018~2021 年，突尼斯一直是中地线排名第一的非常规移民登船国，2022 年排名第二。2023 年，抵达意大利的非常规移民中，有超过七成（约 9.6 万人）在突尼斯登船。② 突尼斯、埃及两国经济都遭到新冠疫情沉重打击，后又受俄乌冲突影响，均出现增长放缓和持续通胀的问题。新冠疫情发生后，两国物价如同脱缰野马般疯涨，突尼斯的 CPI 由 2020 年 1 月的 129.1 攀升至 2023 年 11 月的 169.8，③ 埃及的 CPI 则由 2020 年 1 月的 105.6 攀升至 2023 年 11 月的 187.3。④ 自俄乌冲突爆发以来，两国 CPI 就再未出现过哪怕小幅的回落。受俄乌冲突影响，在粮食严重依赖进口的埃及，食品价格更是疯涨，2023 年的月度食品通胀率始终在 48% 以上，最高达到 73.6%（9 月），造成大批民众基本生活出现困难。埃及政府本就财力不济，又因公共债务与 GDP 之比长期保持在 90% 左右，信用等级低，难以获取外部援助用以救济贫民，就连事关社会稳定的平价面包供给亦有中断之虞。而在突尼斯，赛义德（Said）总统与反对派的权力斗争愈演愈烈，导致社会持续动荡，部分民众对国家前途失去信心。在两个有移民传统的国家，民生日渐艰难，民众出逃去欧洲碰运气，并不令人吃惊。意大利的"地下经济"体量巨大，对低端劳动力的需求旺盛，也给非常规移民提供了生存土壤。据估算，在意大利建筑工地或果园务工的突尼斯移民每人每月可向家中寄回

---

① Daniele Ruvinetti, "La crisi tunisina che preoccupa l'Italia", *Med-Or*, 18 gennaio 2023, https：//www.med-or.org/news/la-crisi-tunisina-che-preoccupa-litalia, 最后访问日期：2023 年 12 月 5 日。

② UNHCR, "Italy Weekly Snapshot（18 Dec-24 Dec 2023）", 27 December 2023, https：//reliefweb.int/report/italy/italy-weekly-snapshot-18-dec-24-dec-2023, 最后访问日期：2023 年 12 月 28 日。

③ "Tunisia Consumer Price Index（CPI）", 2003, https：//tradingeconomics.com/tunisia/consumer-price-index-cpi, 最后访问日期：2023 年 12 月 28 日。

④ 此处有关突尼斯和埃及的经济数据均来自 tradingeconomics 网站（https：//tradingeconomics.com），最后访问日期：2023 年 12 月 30 日。

200~250 欧元，① 可在相当程度上改善留守家人的经济状况。2022 年，突尼斯共接收侨汇 31 亿美元，相当于其 GDP 的 6.6%；② 埃及共接收侨汇 283 亿美元，相当于其 GDP 的 5.9%。③ 出洋务工的意义可见一斑，而意大利便是两个国家最近的劳动力输出地。

第二类国家包括榜上排第一名的几内亚、第三名的科特迪瓦、第七名的布基纳法索、第九名的马里、第十名的苏丹，它们均属于撒哈拉以南非洲国家。该区域比第一类国家更加落后，2022 年人均 GDP 仅为 1701.2 美元，④ 仅相当于意大利同期的 5.2%。上述五国中最发达的科特迪瓦的人均 GDP 仅相当于意大利的 7.4%，其余四国均低于撒哈拉以南非洲国家的平均水平，几内亚、布基纳法索、马里三国均未超过 1000 美元。⑤ 与欧盟和意大利相比，撒哈拉以南非洲国家又具备生育率高、人口年轻化的优势，其总和生育率（total fertility rate）高达 4.6，是意大利的 3.48 倍、欧盟的 3.03 倍。⑥ 一侧是经济欠发达、人口富余且年轻化的非洲，另一侧是明显更为发达、严重少子化、人口老龄化的欧洲，人口流动具备较强动力。此外，突尼斯还给予几内亚和科特迪瓦国民免签证待遇，使其能够轻松赴突尼斯务工，久而久之，突尼斯境内的两国移民数量越积越多。⑦ 自 2023 年年初起，突尼斯政府为转移社会矛盾，将国内困难归罪于外国人，其境内来自

① Emma Wallis, "Citizens of a 'Safe Country': Tunisian Migrants in Italy", *Infomigrants*, 25 November 2022, https://www.infomigrants.net/en/post/44934/citizens-of-a-safe-country-tunisian-migrants-in-italy，最后访问日期：2023 年 12 月 25 日。

② "Remittances Remain Resilient but Are Slowing: Migration and Development Brief 38", *KNOMAD*, June 2023, https://www.knomad.org/sites/default/files/publication-doc/migration_ development_ brief_ 38_ june_ 2023_ 0. pdf#page=9，最后访问日期：2023 年 12 月 25 日。

③ Katharina Buchholz, "The World's Top Remittance Recipients", *STATISTA*, 20 June 2023, https://www.statista.com/chart/20166/top-10-remittance-receiving-countries/，最后访问日期：2023 年 12 月 25 日。

④ World Bank, "https://data.worldbank.org/indicator/NY. GDP. PCAP. CD? locations = ZG", 2023，最后访问日期：2023 年 12 月 20 日。

⑤ 根据 tradingeconomics.com 网站数据计算整理。

⑥ 根据世界银行网站（https://data.worldbank.org/）数据计算整理。

⑦ "Italy Pledges Cash to Support Tunisia Amid Uncertainty", *Arab News*, 21 March 2023, https://www.arabnews.com/node/2367441/middle-east，最后访问日期：2023 年 12 月 28 日。

撒哈拉以南非洲国家的移民生存状况日渐恶化，被迫北上赴意大利者显著增加。①

第三类国家包括位列第四的孟加拉国和第八的巴基斯坦，两国均系南亚欠发达的人口大国，长期向外输出劳动力，特别是低技能劳工，情况与第二类来源国类似。两国还有专门针对出国务工者的民间信贷体系，其对经济移民的支持不可小觑。移民向母国汇款，又为孟、巴两国的经济发展和民生改善提供助力。2022 年，孟、巴两国分列全球侨汇接收国排行榜第七位和第五位，接收了 215 亿美元和 299 亿美元侨汇，相当于当年各自 GDP 的 4.7%和 7.9%。② 意大利是重要的侨汇输出国，2022 年共输出 113 亿美元，前两位的接收国正是孟加拉国和巴基斯坦。③

基于此，我们有必要重新审视一下意大利视角下的"绝对贫困"概念。意大利官方统计中的"绝对贫困"有精细化的计算标准，因家庭成员数量、年龄、地域而不同，还会考虑城市规模差异和城郊差别。以经济最发达也是移民最集中的伦巴第（Lombardia）大区为例，一个居住在人口在 5 万以下的小城镇、有 1 名学龄前子女的三口之家，若月收入低于 1437.45 欧元，则处于绝对贫困状态。按照这一标准，意大利的"绝对贫困"者虽然不可能生活宽裕，但不至于"食不果腹"，在各种社会救济之下，其物质生活水平大概率高于中地线主要移民来源国的平均水平，也不必为基本医疗服务和未成年子女入学等问题担忧。可以说，将意大利与移民来源国的情况进行比较，可以令我们对意大利的民生问题有更加全面客观的认知。

---

① UN, "Racist rhetoric in Tunisia Must Stop, Independent UN Experts Warn", *STATISTA*, 4 April 2023, https：//news. un. org/en/story/2023/04/1135347, 最后访问日期：2023 年 12 月 26 日。

② Katharina Buchholz, "The World's Top Remittance Recipients", 20 June 2023, https：// www. statista. com/chart/20166/top-10-remittance-receiving-countries/, 最后访问日期：2023 年 12 月 25 日。

③ "2023 Remittance Report", *WISE*, June 2023, https：//wise. com/imaginary-v2/images/ 915eb3b394df2a0159500f72b8034ff2-2023%20Remittances%20Report%20-%20FINAL. pdf, 最后访问日期：2023 年 12 月 25 日。

四　结语与展望

对意大利而言，高物价背景下的 2023 年仍然是艰难的一年，但也是民生整体小幅向好的一年。持续通胀终于得到控制，随着就业改善和收入的小幅提升，民众的购买力和储蓄能力有所恢复，但"绝对贫困"家庭的数量依旧可观。借助多样化的救助措施，政府为不同类型的困难民众提供了有针对性的帮助，同时注重维护关于劳动、家庭、生育等方面的传统价值，虽然在制定补贴领取者的就业新规上略显简单粗暴，但整体上还是贯彻了"花小钱办大事"和"好钢用在刀刃上"这两个务实的原则。在艾米利亚-罗马涅大区救灾问题上，意大利政府的计划较为周全，但是为财力和行政效率所限，实施效果不尽如人意。尽管外国人生存状况并不理想，但意大利依旧吸引了来自亚非欠发达地区的大批非常规移民。他们给意大利前沿地带造成沉重压力，并引发激烈争论，随着时间推移，他们或继续北上离开意大利，或融入外籍劳工大军，为意大利的经济发展做出了贡献。

自 2023 年 6 月至年底，意大利的综合采购经理人指数（composite PMI）持续低于 50,[①] 经济发展前景晦暗，但相当一部分民众对个人的未来抱有希望。《储蓄报告》显示，29% 的受访者认为未来三年个人经济状况将好转，而认为情况将恶化的则占 18%，前者比后者高 11 个百分点。在物价飞涨的2022 年，前者比后者低 5 个百分点。[②] 尽管与上年相比，对欧盟持负面意见的受访者有所增加，但"批欧"不等于"疑欧"，认为"脱欧"对意大利有利的受访者仅占 17%，有 67% 的受访者认为"'脱欧'是错误的"。[③]

---

① "Italy Composite PMI", 2023, https：//tradingeconomics.com/italy/composite-pmi，最后访问日期：2023 年 12 月 25 日。
② ACRI & IPSOS, "Gli Italiani e il Risparmio", 31 ottobre 2023, https：//www.ipsos.com/sites/default/files/ct/news/documents/2023-10/ACRI%202023_ 3010%20DEF_ VERSIONE%20COMPLETA.pdf，最后访问日期：2023 年 12 月 20 日。
③ ACRI & IPSOS, "Gli Italiani e il Risparmio", 31 ottobre 2023, https：//www.ipsos.com/sites/default/files/ct/news/documents/202310/ACRI%202023_ 3010%20DEF_ VERSIONE%20COMPLETA.pdf，最后访问日期：2023 年 12 月 20 日。

2023 年年底，欧盟委员会向意大利拨付了支持其"国家复苏与韧性计划"（PNRR）的第四笔资金，共计 165 亿欧元，这无疑将为 2024 年意大利的经济发展和民生改善提供重要助力。值得一提的是，虽然"全民基本收入计划"于 2024 年年初废止，但是意大利政府已于 2022 年 9 月 1 日开始实施"培训与工作支持"措施（supporto per la formazione e il lavoro，SFL）。2024年 1 月 1 日，"包容性津贴"（assegno di inclusione）正式启动，与 SFL 一同成为最重要的普惠式济困工具。与"全民基本收入计划"相比，这两项新措施的规定更加细致、具体，更重视促进就业，或更有助于缓解结构性贫困，更有利于高效使用资金。地中海两岸的"推拉之力"依旧强劲，中地线主要来源国的移民"存量"庞大，2024 年意大利面临的非常规移民治理压力很可能会更大，梅洛尼政府需采取更多应对举措。

意大利外交：在雄心与务实之间妥协[*]

钟 准 高蒲岳扬[**]

摘 要： 自2022年10月当选以来，意大利总理梅洛尼因极右翼政党党首的身份而受到关注。在外交政策上，梅洛尼政府在很大程度上延续了上届德拉吉政府的路线，同时在一些具体政策上展示了自己的雄心。在欧洲层面，意大利希望在欧盟框架内追求实现本国利益的最大化，与欧盟达成了一些重要共识。在西方阵营中，意大利着力密切与美国和北约的关系，以凸显其西方国家的角色定位。这一年意大利对中国政策出现了一些微妙变化，但梅洛尼政府并不想损害两国的经贸合作。同时，意大利通过印太战略加强了与日本和印度的安全和经济合作。在地中海地区，梅洛尼政府在移民和能源领域"双管齐下"，在试图遏制非法移民入境的同时力争将意大利打造成欧洲的能源门户，而巴以冲突升级给意大利的地中海政策带来了新挑战。

关键词： 意大利外交 欧盟 美国 亚洲 地中海地区

2022年10月组成的右翼联盟政府最初有三个关键人物，分别是意大利兄弟党的梅洛尼、意大利力量党的贝卢斯科尼和联盟党的萨尔维尼。自组阁以来，联盟内部仍然存在分歧，三人所属的党派在诸多事项上难以达成一致。2023年6月贝卢斯科尼离世，加剧了联盟的不稳定性。贝卢斯科尼生

* 本文受到国家社会科学基金一般项目"民粹主义思潮下西方政党政治影响对外政策的机制与趋势研究"（项目编号：23BZZ1093）的资助。

** 钟准，重庆大学人文社会科学高等研究院副教授，意大利LUISS大学政治学博士，主要研究领域为欧洲政治、意大利外交、中欧关系；高蒲岳扬，意大利LUISS大学国际关系专业硕士，主要研究领域为意大利外交。

前与梅洛尼的主要分歧在于对俄罗斯的态度上，贝卢斯科尼因其亲俄言论饱受争议。随着贝卢斯科尼去世，其背后的意大利力量党能否继续支持梅洛尼政府尚有待观察。梅洛尼与萨尔维尼的最大分歧在经济领域，包括私有化、超额利润税（la tassa sugli extraprofitti）、养老金计划等。意大利力量党出身的外交部部长塔亚尼（Antonio Tajani）在一定程度上站在萨尔维尼一边。①尽管本届政府的持续性如何尚不得而知，但是梅洛尼政府近一年的外交政策及成效仍然可圈可点。

一　意大利在欧洲

在发展经济和应对非法移民这两个关键问题上，意大利需要欧盟。因此即使面临内部政党政治的分歧，意大利的欧洲政策仍然以务实合作为主。无论是在处理与欧盟关系还是与欧盟主要成员国的关系上，梅洛尼政府既要考虑国内政党的诉求，也要满足意大利的发展需要。这些因素共同塑造了意大利在欧盟中的角色和政策走向。

（一）与欧盟关系

总的来说，梅洛尼领导的意大利通过与欧盟的妥协和磋商，逐步打消了欧盟最初对"疑欧"政党上台执政的疑虑。执政一年多以来，梅洛尼政府保持了与欧盟主流相似的立场，例如在俄乌冲突中坚定支持乌克兰，这与梅洛尼在竞选期间的承诺一致。但这并不代表意大利右翼政府变成了坚定支持欧洲一体化的"欧洲主义者"。准确地说，梅洛尼是"欧洲现实主义"的忠实拥趸，即在欧盟能够满足意大利的国家利益的前提下，意大利会争取在欧洲一体化进程中扮演重要角色。而在那些可能影响意大利利益的一体化领域，意大利仍然不惜以否决票作为筹码来谋求与欧盟重新谈判。

---

① "Forza Italia e Lega in rotta di collisione su manovra e alleanze europe", *Il Sole 24 Ore*, 28 agosto 2023, https：//www.ilsole24ore.com/art/tassa-extraprofitti-privatizzazioni-e-alleanze-europa-ecco-distanze-lega-e-fi-AFBtOtf, 最后访问日期：2023 年 11 月 1 日。

首先，作为"下一代欧盟"复苏基金的最大受益国，意大利借此缓解了由新冠疫情和能源短缺带来的国内经济困境。获得大量欧盟资金的事实使得意大利国内的"疑欧主义"声音不再有市场。在资金的发放和使用细节上，意大利通过与欧盟的进一步谈判达成了妥协。根据相关拨款原则，"下一代欧盟"复苏基金由欧盟委员会分批发放给成员国政府，获得新一批资金的前提条件是完成欧盟与成员国此前共同商议的目标。这意味着如果难以达成目标，便无法获得欧盟的新一批拨款，意大利在其中的斡旋余地很小。2023年3月，由于意大利政府与欧盟在政策合规性上的争议，欧盟一度冻结了原定发放给意大利的18.5亿欧元的资金。[①] 这笔资金在几个月后最终被发放给了意大利。7月，意大利要求修改复苏基金的使用计划，理由是国内客观情况发生变化，原计划无法全部实现。欧盟理事会批准了意大利的修订提议，修订后，意大利获得的总资金保持不变，仍为1916亿欧元。[②]

其次，意大利在处理非法移民问题上需要与欧盟合作，欧盟在一定程度上也支持意大利在非法移民问题上的立场。近年来，欧盟未能从整体上提出解决非法移民问题的方案，而是主要将责任交给原籍国和过境国，尤其要求意大利等过境的欧盟成员国接纳移民。梅洛尼执政以来，抵达意大利的移民人数还在增加。为改变这一局面，意大利呼吁在欧盟层面执行海军巡逻任务，以增加遣返人数。2023年9月，梅洛尼与欧盟委员会主席冯德莱恩共同访问意大利南部的兰佩杜萨岛，该岛是非法移民的首要登陆点。冯德莱恩提出了从欧盟层面应对非法移民挑战的十项计划。[③] 冯德莱恩与梅洛尼的紧

① Angelo Amante, "Failure to Spend EU Recovery Funds Would Be a Defeat for Italy, President Says", *Reuters*, 27 July 2023, https：//www. reuters. com/world/europe/failure-spend-eu-recovery-funds-would-be-defeat-italy-president-2023-07-27/，最后访问日期：2023年10月30日。

② Council of the EU, "Recovery Fund：Council Greenlights Italy's Targeted Amendment of Its National Plan", 19 September 2023, https：//www. consilium. europa. eu/en/press/press-releases/2023/09/19/recovery-fund-council-greenlights-italy-s-targeted-amendment-of-its-national-plan，最后访问日期：2023年10月30日。

③ Governo Italiano Presidenza del Consiglio dei Ministri, "Meloni e von der Leyen in visita a Lampedusa", 17 settembre 2023, https：//www. governo. it/it/articolo/meloni-e-von-der-leyen-visita-lampedusa/23589，最后访问日期：2023年9月29日。

密互动也反映了欧盟与意大利的密切合作。实际上，两人的友好互动并非偶然，2024 年年中，欧盟委员会主席将换届，冯德莱恩若想连任，也需要意大利兄弟党的支持。这与过去冯德莱恩对意大利兄弟党的质疑甚至反对态度形成了强烈反差。

但在财政领域，意大利就"欧洲稳定机制"（European Stability Mechanism，ESM）的改革方案与欧盟仍未达成一致。该机制于 2012 年欧债危机期间创立，旨在为欧元区有财政困难的成员国提供财政援助和贷款，最高贷款额度为5000 亿欧元。但长期以来，包括意大利兄弟党在内的意大利中右翼政党认为"欧洲稳定机制"有损国家财政主权，并且认为相关资金应该用来刺激经济。欧盟在 2020 年决定进一步改革并加强该机制，而意大利成为欧元区唯一没有批准改革方案的国家，这使得改革方案不能生效。[1] 2023 年，意大利对"欧洲稳定机制"的改革方案一度有妥协的迹象，声明愿意有条件批准。欧盟也表示了与意大利就批准条件进行磋商的意愿。据安莎社 11 月发布的消息，欧盟内部人士相信意大利会最终批准改革方案。[2]然而 2023 年 12月 21 日，意大利众议院仍然以 184 票反对、72 票赞成、44 票弃权的投票结果拒绝批准该机制的改革方案，反映出意大利与欧盟在该问题上的分歧仍然存在。尽管如此，梅洛尼政府还是希望欧盟通过进一步的财政一体化来帮助意大利实现经济增长。例如，梅洛尼表示支持欧盟委员会冯德莱恩提出的建立一个新的欧洲主权基金的想法，建立该基金的目的是通过产业政策促进欧盟"战略自主"。[3]

---

[1] Giuseppe Fonte, "Italy Says It Can't Approve ESM Treaty without Deal on New EU Budget Rules", *Reuters*, 9 June 2023, https：//www. reuters. com/markets/europe/italy-says-it-cant-approve-esm-treaty-without-deal-new-eu-budget-rules-2023-06-09/，最后访问日期：2023 年 12 月 22 日。

[2] "EU Source Confident about on ESM Ratification", *ANSA*, 7 November 2023, https：//www. ansa. it/english/news/politics/2023/11/07/eu-source-confident-about-on-esm-ratification_ 1da 4f815-c4ee-47a0-a230-49689e152ffe. html，最后访问日期：2023 年 11 月 10 日。

[3] Italian Government, "President Meloni's Introduction at Her Press Conference Following the Special European Council Meeting", 10 February 2023, https：//www. governo. it/en/node/21805，最后访问日期：2023 年 12 月 5 日。

（二）在法德轴心与欧盟边缘国家之间

在成员国之间纷繁复杂的关系上，梅洛尼更倾向于政府间主义和与国家利益至上的欧洲合作。在与欧盟主要成员国的互动上，意大利与德国、法国的关系最为关键。意大利和德国是长期合作伙伴，尽管两国的共同利益和价值观并不完全一致，例如在财政纪律问题上的看法分歧较大，但过去两年的多重危机加强了意大利与德国在双边和欧洲层面的合作。例如两国的经济都高度依赖能源进口，在能源转型方面拥有共同利益。自 2022 年俄乌冲突爆发以来，为表明支持乌克兰的立场，意大利与德国决定停止进口俄罗斯的天然气。因此意大利与德国共同的优先事项是选择可替代的廉价能源进口渠道，升级现有能源基础设施，以及未来可能进行重工业绿色转型。两国都渴望通过签署共同行动计划来谋求一些政策上的务实合作。① 不过，与意大利相似，目前，德国的联合政府同样包括社民党、绿党、自由党三个执政党，两国各自执政党之间的分歧可能会影响两国共同行动的进程。

与过去几年一样，意大利与法国的关系继续在争论中发展。两国在 2021 年签署了《奎里纳尔宫条约》，并在 2023 年经两国法院批准生效。该条约旨在促进意大利与法国在政治、外交、经济和文化等领域的双边合作。然而，梅洛尼和马克龙却在 2023 年 5 月在日本举行的七国集团峰会上就移民问题发生争论。随后法国内政部部长达尔曼宁（Darmanin）就意大利移民政策发表负面评论，此举直接导致意大利外交部部长塔亚尼取消了对巴黎的正式访问。② 但两国的协作并没有因此中止。2023 年 10 月，两国就移民问题开始重新对话，基于《奎里纳尔宫条约》成立的机构——意法边境合作委员会第一次会议在都灵举行。意大利和法国外交部部长都出席了会议，

---

① Federico Castiglioni, "A Stronger Italian-German Partnership: Closer Cooperation in Time of Energy Crisis", *IAI Reports*, June 2023, https://www.iai.it/en/pubblicazioni/stronger-italian-german-partnership-closer-cooperation-time-energy-crisis, 最后访问日期：2023 年 11 月 1 日。

② Giorgio Leali, "Italy's Foreign Minister Cancels Paris Trip Amid New Migration Row", *Politico*, 4 May 2023, https://www.politico.eu/article/italy-foreign-minister-antonio-tajani-paris-trip-rome-migration-policy, 最后访问日期：2023 年 10 月 16 日。

并探讨了移民流动、救援活动以及跨境民事保护等问题，标志着两国重启在打击非法移民议题上的合作。

在与法德轴心密切合作的同时，梅洛尼的右翼政府仍然与处在意识形态光谱边缘的欧洲国家右翼政党保持特殊联系。如果说与法德合作在国际层面上是必要的，那么后者在很大程度上是由意大利兄弟党的路线和国内政治需要决定的。例如，在 2023 年 7 月举行的西班牙大选中，极右翼的呼声党（VOX）一度有可能成为执政党之一，其成为西班牙近 50 年来第一个进入政府的极右翼政党。梅洛尼没有遵循政府首脑应对他国内政保持中立立场的原则，而是公开支持同为极右翼的呼声党。[①] 有意大利分析人士评论，梅洛尼总理似乎越来越受到回归民粹主义道路的诱惑。[②] 此外，梅洛尼还访问了匈牙利，在布达佩斯会见了同样出自右翼民粹政党的匈牙利领导人奥尔班。二人在共同谴责俄罗斯对乌克兰发动军事行动的同时，重申需要在移民问题上采取坚定行动。[③] 看得出来，梅洛尼仍然面临执政党内部以及与联盟党萨尔维尼的竞争，因此她有必要在意大利兄弟党的传统意识形态上有所体现，尤其是在 2024 年欧洲议会选举前。

二　西方阵营中的意大利

与前任德拉吉政府相似，梅洛尼领导下的意大利试图在西方阵营中显示出更积极的姿态。无论是在与美国的双边关系中，还是在北约和七国集团中

---

① Aitor Hernandez-Morales, "Hour of the Patriots Has Arrived. Meloni Urges Far-right Allies in Spain to Help Her Change the EU", *Politico*, 14 July 2023, https：//www. politico. eu/article/hour-of-the-patriots-has-arrived-italy-giorgia-meloni-urges-far-right-allies-in-spain-vox-to-help-her-change-the-eu，最后访问日期：2023 年 10 月 8 日。

② Arturo Varvelli, "L'Atlantico non basta：i difficili rapporti del governo italiano in Europa", ECFR commentary, 20 ottobre 2023, https：//ecfr. eu/rome/article/latlantico-non-basta-i-difficili-rapporti-del-governo-italiano-in-europa，最后访问日期：2023 年 10 月 30 日。

③ "Meloni da Orban：Combattiamo per difendere Dio e la famiglia", *ANSA*, 15 settembre 2023, https：//www. ansa. it/sito/notizie/politica/2023/09/14/meloni-i-migranti-non-risolvono-il-calo-demografico-investiamo-sulla-famiglia_ c33b21d4-5420-4197-8772-a512cb2f2835. html，最后访问日期：2023 年 9 月 18 日。

的角色上，意大利都表现出以西方一员的身份扩大国际影响力的意愿。这种外交策略既有机遇也面临挑战，意大利需要在捍卫国家利益和与盟友协作之间找到平衡。

（一）与美国和北约的关系

在梅洛尼的领导下，过去一年，意大利与美国关系良好。2023 年 7 月，梅洛尼上任总理后首次访问美国。在华盛顿与美国总统拜登的会谈中，两人讨论了对俄乌局势的看法、地中海移民问题以及与中国的关系。① 意大利与美国就俄乌局势达成一致意见，明确表示会继续支持乌克兰。在军事援助问题上，梅洛尼政府改变了此前的模糊立场，明确承诺会向乌克兰提供军事援助。在北非问题上，梅洛尼重申了该地区对美国的战略重要性以及对欧盟的意义，而意大利在北非发挥更大作用符合美国拜登政府在非洲建立新外交联盟的战略。与中国的关系被列入会晤议题的重要原因是 2023 年意大利需要决定是否与中国续签 2019 年签署的共同推进"一带一路"建设的谅解备忘录，虽然双方都否认了美国曾向意大利施加压力要求不再续签。总的来说，梅洛尼的访美之旅强化了自身作为跨大西洋联盟支持者的形象。正如她本人指出的，"美国是我们在欧洲以外最重要的贸易伙伴……必须共同努力，促进两国国家利益的趋同，以支持我们的工业体系，确保美国、意大利和欧盟之间的对话能够克服产业链上的紧张，使得各方都能受益"②。

意大利与美国的合作不仅是双边的，还要通过北约这一框架。北约的战略目标已逐渐扩大到全球，并有将战略重心部分转移到亚洲的明显意图。这一趋势在 2022 年西班牙马德里举行的北约峰会上就已显露苗头。2023 年 7

---

① Ferdinando Nelli Feroci, "Meloni a Washing ton conferma la linea atlantic del Governo", *affarinternazionali*, 28 July 2023, https：//www.affarinternazionali.it/meloni-a-washington-conferma-la-linea-atlantica-del-governo, 最后访问日期：2023 年 11 月 16 日。

② Adnkronos, "Meloni da Biden: Relazioni Italia-USA forti al di la colore governi", *adnkronos*, 27 luglio 2023, https：//www.adnkronos.com/politica/usa-meloni-a-capitol-hill-con-lucraina-per-il-mondo-intero_ 5DSNeCmZyFH5DxGH2LpvRr, 最后访问日期：2023 年 10 月 9 日。

月，北约峰会在立陶宛维尔纽斯举行。峰会除了主要讨论北约对俄乌冲突的应对策略外，还将中国议题和印太议题正式列入议程，并且邀请澳大利亚、日本、韩国和新西兰代表出席峰会。① 对意大利等欧洲国家而言，近两年，北约的作用和影响力正在提高，成为影响它们的对外政策的重要因素：一方面，俄乌冲突使得北约的优先事项——集体威慑和防御——被重新提上日程；另一方面，北约战略重心向亚洲转移，美国希望欧洲盟友与其一道在印太和其他地区与中国展开战略竞争。

意大利的确渴望在北约中扩大自身影响力，但无论是应对俄乌冲突还是向印太地区扩张，意大利都面临困难。第一个困难来自意大利所处的地理位置。当前北约的优先事项是应对俄乌冲突，而意大利作为北约南翼的力量，对于应对北约东线的挑战能做的贡献不多。更不用说印太地区了，与英法相比，意大利在苏伊士运河以东并没有任何军事存在。第二个困难在于意大利在北约领导层中的影响力有限。自马德里峰会以来，北约的高层职位发生了重要变化，来自美国、英国和加拿大的官员占据了北约的关键职位。直到2023年2月才有一位进入北约高层的意大利人，卡洛·博基尼（Carlo Borghini）被任命为负责行政管理的助理秘书长。为了解决上述两个难题，意大利都有所动作。首先，意大利提出了更广阔的地中海战略，试图将北约的战略重心带到意大利的地缘优势区域，同时利用其与美国的紧密合作来提升本国在北约中的地位。其次，在北约领导层方面，意大利海军上将朱塞佩·卡沃·德拉贡（Giuseppe Cavo Dragone）在2023年9月被选举为北约军事委员会新任轮值主席，其在2024年接任这一职位，这为意大利接下来在北约中发挥更大作用提供了契机。

（二）在七国集团中的角色

在2023年5月举行的七国集团日本广岛峰会上，七国领导人一致认为

---

① Elio Calcagno，"Dove punta la bussola Nato"，*affarinternazionali*，1 luglio 2022，https：//www.affarinternazionali.it/nato-summit-madrid-nuovi-orizzonti，最后访问日期：2023年11月9日。

必须继续贯彻制裁俄罗斯和支持乌克兰的政策。此外，日本希望七国集团重申并加强日本首相岸田文雄所制定的"自由开放的印太"战略，同时希望能够推动实现无核武器的世界。意大利表示将坚定地支持七国集团的上述共识。[①]

2024 年意大利将担任七国集团的轮值主席国，这是意大利在西方阵营内发挥领导作用的重要机会。由于新冠疫情、极端气候事件和俄乌冲突造成的影响，全球发展议题面临多重挑战，意大利担任轮值主席国后将设置四个主要议题。[②] 第一，卫生议题。七国集团要进一步支持"获取 COVID-19 工具加速计划"（ACT-A），以加速新冠诊断工具、疫苗、药物的开发、生产和公平分配。同时，这也要求成员国提高基础卫生条件和加强对未来全球性流行病的准备。第二，金融议题。七国集团要支持二十国集团启动的"暂停偿债倡议"和共同的债务处理框架，以应对发展中国家的公共财政压力。第三，气候议题。七国领导人要加强动员财政资源以支持绿色转型，推动可持续的基础设施建设发展模式。第四，粮食安全议题。针对俄乌冲突引发的粮食危机，七国集团将重申对粮食安全的承诺并建立应对方案。担任轮值主席国将令意大利有机会在全球发展合作领域树立良好形象，这也是 2024 年意大利外交的重头戏。

三　面向亚洲的外交

2023 年梅洛尼政府的外交政策呈现多元化和战略转变的特点。意大利与中国的关系正在经历微妙的调整，同时意大利也在积极扩大其在印太地区

---

① "G7, Meloni in Giappone. Il vertice di Hiroshima si apre sul luogo della prima bomba atomica", *RAI News*, 19 maggio 2023, https：//www. rainews. it/maratona/2023/05/meloni-lascia-reykjavik-diretta-in-giappone-per-g7-hiroshima-319d6a15-97b5-42f3-95fa-c768692549e3. html, 最后访问日期：2023 年 10 月 9 日。

② Irene Paviotti and Daniele Fattibene, "A Development Agenda for the 2024 Italian G7 Presidency", *IAI commentaries*, 14 June 2023, https：//www. iai. it/en/pubblicazioni/development-agenda-2024-italian-g7-presidency, 最后访问日期：2023 年 11 月 16 日。

的影响力。通过加强与另外一些亚洲国家在安全与经济方面的联系，意大利希望与亚洲保持密切的合作。

（一）对华政策

意大利在保持与中国的紧密经济合作的同时，继续调整两国在战略和外交层面上的关系。2023 年 9 月 3~5 日，意大利副总理兼外交部部长塔亚尼访华。两国外交部部长共同主持了中意政府委员会第十一次联席会议。这是协调双方共同关心领域的双边合作的重要机制，双方主要讨论了俄乌冲突、中国与欧盟关系以及教育与旅游产业合作。中国是意大利在亚洲的第一大贸易伙伴，2023 年两国贸易额达到 717 亿美元，维护与中国的经贸合作对于意大利具有重要意义。梅洛尼政府致力于平衡与中国的双边贸易，同时也希望加强对华出口。塔亚尼在访华行前表示，"意大利政府需要平衡与中国的贸易，以及改善进入中国市场的条件"①。意大利方面委婉地表达了对中意贸易逆差的不满，并希望以有效的手段缓解逆差。

同时，意大利试图以"温和"的方式退出中意两国在 2019 年签订的共同推进"一带一路"建设的谅解备忘录。尽管意大利缺乏续签共同推进"一带一路"建设的谅解备忘录的意愿，但并不想为此影响对华经贸合作。意大利驻华大使安博思（Massimo Ambrosetti）在接受采访时表示，"中国市场仍是巨大的机会……意大利行动的绝对优先目标是促进对中国的出口，以重新平衡贸易。但不仅是以双边的方式，意大利还要成为助力欧中关系的主角"②。一个造船业的合作案例佐证了中意两国的务实合作仍在持续。中意

---

① Governo Italiano Presidenza del Consiglio dei Ministri，"Vista del Vice Presidente del Consiglio Antonio Tajani in Cina e Kazakistan"，2 settembre 2023，https：//www. esteri. it/it/sala _ stampa/archivionotizie/comunicati/2023/09/visita-del-vice-presidente-del-consiglio-antonio-tajani-in-cina-e-kazakistan-3-5-settembre，最后访问日期：2023 年 11 月 8 日。

② Carlo D'Andrea，"Intervista esclusiva all'Ambasciatore d'Italia in Cina, Massimo Ambrosetti"，6 novembre 2023，https：//www. panorama. it/economia/intervista-ambasciatore-italia-massimo-ambrosetti，最后访问日期：2023 年 11 月 8 日。

合建的大型邮轮爱达·魔都号于 6 月在上海出坞，总吨位达 135000 吨，长为 323 米，可容纳 5346 名客人。① 值得一提的是，2024 年是中意两国建立全面战略伙伴关系 20 周年，两国已同意在此基础上继续深化合作。2024 年也是马可·波罗逝世 700 周年，意大利总统马塔雷拉有望应邀访华，以纪念和加强两国在历史文化上的联系。

（二）印太战略

在调整对华政策的同时，意大利也在发展与其他亚洲大国的关系。虽然印太地区过去并不是意大利的战略关注重点，但在 2023 年 7 月，意大利众议院一致同意设立印太外交政策常设委员会，体现了意大利对印太地区的关切。议会声明指出，"意大利注意到印太在全球国际关系体系中的重要性与日俱增，不仅因为世界主要经济体美国、中国和日本都位于该地区，而且因为该地区的地缘政治格局变化令人担忧"②。在安全和外交层面，意大利加强了与日本与印度的战略合作。2022 年年底，意大利、日本和英国展开了一项名为全球战斗航空计划（GCAP）的合作，共同开发第六代隐形战斗机。此外，意大利军舰弗朗切斯科·莫罗西尼号在亚洲展开了巡航行动，途中停靠了 14 个亚洲港口。意大利有评论认为这次巡航行动不仅是在印太地区的一次"自由航行"行动，更是在"推广国防工业的卓越成果"③。在外交方面，2023 年年初，日本首相岸田文雄访问意大利，两国关系提升到了战略伙伴关系的级别，双方同意启动双

---

① "Varata in Cina la prima nave da crociera costruita per Carnival", *Shipping Italy*, 7 giugno 2023, https：//www. shippingitaly. it/2023/06/07/varata-in-cina-la-prima-nave-da-crociera-costruita-per-carnival-video/，最后访问日期：2023 年 10 月 15 日。

② "La strategia italiana nell'indo-pacifico", *Documentazione Parlamentare*, 14 settembre 2023, https：//temi. camera. it/leg19/temi/la-strategia-italiana-nell-indopacifico. html，最后访问日期：2023 年 10 月 15 日。

③ Giulia Pompili, "Prima il business, poi la Difesa. La strategia italiana dell'Indo-Pacifico si sposta un po'", *Il Foglio*, 29 agosto 2023, https：//www. ilfoglio. it/esteri/2023/08/29/news/prima-il-business-poi-la-difesa-la-strategia-italiana-dell-indo-pacifico-si-sposta-un-po--5627272/，最后访问日期：2023 年 10 月 15 日。

边防务磋商机制。① 在之后的 3 月，梅洛尼和印度总理莫迪达成共识，将两国关系提升到战略伙伴层面。

在经济方面，意大利也试图在印太地区加强与中国之外的其他国家的合作。2023 年 9 月，在印度新德里举行的二十国集团峰会上，美国、印度、沙特阿拉伯与欧盟签署谅解备忘录，宣布将建设"印度-中东-欧洲经济走廊"（India-Middle East-Europe Economic Corridor）。该走廊计划建立大规模的铁路和海运基础设施网络，打造一条从印度次大陆横跨阿拉伯半岛一直通往欧洲的货物和能源走廊。意大利是这一倡议的重要支持者和参与者：一方面基于其重要的地理位置，意大利认为自身将在这一走廊中扮演关键角色；另一方面基于紧密的意美关系，梅洛尼在 7 月访美时与拜登重点商讨了这一计划。该走廊实际上是美国试图在全球与中国开展基础设施建设竞争的一系列计划之一。其他计划还包括七国集团的"全球基础设施伙伴关系"，美国和日本、澳大利亚等国开展的"蓝点网络"计划等。意大利是"全球基础设施伙伴关系"的参与者，也加入了"蓝点网络"指导委员会。与中国的"一带一路"倡议已建成大量基础设施并投入使用相比，"印度-中东-欧洲经济走廊"的落实前景存在较大不确定性，其实际建设效果尚待观察。这一方面有赖于美国、意大利等西方国家的投资和建设能力，另一方面需要与该走廊的主要参与国（如以色列和阿拉伯国家）保持良好关系。

四　地中海周边外交

意大利将地中海区域视为对外交往的优先事项，特别是该地区对其加强对外能源合作与管控非法移民具有重要意义。通过与北非国家的紧密合作，

---

① Governo Italiano Presidenza del Consiglio dei Ministri, "Il presidente Meloni incontra il Prima ministro del Giappone Kishida", 10 gennaio 2023, https://www.governo.it/it/articolo/il-presidente-meloni-incontra-il-primo-ministro-del-giappone-kishida/21455，最后访问日期：2023 年 11 月 6 日。

意大利不仅希望提升自身作为能源枢纽的地位，还希望作为主角参与解决非法移民问题。这些举措反映了意大利对区域稳定和可持续发展的关注，也表明了其在国际舞台上扮演某种领导角色的雄心。

以恩里科·马泰命名的"马泰计划"（Mattei Plan）是意大利对非能源合作战略的基石。它旨在将意大利转变为欧洲主要的能源枢纽，同时促进非洲大陆的可持续发展。① 此外，意大利能源巨头埃尼集团（Eni）已与阿尔及利亚和利比亚签订了价值约 80 亿美元的大量的天然气交易协议。② 这些协议预计将大幅增加来自这两国的天然气供应，两国将在意大利和欧洲的能源供应中发挥关键作用。通过与非洲的能源交易，意大利将使能源来源多样化，并减少对俄罗斯等传统供应商的依赖。2024 年年初举行的意大利-非洲峰会对于能源合作来说至关重要。峰会将为更深入的合作奠定基础，关键是如何实现共同目标和培育强大的伙伴关系。一方面，意非能源合作的好处显而易见，包括提高意方能源安全水平、促进非洲经济增长和在非洲创造就业机会等；另一方面，两国合作在基础设施建设投资、监管障碍和确保可持续性等问题上面临的挑战也不容忽视。

在移民问题上，意大利作为非洲移民进入欧洲的主要通道之一，有必要在处理移民问题上采取更为积极的合作战略。合作的目的不仅是共同管理移民流动，还要应对造成移民的根本原因，如贫困、冲突和政治不稳定。因此，意大利与相关地中海国家合作的方式包括经济援助、基础设施建设、开展教育和培训项目，以及加强边境管理和打击人口贩卖等。意大利与利比亚和突尼斯的合作就具有典型意义。利比亚和突尼斯是北非两个主要的移民来源国，意大利与两国加强合作，通过提供技术和财政支持来加强两国的边境

---

① "Mattei Plan to Be Written with Africa-Meloni", *ANSA*, 13 October 2023, https：//www. ansa. it/english/news/politics/2023/10/13/mattei-plan-to-be-written-with-africa-meloni_ 4131a43b-ba18-4e78-bbf3-506ef97771f7. html，最后访问日期：2023 年 11 月 6 日。

② Celestina Dominelli, "Gas, Eni firma storico accordo in Libia da 8 miliardi di dollari", 28 gennaio 2023，https：//www. ilsole24ore. com/art/meloni-libia-tajani-e-piantedosi-centro-missione-nuovi-accordi-gas-con-l-eni-e-migranti-AEHymLcC，最后访问日期：2023 年 11 月 11 日。

管理和提高海上救援能力。① 此外，意大利还参与了多个发展合作项目，旨在提高当地民众的生活水平，从而减少非法移民迁移的动机。这些合作在一定程度上减缓了非法移民的流动，但面对如利比亚这样政治不稳定的国家，维持有效的政府间合作并非易事。总的来说，意大利与非洲国家在移民问题上的合作对于缓解移民大规模涌入以及提高非洲国家的经济和社会稳定具有一定作用。未来，这种合作需要更加注重可持续发展和长期解决方案，从而从根本上解决非洲国家的移民动因。

2023 年，以色列与哈马斯的冲突升级给意大利在地中海地区的外交政策提出了新挑战。截至 2023 年年底，梅洛尼政府对于加沙局势的态度仍模棱两可。一方面，意大利与其他西方国家一道表达了对以色列一定程度的外交支持。2023 年 10 月，意大利总统马塔雷拉向以色列总统赫尔佐格（Herzog）致信表示，"总统先生，在这种突然的情况下，意大利对您和所有以色列公民表示声援"。②10 月 21 日，在参加完开罗和平峰会后，梅洛尼启程前往以色列会见了该国总理内塔尼亚胡，表达了对因哈马斯袭击而伤亡的平民的哀悼。③ 另一方面，意大利亦清楚巴以冲突的来龙去脉，其与本地区的一些阿拉伯国家也有着传统联系。10 月 27 日，联合国就加沙决议投票，呼吁立即"人道主义休战"，意大利弃权。④ 意大利常驻联合国代表解释弃权的原因是该决议没有明确谴责哈马斯于 10 月 7 日对以色列的袭击，但其也并未像以色列所希望的那样投反对票。IPSOS 于 2023 年 11 月开展的

① Luca Barana, Asli Selin Okyay, "Shaking Hands with Saied's Tunisia: The Paradoxes and Trade-offs Facing the EU", *IAI commentaries*, 7 agosto 2023, https://www.iai.it/en/pubblicazioni/shaking-hands-saieds-tunisia-paradoxes-and-trade-offs-facing-eu, 最后访问日期: 2023 年 11 月 11 日。

② Presideneza della Repubblica, "Solidarieta dell'italia allo stato di Israele", 7 ottobre 2023, https://www.quirinale.it/elementi/98473, 最后访问日期: 2023 年 11 月 30 日。

③ Governo Italiano Presidenza del Consiglio dei Ministri, "Vista del Presidente Meloni in Israele", 21 ottobre 2023, https://www.governo.it/it/articolo/visita-del-presidente-meloni-israele/24002, 最后访问日期: 2023 年 11 月 8 日。

④ United Nations, "UN General Assembly Adopts Gaza Resolution Calling for Immediate and Sustained Humanitarian Truce", 26 October 2023, https://news.un.org/en/story/2023/10/1142847, 最后访问日期: 2023 年 11 月 25 日。

民意调查显示，意大利民众"并不偏袒任何一方"。① 意大利需要也希望地中海地区保持和平与稳定，为此梅洛尼政府积极介入加沙局势，于 11 月 13 日在布鲁塞尔提交了"关于加沙形势的意大利-法国-德国的文件"。意大利外交部部长塔亚尼在谴责哈马斯是恐怖主义的同时，也提出加沙是未来巴勒斯坦国的一部分，表示愿意派遣意大利宪兵队去维和，凭借意大利在中东的信誉为实现"两国方案"发挥重要作用。②

五　结语

2023 年，意大利梅洛尼政府的外交政策呈现一种新的多元性和灵活性。在欧洲，意大利一方面在财政政策、移民问题、能源政策等欧洲一体化议程上雄心勃勃，另一方面仍需面对内部的政治挑战和欧盟成员国间的复杂关系。为了在维护执政党主张、争取国家利益和推动欧洲合作之间寻求平衡，梅洛尼政府的欧洲政策表现出明显的务实态度。在欧洲以外，梅洛尼政府展示了其在西方联盟中扮演更积极角色的意愿，包括在一定程度上调整对华政策和加强印太战略。不过考虑到中意经贸合作的重要性，意大利在处理与中国的关系时也体现出一定的灵活性和务实态度。在地中海地区外交上，意大利继续保持与北非国家在能源和移民管控方面的密切合作，接下来还可能在巴以冲突中发挥一定的调停作用。

可以认为，在现实的挑战面前，意大利在外交方面虽有雄心，但是又回到了在多方势力间寻求平衡的传统上。这也在一定程度上近似于贝卢斯科尼的中右政府在 21 世纪最初十年实行的对外政策。无论是在欧洲的建制派和

---

① "Guerra Israele-Palestina：le opinioni degli italiani", *IPSOS*, 7 novembre 2023, https：//www.ipsos.com/it-it/guerra-israele-palestina-opinioni-italiani，最后访问日期：2023 年 11 月 30 日。

② "Tajani, presentato documento italo-franco-tedesco su Gaza", *ANSA*, 13 novembre 2023, https：//www.ansa.it/europa/notizie/rubriche/altrenews/2023/11/13/tajani-saremo-di-fatto-unico-paese-ue-non-in-recessione_ b824a441-1d7f-4aea-a687-2b3e7b7 83099.html，最后访问日期：2023 年 11 月 13 日。

反建制派之间、美国与中国之间，还是在以色列与阿拉伯国家之间，梅洛尼政府都试图在倾向一边的同时，尽可能不与另一边恶化关系。这一方面需要高超的外交技巧，另一方面有赖于它周旋于其间的双方的关系不发生剧烈动荡。这如同走钢丝，除了自身需要具有高超的平衡能力之外，国际环境的"钢丝"也不能太过摇晃。

专题篇

B.6

贝卢斯科尼：意大利前总理政治生涯回溯（1993～2023年）

〔意〕阿尔贝托·巴尔达齐*

摘 要： 贝卢斯科尼是一位成功的商人和伟大的沟通者，也是过去30年（1993～2023年）意大利政坛的绝对主角。因此，要在他逝世仅数月后就做出总结性评价并非易事。尽管困难是客观存在的，但本文仍尝试给出一个系统性框架，使读者能够从不同维度了解贝卢斯科尼在意大利以及国际舞台上扮演的角色，其中既包括积极的一面，也包括消极的一面。我们将看到贝卢斯科尼如何深刻革新了政治行动与沟通的方式，如何彻底改变了政党、政府领袖与选民之间的关系，以及他如何复兴了与"自由主义革命"相关的理念。本文回顾了贝卢斯科尼作为政党和政治联盟的创始人、政府首脑、重要国际倡议的积极推动者以及成功企业家的人生经历，使读者能够对所谓"贝卢斯科尼主义"现象的优点和局限做出评价。而"贝卢斯科尼主义"，

---

* 阿尔贝托·巴尔达齐（Alberto Baldazzi），记者，政治评论家，意大利政治、经济与社会研究所（Eurispes）副主席，主要研究领域为政治学和意大利政治。

正是之后席卷欧洲乃至全球的"民粹主义"现象的先驱。

关键词： 贝卢斯科尼 贝卢斯科尼主义 民粹主义 自由主义革命 意大利

引 言

1993 年 12 月，身为地产、传媒大亨和球队老板的西尔维奥·贝卢斯科尼（Silvio Berlusconi）通过一则视频信息宣布，他将正式"上场"，踏足意大利政坛。而他创建的"意大利力量党"（Forza Italia），是西方大国中首个"个人政党"。几个月后，在 1994 年 3 月举行的全国议会选举中，意大利力量党分别与"北方联盟"（Lega Nord）和"国家联盟–意大利社会运动"（Alleanza Nazionale-MSI）在北方和南方联合，组建起中右阵营。彼时，北方联盟还是一个"分离主义"政党，而"国家联盟–意大利社会运动"与法西斯主义有着千丝万缕的联系。以意大利力量党为核心的中右阵营，在与"第一共和"传统政治力量的较量中大获全胜，而贝卢斯科尼也得以第一次入主奇吉宫——意大利总理府所在地。在接下来的 18 年中，贝卢斯科尼领导了四届政府，执政时间长达 10 年，并与中左阵营支持的五届政府（迪尼政府、普罗迪第一届政府、达莱马政府、阿马托政府、普罗迪第二届政府）交替执政。2011 年以后，尽管贝卢斯科尼再未入主奇吉宫，但意大利力量党几乎参与了之后的历届政府，莱塔政府（2013~2014 年）、真蒂洛尼政府（2016~2018 年）以及孔特一期政府（2018~2019 年）和孔特二期政府（2019~2021 年）除外。

纵观贝卢斯科尼 30 年的政治生涯（1993~2023 年），以 2011 年为界，可将其分为两个阶段：第一阶段为上升期和稳定期，第二阶段为衰落期〔直到 2023 年 6 月 12 日贝卢斯科尼去世（享年 86 岁）〕。直至人生最后阶段，他仍将自己作为中右阵营赢得大选以及执掌政府的决定性因素，而中右阵营正是他在 30 年前"发明"的。2022 年 1 月，尽管健康状况堪忧，他还是参加了共和国总统竞选。

因此，人们必须承认，在过去的整整 30 年中，包括最近几年，贝卢斯科尼一直是意大利政坛的核心人物，且其影响力远远超出政治领域。贝卢斯科尼的对手们，无论在任何时期，无论是作为胜利者还是失败者，都必须首先与他打交道，不管此时的贝卢斯科尼是胜利者，还是暂时的失利者，抑或是他正在走向衰落。这是因为，他的角色和形象已经超越了政治的传统界限，这与他的企业家身份以及他在其他方面的影响力密切相关。

在谈及贝卢斯科尼漫长的政治生涯时，首先必须说他是一个极具争议性的人物：有许多人爱他，也有许多人批评他，但从未有人忽视他。他的公众形象和私人形象不仅是意大利人关注的焦点，也同样吸引了世界上许多其他国家的人们的目光。有人将其视作典范，有人将其视为危险，也有人对他报以讥笑。他被许多人视作民粹主义领导人的先驱，民粹主义领导人在过去 20 年中登上了一些重要西方国家的政治舞台。

既然如此，我们有理由提出以下问题：在贝卢斯科尼过世仅数月后，是否有可能对他的整个政治生涯做出评价，而不至于陷入由近来的各类专栏文章造成的对立与混乱之中？现在就对贝卢斯科尼进行真正的"历史"解读是否为时过早？

由于无法全面回答这些问题，我们在下文的分析将仅限于贝卢斯科尼的部分活动，以期指出其积极和消极影响。至于更全面的"审判"，则交由后人决断。

一　贝卢斯科尼、"自由主义革命"与增长停滞的国家

贝卢斯科尼自"上场"的那一刻起，就大力推行他的"自由主义"理念，即国家对经济的干预，无论是直接干预，还是借助监管渠道间接干预，都必须尽可能地加以限制，以便让企业家的"动物本能"（animal spirits）得以自由发挥。自此，"自由主义革命"的必要性得到了纲领性的确认。这一理念不仅继承了几百年的自由放任传统，还与当时的"里根经济学"和

撒切尔夫人的改革措施保持一致。贝卢斯科尼效仿基佐（Guizot）① 以及他"成为富人！"的口号，将自己塑造成一位值得信赖的总理，因为他自己就是成功的企业家，他声称希望像管理企业一样管理国家。他是人们"学习的榜样"，满怀激情且积极乐观；他赞颂个体的潜力，认为这种潜力不应被任何人束缚。

此外，对国家或多或少的不信任也滋养了这一理念。在贝卢斯科尼看来，国家试图组织公民生活，尤其将手"伸进"公民的口袋，这种做法是错误的。因此，税收问题变得尤为重要：公民和企业有权"自卫"，抵制过高的税收。因此，偷税漏税在一定程度上是可以被原谅的，这不仅适用于不愿被公共财政"掠夺"的富裕阶层，也适用于因"迫不得已"而偷税漏税的不富裕阶层。

降低税负始终是自由主义和自由派主张中不可或缺的内容，贝卢斯科尼也将其作为"自由主义革命"的核心。然而，这里还必须指出一个不小的矛盾：在自由主义制度中，无论税负水平高低，公民和企业都必须严格依法纳税，否则就会受到严厉的惩罚；但这种情况几乎从未在意大利出现过。有数据为证：2020 年，意大利只有 156 人因经济和税务犯罪服刑（尽管刑期不长），而德国为 8601 人，美国为 12000 人。对偷税漏税者有罪不罚，并非贝卢斯科尼政府的"专利"，而是意大利历史上一直以来的"传统"。但可以肯定的是，在过去的 30 年中，中右政府客观上对偷税漏税者"睁一只眼闭一只眼"，同时加强了对"大赦"（condoni）（如税收减免、违章违法建筑处罚免除）、"赦免"（sanatorie）和"税盾"（scudi fiscali）（即采取临时措施，鼓励将非法输出到国外的资产合法化）等工具的使用。这些措施不可避免地强化并助长了人们对"有罪不罚"现象的预期。

至于那些本能或本应成为真正的"自由主义革命"的议题，如简化行政程序、消除"创业自由"（libertà d'iniziativa）的障碍，则很难在贝卢斯科

---

① 弗朗索瓦·皮埃尔·纪尧姆·基佐（François Pierre Guillaume Guizot，1787～1874 年）法国政治活动家、历史学家、首相，资产阶级右翼代表人物。——译者注

尼领导的四届政府中有重大的创新与举措。贝卢斯科尼政府制定的政策，本应限制国家作为经济主体、简化公共行政部门的审批程序、降低企业办事成本、活跃劳动力市场，以及简化司法程序以提升民事案件审理效率，但事实上情况恰恰相反，在上述领域取得的进展，且不论其效果如何，均是贝卢斯科尼在野或作为大联合政府（即获得左、中、右几乎全部主要政治力量支持的政府）的一员时取得的。在这里，我们可举几个例子。例如，在简化行政程序方面，1997 年，普罗迪第一届政府颁布了《巴萨尼尼法》（legge Bassanini）；在重大的私有化措施方面，1999 年，达莱马政府颁布了电信私有化政策；2006 年，普罗迪第二届政府时期，贝尔萨尼部长放宽了对公共场所经营许可的限制；至于对《劳动法》的修订，则是由贝卢斯科尼第三届政府提出，后由蒙蒂政府（2012 年）和伦齐政府（2014 年）完成的。

基于上述事实，人们必须承认，由贝卢斯科尼在 1994 年提出的旨在重振国家的"自由主义革命"并未真正实现，甚至连部分实现都谈不上。这意味着从 20 世纪 90 年代至今，包括中左政府在内的意大利各届政府，无论提出何种不同的方案，都未能让意大利经济取得令人满意的增长速度。尽管这一时期欧洲主要国家经济均增长乏力，但除 2022 年和新冠疫情后的经济复苏外，意大利国内生产总值增长率几乎一直仅略高于 0，在欧盟和欧元区均处于相当靠后的位置。20 多年来，意大利经济增长乏力，而促进经济增长的政策却一直缺失，这导致国家债务不断增加，赤字占国内生产总值的比例持续攀升。上述这一切发生在一个悖论之中：一方面，就不动产和可支配财产而言，意大利是世界上最富有的国家之一；另一方面，意大利又是一个负债累累的贫穷国家，无力为公民提供相匹配的服务并支持经济发展。

二 贝卢斯科尼与民粹主义：沟通的作用及利益冲突的影响

如果从政治家和总理的视角来评价贝卢斯科尼，那得出的结论是，他对意大利现代化以及经济发展产生的影响实际上很有限。但倘若从政治学以及某种程度的社会学视角分析，那么结论就会大不相同。因为"贝卢斯科尼现象"的影响十分广泛，甚至超越了国界，这是不争的事实。想要分析"贝卢斯科尼现象"的起源，首先必须回顾其产生的历史背景。

20世纪90年代初，柏林墙倒塌和冷战结束产生了广泛的影响。其中一个影响是使许多西方政治体系的传统结构中出现了一个空白，这是先前建立与巩固的政治体系解体所致，意大利的情况尤为典型。在二战结束后的几十年中，政治对抗的逻辑是建立在根深蒂固的意识形态差异之上的，进而将不同党派领导人的活动引到预先确定的轨道上。然而，我们并不是要说，战后的政治领导阶层在政治和智识方面不够成熟。相反，以意大利为例，像阿尔契德·加斯贝利（Alcide De Gasperi）、阿尔多·莫罗（Aldo Moro）、彼得罗·南尼（Pietro Nenni）、贝蒂诺·克拉克西（Bettino Craxi）、帕尔米罗·陶里亚蒂（Palmiro Togliatti）和恩里科·贝林格（Enrico Berlinguer），这些领导人能够以务实和建设性的态度"做政治"，不被意识形态的屏障所束缚。他们是伟大的领导人，因为他们既能扎根于各自的理念与文化，又能彼此认可，"着眼未来"。

这些深厚的根基不仅滋养着领导人，也滋养着支持他们的社区，后者是政治活动的基础。因此，领导人不会感到"孤独"，也不会觉得自己与强大的社区纽带"脱节"。政党组织及其民众基础，构成了领导人所代表的并在国家机构和国际舞台上呈现的"政治"。当这些根基开始动摇时，政治家的传统形象就会逐渐"陷入危机"。相应的，过去社会分层（阶级、阶层、文化领域）的边界被打破，政党代表性产生的基础随之消失。在意大利，这导致"第一共和"的终结，几乎所有传统政党都分崩离析，政治陷入普遍"危机"之中。贝卢斯科尼正是在这样的背景下出现的，并带来了当时难以预料的影响。

贝卢斯科尼将自己描绘成"反政治"的代言人，或者说"新政治"的代言人，并将之前的政治主角及范式"请下神坛"。对他而言，旧的政治显然已经失败了。他并不吝惜使用一些简单的口号，这些口号大多是从最近的历史中挖掘出来的。我们在上文提到了"自由主义革命"的口号，但在

1994 年大选以及之后的选举中，贝卢斯科尼还大量使用了"反共产主义"的口号。尽管当时苏联已解体 3 年，并且意大利最大的左翼政治力量也在 1991 年由意大利共产党更名为左翼民主党。贝卢斯科尼打出"反共产主义"口号，一方面可能是他个人的看法，另一方面则是市场分析的结果。他的电视广告销售机构通过调研表明，"反共产主义"一词应该能吸引大多数从未给意大利共产党投过票的选民。由于意大利传统政党消失，这部分选民迷失方向，因而会从"对立"的身份中找到认同。在此背景下，贝卢斯科尼表现出了咄咄逼人的特质，对其政治对手"火力全开"。贝卢斯科尼的这些姿态源于其政治算计，这与他本人的性格形成了鲜明对比：他的性格是公认的温和、善良，并带有强烈的自恋特质；他还是一个富有同情心和同理心的人，能够真诚地关注与其对话者，并不断寻求后者对其个人的赞赏。

意大利力量党在 1994 年 3 月的大选中大获全胜，这不能仅仅归功于有效的营销策略，也不能仅仅归功于一个有能力"销售"其领导人口号及其所代表"商品"的"企业政党"。更为关键的是，贝卢斯科尼拥有变色龙般的本能，他能敏锐地捕捉到广大民众的心声，识别出相互冲突的群体，并针对每个群体提出最贴近他们需求或愿望的主张。面对全体选民，尤其是自由职业者和企业家，他提出"友好税收"（即每个人都少交税）政策；面对年轻人，他喊出新增"100 万个工作岗位"；面对老年人，他主张增加养老金；面对企业，他承诺"不再有束缚和繁文缛节"；等等。

贝卢斯科尼在"上场"后获取支持的方式，与他在从政前的 15 年中用来提高其商业电视台收视率的策略如出一辙，即先确定庞大的目标群体，之后向他们提供定制的电视节目和娱乐内容，再加上广告的"狂轰滥炸"，从而让更多人选择由他的电视台宣传的商品和服务。

关于贝卢斯科尼的电视台，应当指出，自 20 世纪 80 年代初以来，其电视帝国在不经意间为他进入政坛铺平了道路。那些年，他的电视台收视率持续提高，其成功的秘诀是将高超的专业技能与针对社会中低层人士的娱乐节目相结合。这种策略在一定程度上迎合并鼓励了电视用户脱离社会和政治问题的倾向。至少在 1994 年之前，贝卢斯科尼的电视台并不关心政治，甚至不提供新闻类电视节目。1994 年之后，情况发生了根本性转变。

贝卢斯科尼涉足的另一个领域是体育，在这个领域他同样取得了巨大的成功。意大利的足球文化根基深厚，许多企业家发现，将自己的形象与某支球队联系起来十分有用。贝卢斯科尼在 1986 年接手 AC 米兰队后，在短短几年内，将其打造成了一支强大的受人喜爱的球队，并在意大利、欧洲和全球各级赛事中赢得了一系列奖杯，这进一步提高了贝卢斯科尼的声望。

1994 年，贝卢斯科尼凭借意大利最成功的商业电视台（在其他国家也有重要分部）老板、世界上最强球队的主席以及欧洲最富有的企业家之一等名片向意大利人展示，他是唯一有能力解决所有阻碍国家发展症结的人，并且有能力成为成功政治家的典范，同时他还是抵御布尔什维克浪潮的"堡垒"。

根据上述内容，贝卢斯科尼的政治经历无疑应被归入"民粹主义"的范畴。近几十年来，"民粹主义"先后在许多国家（并不仅限于西方国家）登上政治舞台。在某种程度上，甚至可以说贝卢斯科尼发明了"民粹主义"。

贝卢斯科尼的"民粹主义"具体表现在以下几个方面。

• 绕开已有的社会和政治组织，与公民和选民建立直接联系，削弱中间机构的作用；

• 公开讲话迎合民众的"情绪"，其话语成熟度和分析能力与初中生相当；

• 所在政党是贝卢斯科尼的"个人财产"，他本人拥有绝对控制权；

• 政党组织与企业结构类似；

• 不断打造"成功者形象"，将自身塑造成潜在选民的榜样；

• 颠覆政治家传统形象，通过插科打诨、说酒吧段子等方式，拉近与选民的距离；

• 使用带有贬义的词语来描述其政治对手（例如"无所事事者""职业政客"等）；

• 根据自己作为企业家的成功经验，将自己塑造成解决经济和社会问题的关键人物；

● 厌烦民主制度中常见的程序和惯例；

● 不加节制地使用传媒（尤其是电视）鼓动支持者，在许多场合召集他们为贝卢斯科尼助威，甚至是借助音乐（例如歌曲《幸好有贝卢斯科尼在！》）助威；

● 在任何情况下，都倾向于毫无顾忌地选择能够确保其自身利益（个人利益和政治利益）的对话者、联盟和解决方案。

在贝卢斯科尼之后，其他一些迅速崛起的政治人物也表现出了上述一些特征，他们被贴上了"民粹主义者"的标签。在意大利，有贝佩·格里洛、马泰奥·伦齐、马泰奥·萨尔维尼；在国外，有亿万富翁唐纳德·特朗普、雅伊尔·博索纳罗、鲍里斯·约翰逊、本雅明·内塔尼亚胡。然而，没有人像贝卢斯科尼一样，在"箭筒"里拥有如此多的"箭"，也没有人像他一样，能够在如此长的时间里有机会去射出这些"箭"。

除了这些"箭"之外，贝卢斯科尼还拥有一件其他政治人物都没有的武器，即对传统主流媒体直接和间接的控制。这对政治人物而言是明显的优势，但同时也会导致严重的利益冲突。至少在20世纪90年代，当互联网还没有成为主要的传播渠道时，电视是影响公民（电视观众）态度的主要手段，当然这种影响也包括政治领域。直接控制最大的私营电视集团（且该集团的电视收视率处于领先地位），并间接控制公共服务电视（其方向由议会和政府把控），对于政治人物而言价值巨大，其因此能够系统地打击对手及竞争者的立场。

在意大利，贝卢斯科尼几乎垄断了广告投放，在电视行业占据绝对优势；他还同时拥有多家报纸和重要的新闻周刊，并控制了主要的出版商；他大力投资电影行业，在银行和金融行业也拥有广泛利益；此外，他在足球领域的巨大影响力自不用多言。1994年，他成为意大利总理，由此多了一个政治领袖的身份。上述这一切发生在一个重要的西方大国，是一个非常特殊的案例，但同时也构成了明显的利益冲突，并深刻地影响了意大利政治。在贝卢斯科尼的领导下，经济权力与公共事务管理之间发生了前所未有的"重叠"。这构成了一个独特的案例，也许后无来者，因为这与贝卢斯科尼个人生活以及公共生活紧密相连。

围绕贝卢斯科尼的利益冲突问题，至少在过去 20 年间，一直是意大利政治的核心议题。以至于那些批评他的政治力量，也多少受到了影响——他们的行动几乎总是围绕着如何反对经济权力与公共事务管理之间的"重叠"，但未能取得任何重大成果。

三 "第二共和"与体制平衡破裂：政治与司法的冲突

意大利"第一共和"的政治制度危机，绝不是贝卢斯科尼本人及其活动造成的。这场危机早在 20 世纪 80 年代就日益显现，囿于篇幅，我们无法深入展开分析其深层原因。但贝卢斯科尼这位亿万富翁，无疑利用 20 世纪 90 年代初传统执政力量消亡后出现的"真空"，确立了自己新一代政治强人的地位。然而，他的到来并未带来新的稳定与平衡，反而加剧了政治机构之间的摩擦。这种情况首先出现在政治与司法的关系中，这是贝卢斯科尼投入了大量精力的主要战场，也是政府和议会一直关注的焦点。几十年来，甚至时至今日，司法改革一直是立法活动的核心，并由此产生了大量相互矛盾的改革措施，但并未从根本上解决民事和刑事司法程序的效率问题。

贝卢斯科尼在"上场"之初，对司法界很是"殷勤"。因为正是司法界，尤其是米兰检察院领导的"净手运动"，导致了传统政治力量（尤其是天民党和社会党）的解体，这些政党的领导层因腐败和非法资助政党的罪名被调查、起诉和逮捕。然而，就在贝卢斯科尼占据了"政治真空"并执掌政府（1994年 5 月）仅数月后，这位大亨及其公司也遭遇了"净手运动"，受到了调查。1994 年 11 月，米兰检察院对电视行业展开调查，并传唤了贝卢斯科尼。这导致了执政党联盟危机，贝卢斯科尼于 1995 年 1 月辞职。不过，这只是一系列针对贝卢斯科尼的司法调查的开始，囿于篇幅，在此无法详述。但是，一些数据还是可以提供的。贝卢斯科尼去世时，他已在 33 起诉讼中收到判决，另有其他诉讼仍在进行中。他的个人"官司账目"可以概括如下：

- 1 次案件定罪；

- 8次案件因事实不成立被无罪释放；

- 2次案件因事实不再构成犯罪被无罪释放；

- 4次案件因赦免而免予起诉；

- 8次案件因时效已过而免予起诉；

- 10次案件被驳回；

- 4次案件因被告人死亡而中止。

贝卢斯科尼唯一的定罪判决发生在2013年5月，他因税务欺诈、财务报表造假和侵占罪，被判处4年监禁。贝卢斯科之后在社区服刑，并被剥夺了参议员职务。服刑期满后，其权利得到恢复，并在9年后，即2022年，重返议会。其他针对贝卢斯科尼的指控包括司法腐败、非法政治献金、财务报表造假、做伪证、泄露公务秘密、涉嫌煽动恐怖袭击①、诱导作伪证、滥用职权以及与未成年人性交易。

上述清单概括了意大利司法机构对贝卢斯科尼的调查及审判，贝卢斯科尼将其称为"司法迫害"。但贝卢斯科尼并未坐以待毙：他坚决在庭审中为自己辩护，并聘请了一大批律师，有效地拖延了审判程序。此外，他还通过在议会和政府层面的各种操作，修改了诉讼时效，并废除了一些罪行，例如财务造假。这些努力使得贝卢斯科尼的许多罪行因事实不再构成犯罪、时效已过或遇大赦而免予起诉。尽管如此，在针对贝卢斯科尼的诸多指控中，仍有一些案件引发了轩然大波。例如，贝卢斯科尼被指控司法腐败，这导致与他长期合作的律师兼意大利力量党1994年的协调员切萨雷·普雷维蒂（Cesare Previti）被判处6年监禁。又比如，在著名的"露比门"（Rubygate）事件中，贝卢斯科尼被指控与一名未成年少女进行性交易。此外，贝卢斯科尼的左膀右臂兼其广告业务负责人马尔切洛·德尔·乌特里（Marcello Dell'Utri）在2014年被终审判处7年徒刑，罪名是与黑手党勾结，

---

① 相关报道请参见"Berlusconi e l'accusa di stragi: ecco cosa hanno in mano i pm"，2022，*Il Fatto Quotidiano*，https://www.ilfattoquotidiano.it/in-edicola/articoli/2022/07/17/b-e-laccusa-di-stragi-ecco-cosa-hanno-in-mano-i-pm/6664066/，最后访问日期：2023年11月27日。——译者注

因为他被认定为贝卢斯科尼的企业与黑手党之间的中间人。

保障公民权利与自由（garantismo）、确保司法机构摆脱政治干预、提升司法效率、平衡政治与司法权力，一直都是意大利中右翼政党（包括当前梅洛尼领导的中右政府）宣称的政策目标。然而，在过去的30年中，他们实际关注的是如何增加在白领犯罪案件中的辩护机会、增加企业财务账目中的操作空间，以及限制司法机构的调查工具的使用（尤其是在监听方面）。这一切都源于贝卢斯科尼与所谓的"红衣法官"（Toghe Rosse，即左翼法官）之间的角力。那些在20世纪90年代初被"净手运动"打倒的政党大多尊重司法工作，贝卢斯科尼及其盟友则不然。这导致政治与司法的冲突陷入僵局，至今仍看不到解决的希望，进而成为后来被称作"第二共和"的一大特点。

四　贝卢斯科尼、欧洲与世界

我们在上文提到，"贝卢斯科尼现象"已超越国界，在许多国家引起广泛的关注和激烈的讨论，并激励了一大批追随者。当然，国外关注最多的是贝卢斯科尼的利益冲突问题、他在公共场合自我呈现的方式和风格及其私生活。在世界范围内，人们主要谈论他在国际舞台上插科打诨、口无遮拦、极不符合礼仪的行为，以及涉及年轻女子的桃色事件，而非他作为政治家在意大利国内的影响以及在国际格局中的作用。

然而，简要概括贝卢斯科尼在国际舞台中的定位与立场并不困难。需要强调的是，对于这位4次出任意大利总理，同时是意大利最大政党之一的领导人而言，他在国际舞台上同样选择在任何阶段都与胜利者站在一起。贝卢斯科尼执政期间对欧盟并未特别"投入"。1999年，意大利力量党在欧洲议会中加入了人民党党团（而他的中右阵营盟友则加入了右翼党团），这是为了加入欧盟委员会的执政联盟。然而，在贝卢斯科尼执政期间，意大利并未对欧盟的政策产生特别影响。至于从里拉到欧元的过渡［由普罗迪第一届政府启动，在贝卢斯科尼第二届政府（2002年）完成］，他也并未表现出特别的热情，或许是因为对贝卢斯科尼而言，欧盟"有点太严格了"。

贝卢斯科尼真正向往的是全球舞台。他坚定认同意大利所处的北约阵营，并意识到俄罗斯在叶利钦之后的相对弱势，以及美国在"9·11"袭击后所遭受的创伤。2001年6月，在贝卢斯科尼重返政府之际，他抓住机遇，在全世界面前将自己标榜为实现最终和平、开启北约与普京领导下的俄罗斯真正合作的缔造者，这一事件被称为"普拉蒂卡·迪马雷奇迹"（il miracolo di Pratica di Mare）①，即2002年5月28日，在意大利的普拉蒂卡·迪马雷军事基地，两个前冷战敌对国签署了战略协议。现场照片记录了布什与普京两位总统握手的瞬间，图片中央是贝卢斯科尼，他露出心满意足的笑容。我们知道，这种友好的气氛持续的时间很短。随着俄罗斯国内经济改善，普京在国内地位日益巩固，冲突再度"点燃"。2022年2月24日，"普拉蒂卡·迪马雷奇迹"发生20年后，俄乌冲突爆发，其成为北约与俄罗斯激烈冲突的最新写照。然而，贝卢斯科尼直到去世时都坚信那项协议的价值。在协议签署后的20年中，他与普京建立了牢固的个人友谊，并且不吝惜公开展示这份友谊。就在贝卢斯科尼去世前不久，即2023年4月，他就俄乌冲突表达了与意大利政府不同的立场，至少在一定程度上为普京辩护，并将责任归咎于乌克兰领导层。这种出于人性对俄罗斯朋友的"忠诚"是可以理解的，但在政治上难以得到认同。

贝卢斯科尼无疑具有在国际格局中洞察经济领域最重大动向的能力。他于2004年5月与中国签署全面战略伙伴关系，旨在为意大利发展与中国的经济关系建立纲领性框架。协议签署时，中国刚刚加入世界贸易组织两年多。如今中国在世界市场中的分量和影响力无须多言，但在20年前并非如此。

五　后贝卢斯科尼时代：政治遗产的缺失

如果我们假设存在一个贝卢斯科尼的继承者，那么可以用数学中的反推

---

① 普拉蒂卡·迪马雷（Pratica di Mare）是意大利拉齐奥大区罗马首都广域市波梅齐亚（Pomezia）市下属村镇，当地拥有欧洲最大的军用机场之一——普拉蒂卡·迪马雷机场。——译者注

法来验证。显然，他的人生经历和政治经历是绝对无法复制的。他也从未真正想过培养继承人，这一点并非巧合。当人们偶尔谈及他的"接班人"时，第一个站出来否认的就是他本人。因此，让我们把"继承人"（erede）的问题放在一边，看看他是否至少留下了一些"遗产"（eredità）。

关于贝卢斯科尼的商业帝国，目前他的公司经营状况良好，多年来一直由其子女牢牢掌控。至于"自由主义革命"，我们已经看到，在他在世时，他提出的方案就已沦为空谈，今天的意大利并不比 30 年前更好。与他的名字和政治生涯紧密相连的"第二共和"实际上从未开启，或者说，其在产生能够引导意大利明确前进方向的实际效果前就解体了。政治与司法的冲突并未得到解决，目前仍在激起政治辩论。他的政治产物——意大利力量党——在过去 10 年中失去了中心地位，支持率不断下滑，这与其创始人衰落的曲线相吻合。一直以来，贝卢斯科尼都在强调自己作为中右阵营创立者的核心地位。当前，意大利力量党在执政党联盟中仍然发挥重要作用，但不可否认的是，对于根植于右翼的梅洛尼政府而言，意大利力量党已沦为配角。

尽管当前存在政治失衡，但这并不能否认贝卢斯科尼在意大利近几十年历史中的重要性。许多伟大的公共人物在退出历史舞台后，其影响依旧存在，贝卢斯科尼亦是如此。必须承认，他塑造了民众对公共事务的敏感性，并对舆论的走向产生了深远影响。贝卢斯科尼可能不是一位伟大的政治家，但他无疑是其所处时代的决定性人物。无论人们对"贝卢斯科尼主义"的评价如何，都无法否认，他塑造了意大利人的集体想象，并为他的时代留下深深的烙印。

（石豆译，孙彦红校）

B.7
意大利持续半个世纪的政治经济恶性循环及其原因[*]

〔意〕洛伦佐·科多尼奥　詹保罗·加利[**]

摘　要： 在过去的 50 年里，意大利遭遇了一系列经济危机。20 世纪 70 年代陷入通货膨胀危机，80 年代出现了公共债务问题，90 年代出现了货币危机。这些危机有些是与其他欧洲国家共同经历的，有些则是意大利独有的。在过去 15 年里，意大利又遭受了 4 次经济冲击，依次为国际金融危机、主权债务危机、新冠疫情大流行和俄乌冲突带来的通货膨胀冲击。实际上，这些危机给了意大利深刻审视自身存在的问题并着力推进经济改革的机会。然而，由于游说团体和利益集团的阻挠，意大利始终没能真正落实旨在深度改革的政策，令人们的希望一再受挫。本文首先基于数据考察意大利经济的一些背景和事实，之后梳理意大利经济表现不佳的简短历史，最后尝试深入挖掘决定意大利经济增长问题的根源。

关键词： 意大利　经济增长　全要素生产率　输入型创新　本土创新

---

* 本文在洛伦佐·科多尼奥和詹保罗·加利合著的《精英体制、经济增长与意大利经济衰落的教训》一书第二章的基础上修改补充完成。参见 Lorenzo Codogno，Giampaolo Galli，*Meritocracy，Growth & Lessons from Italy's Economic Decline. Lobbies（and Ideologies）Against Competition and Talent*，Oxford University Press，2022。

** 洛伦佐·科多尼奥（Lorenzo Codogno），意大利经济与财政部前首席经济学家，现为英国伦敦政治经济学院（LSE）欧洲研究所访问教授，主要研究领域为意大利经济、欧洲经济；詹保罗·加利（Giampaolo Galli），意大利米兰天主教圣心大学经济系教授，主要研究领域为意大利经济、欧洲经济。

一 背景： 长达50年的经济低迷

长期关注意大利经济的人士都会注意到，意大利的全要素生产率（TFP）增长在20世纪70年代开始就陷入了停滞（见图1）。众所周知，全要素生产率对经济增长的影响并非基于劳动力和资本等生产投入，而是反映了技术进步与创新以及资源配置效率。此外，全要素生产率还与公共机构的组织效率有关。

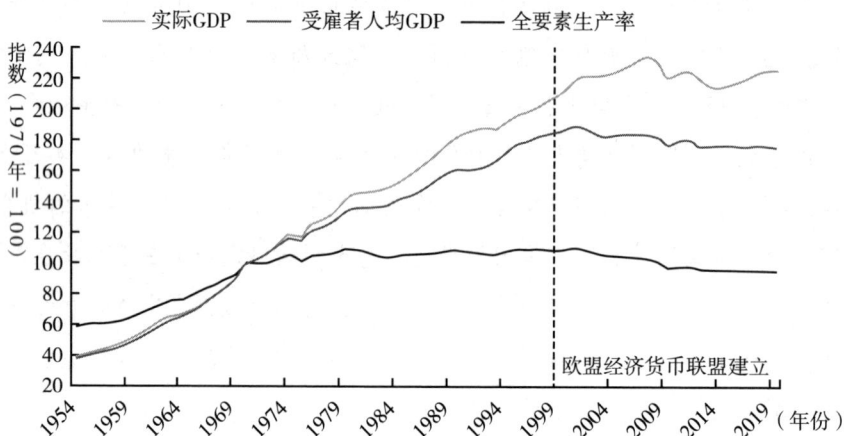

图1　意大利的全要素生产率、实际GDP以及受雇者人均GDP变化趋势
资料来源：笔者根据荷兰格罗宁根大学 Penn World Table（PWT）数据库数据制作。

在二战结束后的30年里，意大利的全要素生产率实现了大幅增长。所谓的战后"经济奇迹"时期，也是意大利赶超其他经济更发达国家的阶段。20世纪70年代，意大利的全要素生产率先是停滞不前，随后开始下降。1998~2019年，意大利的全要素生产率下降了13.7个百分点，令人震惊。这意味着，意大利在创新、资源分配和生产要素组织方面的能力似乎发生了倒退。在此期间，其他主要欧洲国家的全要素生产率在继续提高：德国提高了15.3个百分点，英国提高了7.6个百分点，法国提高了4.1个百分点。

　　20 世纪 70 年代和 80 年代，尽管全要素生产率增长停滞了，但是意大利的国内生产总值（GDP）增长率与其他欧洲国家大体持平。图 1 显示了 20 世纪 70 年代出现的实际 GDP 增长和全要素生产率变化之间的显著分野，这也正是西方世界发生石油危机的时期。此后，意大利 GDP 的增长不再基于创新（创新会推高全要素生产率），而是基于财政赤字支出或货币贬值形成的短期需求刺激。然而，赤字支出和货币贬值都是不可持续的政策。到 20 世纪 90 年代，意大利的经济增长陷入了停滞。1995~2019 年，按照指数变化（1995 年=100）衡量，意大利 GDP 增长与法国 GDP 增长的累计差距为 32 个百分点，与德国的累计差距为 24 个百分点，与欧元区平均水平的累计差距接近 30 个百分点，与英国的累计差距更是高达 49 个百分点（见表 1）。在劳动生产率方面，也可观察到类似趋势（见图 2）。

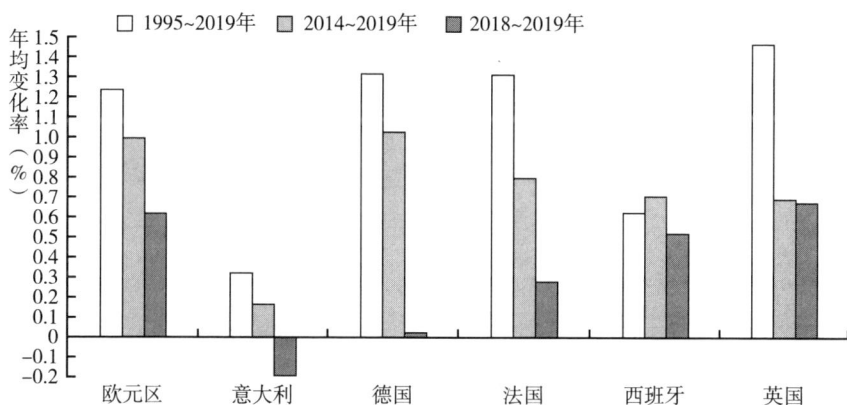

图 2　意大利与其他欧洲国家劳动生产率变化趋势对比

资料来源：笔者根据意大利国家统计局（Istat）数据制作。

　　我们可将二战结束后至新冠疫情前意大利的经济表现划分为三个阶段（见表 2）。第一个阶段为 1955 年至 1974 年，也被称为意大利经济的"黄金时代"，GDP 年均增长率在 5.5% 以上。在这一时期，与其他欧洲国家一样，意大利经济增长的驱动力主要是输入型创新，全要素生产率的平均增长率接近 3%。第二阶段为 1975 年至 20 世纪 90 年代中期

（1995年），GDP增长缓慢，全要素生产率对经济增长的贡献接近于0。经济增长主要由资本的贡献拉动，主要表现为投资流量巨大并且开始大规模积累资本存量，其背后的原因是劳动力市场变得僵化和低效，大量劳动力被资本取代。第三阶段为20世纪90年代中期（1995年）至新冠疫情前的2019年，GDP增长低迷，年均增长率仅为0.67%，全要素生产率对经济增长的贡献甚至为负值。在20世纪90年代中期，劳动生产率增长也停滞了。

表1　2019年意大利与其他欧洲大国的人均GDP及其构成情况（指数，1995年＝100）

国家	人均GDP（GDP/POP）	时均GDP（GDP/TH）	人均工作时间（TH/POP）	就业人口人均工作时间（TH/EMP）	就业率（EMP/POP）	POP	GDP	EMP	TH	MEDAGE
意大利	109	107	102	93	110	106	115	116	108	44
法国	130	130	100	94	107	113	147	121	113	42
德国	135	129	104	91	115	103	139	118	107	44
英国	141	132	107	97	110	117	164	128	124	41

注：表中GDP代表实际国内生产总值，POP代表人口总数，TH代表总工作时间，EMP代表就业人数，MEDAGE代表劳动力年龄中位数（取2010~2019年平均值）。其中MEDAGE的单位为"岁"，其他各项指标均为指数。

资料来源：笔者根据荷兰格罗宁根大学Penn World Table（PWT）数据库数据制作。

表2　意大利的经济增长及其驱动要素情况（1955~2019年）

单位：%

阶段	实际GDP年均增长率	劳动贡献率	资本贡献率	全要素生产率
1955~1974年	5.58	0.14	2.51	2.93
1975~1995年	2.37	0.71	1.48	0.18
1995~2019年	0.67	0.51	0.67	-0.51
1955~2019年	2.7	0.46	1.49	0.75

注：表中第二列为所属阶段内的年均GDP增长率，该列数值等于后三列贡献率的加总。

资料来源：笔者根据荷兰格罗宁根大学Penn World Table（PWT）数据库数据制作。

有一种假设认为，20世纪90年代中期以来意大利的经济表现是由人口结构变化决定的，即劳动力趋于老龄化，同时更多人选择提前退休，因此导致总劳动时间减少。然而，实际数据并不支持这一观点。首先，意大利总工作时间的增加趋势与德国大体一致。这表明人均GDP的低增长并非由人口变化驱动，特别是，意大利并不存在老年人不再为国家生产做贡献却要在统计人均GDP时被计入分母的情况。此外，意大利工作年龄人群中的实际工作人数也并未减少。意大利的就业率一直很低，但是1995~2019年的变化是正向的（增长了10%），情况与法国、德国和英国大体类似。此外，受到女性劳动力市场参与度稳步上升的影响，意大利的总就业人数在这一阶段增长了约16%。最后，虽然意大利劳动力年龄的中位数相对较高，但是并不比德国高。综上，造成意大利经济增长低迷的"罪魁祸首"不太可能是人口结构的变化。实际上，正是全要素生产率的停滞不前导致意大利在经济增长上与其他欧洲大国出现分野。

二 不可持续的增长：政治与经济之间的恶性循环

意大利经济的反常现象并不像人们通常认为的那样始于20世纪90年代，而是始于70年代。值得注意的是，尽管意大利的全要素生产率在20世纪70年代即停止增长，但是意大利与其他发达国家在GDP增长上的差距经过更长时间才显现出来。在那之前，意大利通过持续的货币贬值、公共投资和补贴以及对公共和私人消费的人为刺激来支撑经济增长，结果造成物价螺旋式上涨、财政赤字和经常项目赤字居高不下等诸多不良后果。

1974年4月，意大利不得不向国际货币基金组织（IMF）借款，并被迫采取紧缩性货币政策作为附带条件。之后，意大利还向外国实体寻求贷款。在整个20世纪70年代，意大利的累计通货膨胀率达到230%，德国马克相对于意大利里拉升值了174%。1975年，工会与政府就工资指数化达成的协议（即工资必须随物价上涨而提高）也具有相当大的破坏性，导致通货膨胀率进一步急剧上升。

在意大利，危机往往导致应急性联合政府诞生。1976 年 7 月的情况就是这样，当时成立的"民族团结政府"为意大利各政党为国家利益共同努力打开了"机会之窗"。20 世纪 80 年代，意大利为降低通货膨胀率做出了一系列努力，包括财政部和意大利央行之间的"分离"（即央行不再购买财政部发行的债券），以及不再严格执行工资指数化机制等。通货膨胀率确实下降了，但是货币贬值仍在继续。由于政府频频动用公共支出以维护社会稳定，意大利的公共债务与 GDP 之比急剧上升，由 1980 年的近 56% 上升到 1990 年的超过 94%。至 1990 年年底，意大利的通货膨胀率仍为 6.6%。当时，意大利的通货膨胀率和公共债务都是欧洲最高的。

进入 20 世纪 90 年代，人们的担忧转向了里拉。1992 年 9 月，意大利的经济竞争力下降和高负债造成资本外逃，这使得里拉无法继续留在欧洲固定汇率体系内。这一紧急状况打开了另一个机会之窗，所有政党都同意降低赤字并改革工资指数化机制。在几乎所有政党都涉嫌腐败从而引发政治危机后，意大利央行前行长钱皮（Carlo Azeglio Ciampi）领导的另一个应急性政府成立。该政府带来了希望并取得了一些成果，特别是用基于目标通胀的前瞻性机制取代了工资指数化机制，切断了物价与工资水平互相助推的恶性循环。

自 20 世纪 90 年代中期货币危机以来，"意大利病"——低生产率（以劳动生产率和全要素生产率衡量都是如此）、不可持续的增长模式和政治不稳定——变得越来越明显。1995 年，另一位意大利央行前行长迪尼（Lamberto Dini）在第一届贝卢斯科尼政府垮台后被任命为总理。迪尼政府在稳定里拉币值和启动改革不可持续的养老金制度方面取得了重要成绩。需要看到，虽然钱皮政府和迪尼政府采取的措施至关重要，但不足以解决意大利根深蒂固的结构性问题。

意大利的经济增长从 20 世纪 90 年代中期开始停滞。此后，寻租行为开始主导经济活动，经济体系中的激励结构也越来越混乱。与此同时，劳动力市场依然僵化。进入 21 世纪后，意大利经济开始面临新的挑战。在加入欧洲经济货币联盟后，意大利的利率逐步趋近德国的水平。随着中国加入世界贸易组织（WTO），经济全球化加速推进，同时重大科技创新突飞猛进，这都令意大利逐步在国际竞争中被边缘化，其经济的结构性问题愈发凸显。

这一时期，意大利在经济政策上犯了两个重要而又相互关联的严重错误。第一个错误是实施与新的货币体系不相容的工资增长政策。欧洲中央银行（ECB）以保持低通胀作为目标，但是意大利政府、工会和企业都没有完全理解新的货币政策目标的含义。虽然意大利的工资增长较为温和，但是相对于停滞的劳动生产率而言仍然很高，这导致与德国和大多数其他欧洲国家相比，意大利产品的价格竞争力大幅下降。

第二个错误同样具有破坏性，即普罗迪政府和钱皮政府在意大利加入欧元区之前积累的大量初级财政盈余很快被随后的政府挥霍掉了。1997年初级财政盈余与GDP之比超过6%，到2005年几乎为0。由于1997年时偿债成本与GDP之比仍高达9%（尽管到2005年降至5%以下），而名义GDP增长已开始放缓，无法保持可观的初级财政盈余显然不利于保持公共债务的可持续性。

三 国际金融危机及其对意大利经济的影响

2008~2009年的国际金融危机对意大利造成的破坏尤其严重。特别是，全球贸易陷入前所未有的崩溃，严重打击了意大利出口商。与大多数其他国家一样，意大利政府采取了大规模的财政扩张政策来支持经济活动。然而，意大利的财政状况本就疲软，最终被卷入了2010~2011年的欧元区主权债务危机中。

由于欧元区潜在的脆弱性以及当时应对危机的政策工具远不完备，欧元区主权债务危机对意大利和其他"外围国家"的影响相当大。到2014年，欧元区的实际GDP仍比2007年的水平低0.2%，而美国则高出8.2%。当然，欧元区内部成员之间的差异很大，德国和法国的实际GDP分别增长了6.3%和3.3%，但是西班牙和意大利分别下降了6.5%和8.5%。

有关意大利在2011~2012年实施的财政整顿是否正确，至今仍存在争议。根据许多观察人士的说法，财政紧缩导致2012年意大利陷入深度衰退

（当年 GDP 下滑了 3%）。此外，财政紧缩还因压低了 GDP 而将公共债务与 GDP 之比从 2007 年的 104% 大幅推升到 2014 年的 135% 以上。意大利（及部分其他国家）脆弱的财政状况与银行业的金融问题之间形成了自我强化的负反馈，即"恶性循环"。意大利 10 年期国债收益率与德国的利差从 2011 年年初的约 150 个基点升至当年夏季的 300 个基点，之后在 2011 年年末超过 550 个基点。结果，银行贷款增长率迅速下降，并且在 2011 年下半年和 2012 年转为负值。信贷紧缩又进一步加剧了意大利的经济衰退。

实际上，当时除了进行财政整顿，意大利别无选择。如果不实行财政紧缩措施，意大利可能会像希腊一样失去在金融市场融资的机会。由于欧元区金融架构的脆弱性以及金融市场普遍认为意大利的问题基本上是自身造成的，因此若意大利不采取纠正措施，便不能指望欧元区其他国家或欧洲中央银行会提供太多支持。事实上，在意大利明确开始整顿财政后，欧洲中央银行才在欧洲理事会的支持下宣布将"不惜一切代价"拯救欧元，从而拯救意大利。

这场危机给意大利经济社会造成了相当大的痛苦，并导致了重大的政治变化。至 2013 年第四季度，意大利的 GDP 与 2008 年第一季度相比仍低 9.5%。这既是五星运动在 2013 年大选中取得成功的重要原因，也是 2013~2018 年意大利历届政府（2013 年上台的莱塔政府，之后的伦齐政府和真蒂洛尼政府）对紧缩公共财政都持十分谨慎态度的主要原因。当时较为普遍的观点认为，整顿财政必须谨慎而且要循序渐进，以避免损害经济活力、社会凝聚力和政治稳定。

2014~2016 年，由伦齐（Matteo Renzi）领导的政府试图在教育、银行和劳动力市场方面实施重要改革，结果却不尽如人意。伦齐在 2015 年提出修改宪法以提高政治稳定性和政策连续性，但是这一尝试在 2016 年举行的全民公投中失败了，之后伦齐被迫辞职。这意味着意大利再次错失良机。此前，贝卢斯科尼政府也试图进行一次旨在降低政治不稳定性的宪法改革，但在 2006 年的全民公投中以失败告终。

在这些危机之后，民粹主义政党迅速发展壮大。2018 年 3 月，五星运动和联盟党在大选中获胜，组建起联合政府，也称"黄绿政府"。"黄绿政府"降低了退休年龄，并通过了新的"全民基本收入计划"，从而加重了财政压力。幸运的是，这个政府并未令意大利脱离欧元区，并未大规模阻止外来移民，也没有引入执政两党在选举纲领中提出的任何其他激进提议。鉴于意大利的高债务水平，"黄绿政府"很快就意识到了谨慎应对金融市场的必要性。2019年8月，由于联盟党领导人萨尔维尼（Matteo Salvini）撤回支持，该届政府提前结束。然而，这段动荡时期还是对意大利经济造成了损害。

随着新冠疫情的发生，意大利陷入公共卫生危机和经济紧急状况。2020年，新冠疫情导致意大利的GDP下降9%，迫使政府批准了大规模的财政支持措施，总金额约占GDP的6.5%。公共债务与GDP之比从2019年的134%飙升至2020年的155%。2021年1月，第二届孔特政府失去了议会多数席位。意大利总统马塔雷拉要求欧洲中央银行前行长德拉吉（Mario Draghi）组建一个应急性政府，以应对由新冠疫情导致的公共健康、经济和社会危机。德拉吉政府由政客和独立的技术官僚共同组成，并且得到了议会中绝大多数党派的支持，包括五星运动、联盟党、贝卢斯科尼领导的意大利力量党、民主党、伦齐领导的中间派意大利活力党和一个名为"第一条"的极左翼政党。

2022年9月大选后，由极右翼的意大利兄弟党领导的中右翼联盟在议会两院轻松赢得多数席位，因此人们普遍认为新政府将具有相对较高的政治稳定性，从而有可能基于较长期的视野制定政策，以应对和解决意大利经济的长期顽疾。

四　意大利经济低迷的根本原因

那么，曾经繁荣的意大利经济为何在近年来远远落后于欧洲其他大国？本小节将对意大利经济低迷的根本原因做更细致的分析。

意大利的生产率变化因地区和部门而有不同。自2010年以来，意大利制造业的效率有所提高，但是非金融服务业的效率并没有提高。而且每个行业内部的差异性甚至比行业之间的差异性更为显著，企业的生产率差异取决于各自的地理区域、规模和市场战略。

众所周知，中小企业是意大利工业的重要组成部分。从 GDP 和就业的角度看，大量小微企业构成了意大利经济的支柱。从历史演变来看，由于"产业区"模式的灵活性和高效率，中小企业被意大利视为一种重要资产。然而，在全球化时代，由于企业需要进行大规模的投资，因此规模显得更为重要，意大利的中小企业在全球化竞争中也暴露了其弱点。

就不同规模企业的表现来看，意大利呈现明显的两极分化。微型和小型企业通常年龄都较大，创新性弱，不太倾向于采用新技术，也没有参与国际市场的强烈意愿。许多企业的管理能力差，财务状况脆弱。这也是这些企业在遭遇经济全球化和主权债务危机的冲击时遭受巨大损失的重要原因。实证研究表明，平均而言，意大利微型企业的生产率和活力不及欧洲其他国家同等规模的企业。

相比之下，中型和大型企业受外界冲击的影响较小。特别是，意大利一小部分中大型制造业企业的业绩完全可以与欧洲其他国家最成功的竞争对手相媲美，有的企业表现得甚至更优。它们善于创新，掌握先进的技术，因而拥有强劲的出口竞争力。尽管意大利的营商环境存在种种不利因素，但是这些企业往往拥有健康的资本结构而且管理良好。因此可以说，中大型企业强劲的生产率在很大程度上支持了意大利的经济增长。然而，与其他国家相比，意大利中大型企业的平均规模和在经济增加值中的份额相对较小。在过去 25 年中，微型企业相对于大型企业的劳动生产率和全要素生产率的差距有所扩大。因此，不利的企业组合效应，即有太多小微企业同时中大型企业又过少，在很大程度上解释了意大利的生产率问题。这种不利效应在建筑业和专业性服务行业尤为显著。

那么，为什么意大利表现强劲的企业大多难以成长壮大呢？为什么意大利经济内部不易发生资源的重新优化分配呢？一种观点认为，欧洲大陆的企业管理者面临稳定就业的巨大压力，因此往往会放弃能实现利润最大化但风险高的项目。当面临需求下降的状况时，它们倾向于耗尽资本而不是缩减规模。从本质上讲，当企业管理者面对公众和政治压力要求增加就业而不是减少就业、增加投资而非收缩投资以及追求更广泛的社会目标时若做出积极反应，通常会被认为更成功。在实践中，在发生重大危机后，类似的压力尤其严重。在意大利，公众对大企业普遍怀有敌意，因此该国的大企业面临更大的公众和政治压力。公众的普遍看法是大企业不仅剥削工人、破坏环境，还常常逃税。在意大利，达到一定知名度的企业会受到公众舆论、媒体、环保团体、税务机关和地方法官的重点关注。然而，实际的情况往往相反，即大企业不仅工作环境更好，而且比小企业更注重环保。至于税收，意大利的大多数逃税行为来自小微企业。相比之下，小企业可能更倾向于逃税，在保护环境、工人权利和非正规工人方面做得也并不够好。

可以说，意大利与其他发达国家不断拉大的创新和技术差距是近年来其经济表现不佳的关键因素。这在一定程度上也与投资不足有关：在过去 10 年中，意大利的净资本存量增长率在发达经济体的排行中垫底。自 2008～2009 年国际金融危机以来，意大利的公共和私人投资流量持续下降，资本存量也在缩水（见图 3）。

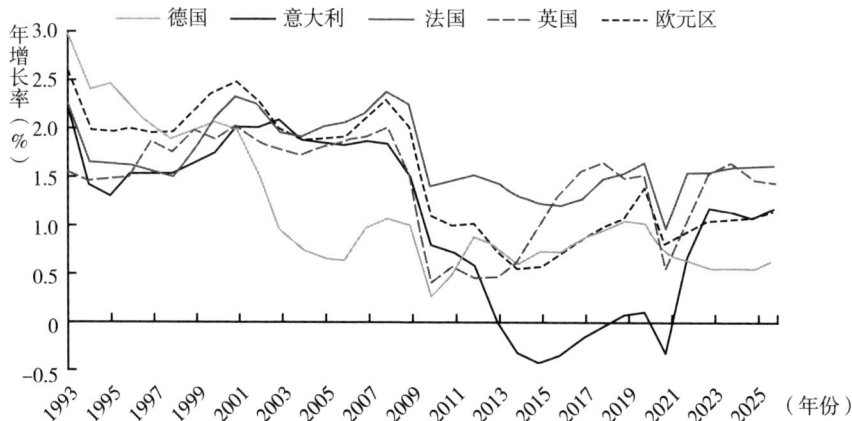

图 3　意大利与其他欧洲国家及欧元区的净资本存量增长率变化趋势

资料来源：笔者根据 Refinitiv（Datastream）数据和欧盟委员会年度宏观经济数据（AMECO）制作。

意大利在人力资本方面的投资也严重不足。这实际上形成了一个悖论式困境：一方面，企业很难找到合格的人才；另一方面，由于劳动力市场僵化，企业无法根据业绩和生产率提供激励。因此，教育回报水平一直很低，劳动者通过高等教育和职业培训提升自身人力资本的动机就不强。在私营部门，人力资本的匮乏无疑会直接拖累经济增长。而大量研究表明，公共部门的人力资本不足也会阻碍一个国家的发展。

在意大利，人才和业绩在经济社会的很多领域都得不到应有的重视。意大利长期盛行平等主义和反精英主义意识形态，20世纪70年代以来尤甚，这造成了大量与"平等"适得其反的结果。劳动者的业绩不仅得不到充分奖励，还受到压制。例如，当前大部分工人的工资上限仍由国家劳动合同来规定，这意味着过去多年来意大利政府试图在公共和私人机构推行的将绩效与收入"挂钩"的改革总体上失败了。

此外，许多意大利企业都是由创始家族管理的。家族所有者即使放弃了对企业的直接控制权，在选择管理者时也往往倾向于将忠诚而非能力置于优先地位。有证据表明，这会导致企业管理薄弱、效率低下、创新活力不足。在这些企业中，能否成为高管往往基于家庭关系而非业绩，而这反过来又造成了教育投资的不足。

意大利的金融结构也阻碍了经济发展。与其他发达经济体相比，意大利的企业更依赖银行信贷。资本市场不发达，缺乏风险投资和私募股权等替代融资形式，意味着意大利的初创企业和创新公司更难以筹集到资金。破产程序冗长繁琐、法律执行不力以及民事司法效率低下等因素都阻碍了创新和生产率提高。其结果是，商业活力的衡量标准——企业成立、增长和衰落的速度——在意大利令人担忧。近年来，无论在制造业还是服务业，意大利企业的"死亡率"都明显高于"出生率"。

上述诸多因素包括各类资本投资不足、激励机制扭曲和金融结构不佳等，共同解释了为什么意大利很难转向由创新驱动的经济增长，而这恰是一个国家处于技术前沿的必要条件。从20世纪70年代开始，意大利就不能再靠模仿领先者来发展。此后，由于中国加入WTO、欧盟扩大、欧元区创建

等一系列重大事件的发生，意大利面临的国际竞争更为激烈。到 20 世纪 90
年代，意大利显然无法再依赖货币贬值和公共支出对经济的短期刺激，此后
便处于半永久性的危机状态之中。

相比之下，那些高度重视研究创新和良好治理的国家已成功地从模仿导
向的增长过渡到了基于创新的增长。美国过去是现在仍然是世界的技术领导
者。二战结束后的 30 年里，在大多数欧洲国家主要依靠模仿即从美国输入
技术创新来发展经济的那个时段，意大利并非依靠所谓"本土创新"（即国
内产生的创新），而是得益于很快采用了美国的技术成果。在接下来的 40
年里，随着追赶效应趋弱，包括德国、法国和英国在内的几乎所有欧洲主要
国家的生产率增速都有所下降，但是意大利的下降幅度尤为显著。换言之，
意大利没能实现以本土创新取代输入型创新。

我们观察英国列格坦研究所（Legatum Institute）公布的繁荣指数可发
现，意大利经济增长的停滞伴随着繁荣的衰败。列格坦研究所的繁荣指数综
合了来自联合国、世界银行、国际货币基金组织等国际组织统计的 70 多个
指标，在数据不可得的情况下还使用了盖洛普民意调查（Gallup Polls）和世
界经济论坛竞争力报告等权威报告中的民意调查结论，因而其结论的受认可
度较高。表 3 给出了意大利与部分欧洲国家在繁荣指数各支柱指标中的排名，
从中可以观察到意大利在过去 25 年里经济增长停滞和趋于衰败的证据。

表 3　意大利与部分欧洲国家在繁荣指数各支柱指标中的排名（2019 年）

繁荣指数的 支柱指标	意大利	德国	法国	西班牙	英国	世界表现最佳的 国家（或地区）
安全	27	19	38	24	21	卢森堡
个人自由	31	9	28	21	17	挪威
国家治理	39	9	21	27	15	芬兰
社会资本	41	20	43	11	15	丹麦
投资环境	31	21	18	24	10	中国香港
企业经营状况	28	6	18	27	10	瑞士
基础设施和市 场进入自由度	25	5	16	13	12	新加坡

续表

繁荣指数的 支柱指标	意大利	德国	法国	西班牙	英国	表现最佳的 国家
经济质量	54	11	30	52	15	新加坡
生活水平	25	8	20	11	9	荷兰
健康	17	13	20	26	34	新加坡
教育	32	19	28	30	14	新加坡
自然环境	31	12	14	34	22	瑞典
总排名	30	10	23	24	12	丹麦

资料来源：Legatum Institute, *Legatum Prosperity Index*™ *2019. A Tool for Transformation*, 2019。

在新冠疫情发生前的 2019 年，意大利在列格坦研究所的繁荣指数中排在第 30 位。丹麦、挪威和瑞士位居前三，美国排在第 18 位。实际上，意大利在繁荣指数中的排名与其在世界银行、联合国《人类发展报告》或世界经济论坛的类似排名没有太大差异。2023 年，意大利的排名基本上保持不变。预计随着时间推移，意大利很可能跌出前 30 名。此外，自列格坦研究所开发出繁荣指数以来的约 15 年里，意大利的排名没有大的变化，这表明意大利经济社会的大多数问题都是长期存在的。

五　前景展望与政策教训

值得注意的是，在上述恶性循环中，最近出现了一线曙光。有一些证据表明意大利的工业实力仍然较为强劲，主要体现在有数百家小型跨国公司的生产率增速远高于其他经济体的同类型企业。此外，意大利出口企业的表现也相对较好：在过去 10 年中，尽管中国和其他新兴经济体在世界贸易中所占份额快速提高，但意大利是少数几个成功保持住其出口额在世界贸易中所占份额的发达国家之一。研究表明，意大利出口企业通常采用良好的管理手段，并且采取业绩导向的用人原则。与此同时，意大利的私营部门也普遍具有高财富积累和低债务的特征。这些因素有助于改善意大利的经常账户状况。因此，意大利的经常账户状况在多年逆差后转为盈余。受到新冠疫情和俄乌冲突导致的贸易条件变化的冲击，2022~2023年，意大利的经常账户状况再度恶化，但至2023年年底仍处于盈余状态。

上述迹象表明意大利经济仍有一些潜力。为释放这些潜力，政策制定者应着力针对意大利国家体系的结构性弱点和僵化低效的商业环境采取措施，并通过提高劳动力技能来解决人力资本短缺问题。人力资本投资不足与经济中缺乏精英管理以及错误的激励结构密切相关。经济体系缺乏活力导致经济资源很难被输送到生产率更高的企业中，尤其是新企业。低效企业的存在客观上会阻碍资源配置效率的提升。因此，意大利需要采取措施，推动资本和劳动力流向生产率最高的企业。新成立的企业需要资源和成长空间，而低效企业也应尽早退出市场以腾出宝贵的经济资源。

最后，国内政治不稳定始终是造成意大利经济不振的重要原因之一。长期以来，意大利形成了一个难以打破的恶性循环，即经济问题容易导致政局不稳定，进而导致经济改革难以持续推进，而改革又是应对经济问题的必要前提。近年来，一些必要的改革非但没有加快，反而被一再推迟。许多政党对意大利根深蒂固的结构性问题往往视而不见甚至否认其存在。然而，经历长达半个世纪的全要素生产率增长停滞和经济表现不佳后，欧盟资金支持的"国家复苏与韧性计划"为意大利提供了前所未有的变革机遇。成败在此一举，就看意大利能否抓得住了。

（孙彦红 译）

B.8
意大利的循环经济：政策、成效与展望

〔意〕法布里齐奥·祖卡*

摘　要： 当前国际社会和各主要经济体都在坚定不移地推进可持续发展，在此进程中，循环经济发挥着重要作用。我们正在由传统的"生产—消费—增长"的线性的经济发展模式转变为一种全新的、具有开创意义的循环经济模式。本文将阐述循环经济的基本状况与特征，帮助读者理解发展循环经济对于可持续转型的意义及其为人类带来的机遇，阐述欧洲及国际层面针对发展循环经济所确立的指导原则、法律规章及相关条例，梳理分析意大利循环经济的发展状况及相关政策。此外，本文还基于罗马俱乐部发布的"贝拉焦宪章"制定的评估指标，展示有关循环经济发展的调查结果，以便读者更深入地了解欧洲与意大利向循环经济转型的过程及最新进展。

关键词： 意大利　可持续发展　循环经济　贝拉焦宪章

引　言

　　根据联合国在 2015 年通过的《2030 年可持续发展议程》及后续相关文件，无论在意大利、欧洲其他国家还是世界上任何一个国家，都在制定发展循环经济的战略、政策和相关计划，而循环经济恰是可持续发展的核心内容之一。传统的经济模式以生产、分配和消费的产品和服务总量为基础，而根

---

* 法布里齐奥·祖卡（Fabrizio Zucca），意大利博科尼商学院教授，意大利政治、经济与社会研究所（Eurispes）终身研究员，意大利斯特威咨询公司（Strategia & Sviluppo Consultants）总裁，主要研究领域为企业管理、循环经济、区域经济学。

据可持续发展的原则，我们必须从注重"数量"的发展模式转向更加重视经济增长"质量"的发展模式。促进经济循环意味着从传统的"线性"生产消费模式转变为全新的"循环"经济模式。新的发展模式具有两大特点：可持续性和循环性。可持续性必须以经济增长质量为基础，而循环性是整个商品生产消费系统的指导性原则，两者紧密联系、相互依存。要充分重视可持续发展战略的价值，否则就无法正确理解循环经济的价值和内涵，反之亦然，这一点无论对整个国际社会还是对单一国家均可适用。

为了阐释循环经济的相关政策，我们需要从定义、原则、内容和标准等方面出发，全面明确整个系统的各项基本要素。循环经济模式是着眼于整个可持续发展战略的一种经济模式，然而，在学术研究、大众传播以及权威机构颁布的措施、准则或规章制度中，经常看到对其概念的片面理解或曲解。人们往往将循环经济与垃圾处理或产品回收再利用联系起来。这些确实是循环经济中的重要环节，但如果将循环经济局限于此，无疑是对这一新经济模式的误读。因此，我们必须寻找一个正确且被普遍认可的定义，以确保对循环经济概念的正确理解和应用。

实际上，正如前文所述，"循环经济"意味着将传统的"线性"生产消费模式转变为一种全新的模式。在线性模式中，生产、消费和废弃按照一种单向的方式发展，而在循环经济中，整个生产消费过程的每个环节的目的和组织方式都会有很大的不同。循环经济的基本原则是在商品生产的过程中尽可能减少自然资源的使用，以降低生产活动对环境的影响。贯彻落实这一宗旨，就需要企业和社会推出一系列举措，设计生产出与以往普遍存在的产品在特性上截然不同的产品，例如，通过延长产品的使用寿命，加强对产品的维修、再生及再利用环节的重视，使某些废弃的产品成为另一个新生产周期的资源，形成生产、消费和回收的良性循环。这样，"垃圾"的定义也随之发生了改变。原本在某个生产过程中无用的"废料"，现在可以被视为"材料"，重新投入其他生产过程以继续发挥其作用。

推动循环经济的发展，需要我们重新定义生产者与消费者之间的关系。消费者不再仅是被动购买和消耗产品的角色，而应该成为积极的参与者。他们应有权获取产品信息、了解产品生产过程，以便评估产品生产是否遵循环境保护政策。此外，消费者还应有权对产品进行维修以延长其使用寿命，从而减少废弃物的产生。这些权利的行使可以在销售点实现，消费者需要全面评估产品是否及在多大程度上符合环保标准，并根据自己的判断决定是否购买该产品，从而在环境保护中发挥积极作用。

另外需要补充的是，作为新型生产消费模式的闭环环节，消费者行使其维修权利不仅标志着新型生产活动（特指维修活动）在本地市场的推广，而且这类活动只有在贴近消费者使用商品的地点才能发挥最大效用。换言之，循环经济的生产方式促进了新型生产活动在当地的兴起与扩散，进而强化了地方经济体系。商品维修若能在消费者生活与工作的附近区域进行，便能更有效地满足消费者的实际需求。

值得强调的是，考虑到意大利是欧盟成员国，以及意大利积极参与欧盟各项法规的制定、批准和执行这一情况，我们应当首先明确近年来欧盟通过并正在实施的相关政策、法规和计划。简言之，在循环经济议题上，在全欧盟范围内共同商议和决策是至关重要的。在公共部门和私营企业的共同努力下，意大利将继续积极参与欧盟循环经济相关措施的制定和批准，并确保这些措施在本国得到有效实施。在这方面，欧盟委员会于 2015 年 12 月 2 日通过的"循环经济一揽子计划"，2009 年 12 月 11 日提出的欧洲可持续发展总体战略"欧洲绿色新政"，以及 2020 年 3 月 11 日基于"欧洲绿色新政"发布的新版"循环经济行动计划"，都具有举足轻重的地位。其中，新版"循环经济行动计划"中的举措更是涵盖了从设计、消费到二次利用的整个产品生命周期，旨在促进欧洲经济更加适应绿色未来，在保护环境的同时提高其竞争力。该计划赋予了消费者新的权利，并提倡在生产过程中减少自然资源使用。

一　欧盟发展循环经济的战略与政策

欧盟是一个独一无二的国际组织，同时具有超国家性质、主权共享及成员国密切合作等特点。该组织致力于在国家利益与共同目标之间寻找平衡，并建立了复杂的立法和决策体系。欧盟委员会前主席若泽·曼努埃尔·杜朗·巴罗佐曾说过，"欧盟不仅是一个政府联盟，更是一个新型的政治实体"。同时，欧洲共同体的创始人之一让·莫内也认为，欧洲共同体的目标不仅在于"联合各个国家"，还在于"联合全人类"。

在各成员国的深度合作与文化交融背景下，欧盟在多个维度上充分展现了其文化特质。随着时光流转，这种文化交融对当代思想、意识形态和运动产生了或积极或消极的深远影响。除此之外，欧盟作为拥有数十年历史的政治实体，率先提出了经济社会模式的可持续性的概念。在 1992 年签署的《马斯特里赫特条约》（也称《欧洲联盟条约》）中，欧盟要求其成员国承诺促进经济、社会和环境的可持续发展，并在第 21 条中再次强调了这一概念。该条款明确指出，作为外交政策的指导原则之一，欧盟致力于促进可持续发展和公平贸易。从这一视角看，欧盟对 1973 年石油危机引发的议题以及"罗马俱乐部"在《增长的极限》报告中提出的观点有着深刻的理解。

在时任挪威首相布伦特兰（Gro Harlem Brundtland）担任联合国世界环境与发展委员会主席期间，该委员会于 1987 年发布了《布伦特兰报告》，又称《我们共同的未来》。[①] 这份报告首次提出了"可持续发展"的概念，为欧盟条约的起草提供了重要启示。不仅如此，报告中确立的一些关键概念也在日后欧盟设立相关议程时发挥了基石作用，以下列出五个关键概念并做简单讨论。

- 可持续发展：报告中将可持续发展定义为"既满足当代人的需求，同时又不损害后代人满足其需求的能力的发展"。这句话强调了经济发展、社会进步和环境保护三者之间的平衡，现已成为可持续发展理念的基本定义之一。
- 三重底线：报告强调，企业在制定政策和开展实践时，必须全面考虑

---

① World Commission on Environment and Development, *Our Common Future*: *Report of the World Commission on Environment and Development*, 1987.

三个核心要素——经济（利益）、社会（人）和环境（地球）。这一概念促进了"利益相关者经济"理念的推广，并已成为以可持续发展为指导原则的众多公司和组织的重要指导方针。

- 经济与环境之间的相互联系：报告着重指出，经济与环境之间存在密切的联系，人类在经济领域的各种活动都会对环境产生深远的影响。

- 代际责任：报告强调，当代人在做出决策时必须充分考虑到子孙后代的利益，确保我们的行为不会对他们的福祉造成任何不利影响。

- 全球治理：报告强调，全球治理和国际合作是应对全球环境和社会挑战的必要条件。

可以说，《布伦特兰报告》在全球范围内对可持续发展的讨论产生了深远影响。然而，只有欧洲将这一理念正式纳入《欧洲联盟条约》，并构建了世界领先、全面且先进的发展与监管框架。自1992年《欧洲联盟条约》签署以来，欧盟在可持续发展进程中取得了众多具有里程碑意义的关键进展，相关文件如下。

- 2000年提出的"里斯本战略"：此战略明确设立了一个宏伟目标，即"使欧盟成为世界上最富竞争力的、最有活力的、以知识为基础的经济体，通过提供更多就业机会和增强社会凝聚力实现可持续的经济增长"。

- 2010年提出的"欧洲2020战略"：该战略重新确立了欧盟的可持续发展目标，重点在于推动创新、促进就业、加强教育以及增强社会包容性。

- 2015年提出的"循环经济一揽子计划"：欧盟委员会通过的"循环经济一揽子计划"由一系列指令和实施条例构成，主要内容涉及优化回收利用、减少资源浪费以及促进再利用等方面。

- 2016年通过的《巴黎协定》：尽管该协定本身并非欧盟法律，但由于气候变化的严峻形势，欧盟已正式加入《巴黎协定》，并承诺减少温室气体排放，促进可持续发展。

- 2018 年提出的"可持续金融行动计划"：欧盟委员会于 2018 年 3 月发布了首个"可持续金融行动计划"。该计划为可持续发展理念融入欧洲金融领域奠定了重要基础。

- 2019 年提出的欧盟《非财务报告指令》（NFRD）：2019 年 3 月，欧盟委员会正式通过了《非财务报告指令》，要求所有在欧盟运营的上市公司必须在定期报告中详细披露非财务信息，包括环境、社会和治理（ESG）三个方面，这些信息均与可持续发展战略目标密切相关。此外，2019 年，欧盟还特别成立了专门的工作组来制定可持续活动的分类标准。

- 2020 年提出的"可持续金融行动计划"：欧盟委员会于 2020 年 8 月通过了更新后的"可持续金融行动计划"，在 2018 年行动计划的基础上进一步扩大了可持续金融领域的倡议和目标。

- 2021 年"适应 55"一揽子计划：2021 年，欧盟提出了一项名为"适应 55"（Fit for 55）的一揽子计划。这是一套与环境和气候政策有关的立法建议，旨在推动可持续发展并实现减排目标。

- 2022 年 5 月提出的"REPowerEU"计划：该计划的主要目标在于尽快摆脱对俄罗斯化石能源的依赖，并提高欧盟在能源领域的独立性。为了达成这一目标，欧盟将着重推动现有能源结构向以清洁能源为主转型，并积极与各方合作，构建一个更为坚韧的能源体系。此外，该计划还包含一系列关于循环经济的明确规定。

不难看出，在新冠疫情发生后，欧盟构建可持续发展的政策框架的速度显著提升，目前正处于最终的完善阶段。根据《巴黎协定》的内容，大部分相关措施预计在 2030 年前正式实施。欧洲政策框架的核心目标之一是在全球范围内发挥积极的推动作用。实际上，所有欧洲企业的价值链均受到欧盟法律规定的监管，同时也能从欧盟的激励体系中受益。同样的，向欧盟出口商品或服务的非欧洲企业也须遵守欧盟相关法律规定，同时也能获得相应的体系支持。

二 全球性危机与循环经济

自 2000 年以来，尤其在后疫情时代，全球风险状况相较于 20 世纪发生了巨大改变。例如，世界经济论坛发布的《2020 年全球风险报告》中，着重强调了当前危机的性质、严重程度和发生的可能性，危机在环境、社会、技术和地缘政治方面的体现越发明显。其中，环境危机已上升到最主要的位置，亟须重视和解决。①

在当前形势下，政府在借助传统货币政策和财政政策来调控经济变量时将面临越发严峻的挑战。尽管这些政策在短期内可能产生一定的效果，但它们无法从根本上解决引发危机的问题。一旦传统经济政策的效力减弱，危机往往会出现反弹，甚至以更为严重的态势呈现。此外，由于危机具有全球性的特征，局势将更加错综复杂。若未能在国际上实现有效的协同治理，将很难有效应对此类危机。如此看来，循环经济、矿产资源稀缺以及环境、社会和地缘政治威胁之间的紧密联系将越发明显。

为应对和缓解当前危机加剧的趋势，更大程度地使经济体系区域化，缩短和重组供应链、采用循环经济战略均有可能成为有效途径。循环经济战略不仅为矿产资源稀缺问题提供了解决方案，而且能有效降低与气候变化、社会紧张和地缘政治不稳定相关的危机和风险。事实上，这些因素相互关联，循环经济对构建更可持续、更具韧性的未来起到关键作用。我们应拓宽对可持续发展观念的理解，除了能源转型和去碳化，还应充分认识到传统线性模式对自然资源消耗的总体影响。

国际科学界在分析当前自然资源的消耗情况及储量后严肃指出，传统商品生产中使用的天然原材料日益稀缺，这给当前的发展进程带来了突出风险。据预测，未来 50~100 年内，许多用于生产日常用品的自然资源可能会变得稀缺，从而导致成本上升，增大各国以及国家内部的社会经济差异。以

---

① World Economic Forum, *The Global Risks Report 2020*, 13 Jan. 2020.

化石能源危机或谷物危机为例，此类危机虽由外部持续冲突引发，但其背后也隐藏着自然资源稀缺和不平等分配的问题。

针对当前状况，我们迫切需要转向一种新的模式，在创造价值的过程中，应尽量减少对自然资源的使用，甚至应该想办法促进地球资源再生，延缓地球超载日的到来，实现可持续发展。

在自然资源消耗的问题上，我们应该清醒地认识到，现在的消耗水平不仅没有得到有效控制，而且呈现持续上升的趋势。除了部分原材料因自身污染性较强在某些国家能达到较高回收率外，大部分自然资源的回收和再利用还处在很低的水平。大多数自然资源的回收率还不到 10%，甚至在某些情况下仅能达到 1%。

三　意大利发展循环经济的主要法律法规

在探讨此问题之前，有必要首先澄清两点：第一，自工业革命以来，线性发展模式导致自然资源的开采力度不断加大；第二，气候变化的根本原因是生产和消费水平的持续提高。正因如此，我们必须调整宏观经济体系，令其重新走上可持续发展道路。

关于这两点，我们必须深刻认识到，如果气候变化问题持续恶化，同时人类仍沿用线性发展模式开采自然资源，意大利就一定是面临风险最大的国家之一。造成这一现象的原因主要有以下三点。（1）意大利制造业所需的许多原材料都依赖进口，包括矿物、金属以及一些特殊材料，这使意大利经济在面对全球原材料价格波动以及地缘政治动态变化时显得较为脆弱。（2）意大利的能源供应在很大程度上依赖进口，如石油、天然气和煤炭等，这令其容易受到全球能源价格波动的影响。（3）因特殊的地理特征，意大利对气候变化十分敏感。意大利地形复杂，有众多沿海地区和山区，使其在面临洪水、山体滑坡和森林火灾等自然灾害时尤为脆弱。此外，农业在意大利的国内生产总值中占有相当大的比重，而这一产业也极易受到气候变化的影响。

为降低对外部资源的依赖，并寻求或构建起有能力应对未来百年间变化的社会经济体系，我们应当考虑采用一种更具循环性的生产模式。这种模式提倡对原材料进行循环再利用、使用可再生能源、保护土地资源以及采用适应能力强的农业模式。这些举措在应对未来挑战方面有着同等的重要性。

尽管可持续发展和循环经济概念较为新颖，但是意大利已通过一系列具有立法性质的措施以及公私合作的早期实践为其构建了坚实的文化基础，因而能够相对迅速地适应这一必要的变革。自 20 世纪 90 年代以来，意大利实施了一系列措施，强调循环利用、循环型生产和循环型消费的重要性，引发了全社会的广泛关注。举例来说，1997 年，意大利政府颁布了《龙基法令》（Decreto Ronchi），明确了垃圾分类的义务，并于同年成立了公共机构国家包装联合会（CONAI），主要职责是协调和监管包装垃圾的回收和循环利用工作。至今，已有约 76 万家公司加入该联合会。

在循环经济方面，意大利已出台多项法律法规以响应欧盟的政策，并制定了促进垃圾循环再利用以及可持续管理的具体实施方案。这些措施不仅是在履行欧盟义务，更是为了刺激创新，提升意大利生产体系的竞争力。在过去 15 年中，意大利颁布了以下法律法规。

- 第 30/2006 号法律（《2007 年预算法》）：政府引入财政措施以鼓励垃圾回收再利用。

- 第 152/2006 号法令（《环境合并法》）：包含有关废弃物管理的条款，推广废弃物分级原则，以减少废弃物的产生、实现废弃物再利用及再循环。

- 第 296/2006 号法律：包含一系列鼓励措施，以促进生产可再生能源和高效热电联产设备产出的能源。

- 第 88/2009 号法律（《环境一揽子计划》）：包含一系列提高能源利用效率、利用可再生能源发电以及减少温室气体排放的措施。

- 第 205/2010 号法令：实施欧洲指令，规范电池和蓄电池的生产和管理。

- 第 221/2015 号法律（《2016 年稳定法》）：制定一系列财政措施，保障废弃物的回收和可持续管理。

- 第 205/2017 号法律（《预算法》）：第 1 条第 122 款规定，由意大利国家新技术、能源和可持续经济发展署（ENEA）以及意大利生态转型部的循环经济总局（DGEC）共同牵头管理一个由活跃在磷循环领域的利益相关者建立的工作平台。自 2019 年以来，该平台在监管、技术和市场方面持续开展工作，并得到了研究组织、公共和私营机构、企业以及第三部门实体代表的积极支持与参与。

- 第 231/2017 号法令：实施欧洲能源效率指令，提高能源利用效率和降低二氧化碳排放量。

- 第 3/2018 号法令（《循环经济一揽子计划》）：引入一系列促进循环经济的措施，包括废弃物的可持续管理、促进循环再利用以及扩大生产者责任等。

- 第 101/2018 号法令：实施关于一次性塑料的欧洲指令，限制使用部分塑料产品。

- 第 128/2019 号法律（《2019 年预算法》）：为促进可再生能源在生产中的利用以及向循环经济的转变，引入相应措施进行刺激和干预。

- 2021 年 4 月 15 日发布的"国家复苏与韧性计划"（PNRR）：这并非一部法律，而是一份 2021~2026 年实施的重要战略文件，其中包括对绿色转型和循环经济的投资。

- 生态转型部（MITE）在 2022 年 6 月 24 日通过第 257 号部长令，发布《国家废弃物管理计划（2022~2028）》（PNGR）：在这项计划中提到，为缩小全国工厂在相关技术和硬件方面的差距，将在地区范围内构建技术复杂的工厂网络，以有效处理电气和电子设备废弃物并回收关键原材料，以及研究开发相关技术以实现污泥中磷的回收。

- 生态转型部在 2022 年 6 月 24 日通过第 259 号部长令，发布《循环经济国家战略》（SEC）：该法令包含的主要举措有设立污泥材料回收厂以优化物质/养分（如磷）的回收，以及将核心注意力聚焦在关键原材料上。

- 2022 年 9 月 15 日经济发展部（企业与意大利制造部前身）和生态转型部（环境与能源安全部前身）联合发布部际法令，成立国家关键原材料技术委员会。在该委员会的规划蓝图中，最大的目标是重新调整城市中心的生产和消费模式，力争从所谓的"城市矿山"即废品中尽可能多地回收原材料。

与此同时，欧盟还颁布了一系列法律法规，以进一步促进企业披露非财务信息，提高可持续发展方面的信息透明度。从意大利发布的可持续发展报告及其赋予企业的各项新任务中可以发现，意大利已深刻认识到这方面工作的重要性，并已出台多项法律以积极响应欧盟的指令。根据法律规定，企业在公开财务业绩的同时，还需披露其对环境和社会造成的影响，以满足投资者和消费者在这方面的期待。目前，相关监管框架正在迅速发展，已有多项措施获批通过。

- 第 254/2016 号法令（第 88/2016 号《政府公报》）：法令规定公司有义务披露非财务信息和董事性别结构多元化方面的信息。此外，大型上市公司和涉及公共利益的公司必须公布有关环境、社会和员工方面的信息。

- 《可持续金融信息披露条例》（SFDR）：于 2019 年 6 月 22 日批准通过，自 2021 年 3 月起逐步实施。该条例旨在增强金融产品在可持续性方面的信息披露和透明度，要求市场参与者报告其在可持续发展方面的实践情况，并披露其如何将环境、社会和治理风险纳入投资决策流程。该条例旨在推动可持续金融的发展，为投资者提供更加清晰的金融产品信息。

- 《可持续发展报告编制指南》：经济发展部于 2022 年正式颁布，旨在为公司编写可持续发展报告提供明确指导，就如何将社会、环境和治理方面的内容纳入公司报告进行了详尽阐述。

- 环境报告：公司可自行选择是否撰写并提交环境报告，但对于那些经营活动对环境产生显著影响的公司，政府可能会强制要求其提交。

- 可持续性报告：第 208/2015 号法律第 3 条第 51 段规定，在欧盟境内上市的意大利大型公司的年度财务报告中必须包含可持续性报告。
- 《企业可持续发展报告指令》：于 2022 年 12 月 16 日批准通过，对企业的社会和环境影响报告提出了更严格且全面的要求。
- 其他标准和倡议：意大利许多企业在编写可持续发展报告时均以全球报告倡议组织（GRI）等国际报告的标准为参照。这些标准为如何报告环境、社会和经济效益提供了一个通用框架。

在遵循并执行欧盟指令的过程中，意大利坚定地兑现了其对可持续发展的承诺，不仅颁布了一系列符合欧盟要求的法律法规，而且积极重塑国家整体格局，旨在构建一个循环程度更高、责任意识更强的经济体系。

四　意大利的循环消费：国民倾向

循环消费是循环经济的一个重要组成部分，主要涉及消费者对产品的再利用、维修及翻新等行为。总体而言，这些消费者行为的核心目标在于延长产品生命周期，而这可能催生地方或区域范围内的新行业，为创业者提供新思路，因此具有重大意义。尤其是，对一些中小型企业而言，循环消费行为能够为其带来更多商业机会。同时，这些行为也为促进居民收入与社会进步之间的动态平衡起到了至关重要的作用。

在传统的"购买—使用—丢弃"的消费模式下，消费者习惯于频繁购买新产品。若能转变这一模式，坚持对已有产品进行重复使用和维修，将有力地促进本地维修和再利用服务等行业的发展，催生专业化的企业，这不仅有助于创造就业机会，还能推动经济和生产力发展。在意大利，电子产品、家用电器及服装等行业的翻新业务已成为循环经济的关键部分，并日益受到重视。在这些行业中，中小企业以合理的价格向市场提供优质产品，显著减少了资源浪费的现象。这一趋势有助于提升"意大利制造"在海内外的形象，推动本土手工艺复兴，为地区经济注入新活力，而且有助于降低整个经济体系对外部供应商的依赖程度。

为降低生产活动对环境的影响，参与循环消费的中小企业推广并实施了诸多效果显著的积极举措：①在宣传方面，这些企业成为标杆，大幅提升了消费者对可持续发展的认知水平；②在地方企业网格化的组织构建中，各企业通过在材料供应或其他专业领域的互利合作，促进了当地协同发展，实现了各方利益的共享；③这些企业将创新引入当地市场，使循环消费的相关产品更符合社区实际需求；④强化了中小企业在循环消费领域的领导地位，为地方和区域经济的可持续发展奠定了坚实基础。

众所周知，意大利的企业有卓越的手工制造能力和创新能力，这一优势使其能够在欧洲的创新实践中处于领先地位。然而，当前面临的主要问题在于消费者循环消费意识以及循环消费文化欠缺。社交媒体往往低估了循环消费，很少将其纳入循环经济的整体框架。同时，循环经济也经常被片面地理解为物质资源的循环利用，忽略了循环消费文化的重要性。因此，为了充分彰显循环消费文化的价值，各方还需要付出更多努力。

基于上述原因，我们认为在研究意大利的循环经济状况时，不仅要关注循环生产和物质资源的循环利用，还要重视循环文化以及由此衍生的消费文化，从这一角度出发，我们更有可能推动社会层面的重大变革。

有关这一方面，欧洲环境署于 2023 年发布了一份由循环经济网络（CEN）、意大利合作企业联盟（Legacoop）以及跨国调查咨询公司益普索（IPSOS）联合完成的调查报告。[①] 这份报告深入调查了意大利消费者对于循环消费模式的认知因素，并揭示了价值生产与不可再生资源消费之间逐步脱钩的趋势。该调查报告的结果显示，2020~2022 年，意大利消费者的消费取向呈现以下变化趋势：有 45% 的受访者购买过二手产品；相比之下，选择短期租赁、共享和长期租赁等服务的受访者仍是少数，分别占 26%、15% 和15%。这些数据显示出一个明显趋势，即人们对物品所有权的传统观念正在逐渐淡化。

---

① *5° Rapport sull'economia circolare in Italia−2023*，L'indagine sulle scelte dei consumatori italiani per l'economia circolare realizzata dal CEN e Legacoop in collaborazione con IPSOS, a cura del Circular Economy Network，maggio 2023.

　　该调查还显示，在未来消费意向方面，82%的受访者表示他们有意向购买二手产品，同时支持短期租赁、共享和长期租赁服务的受访者比例也有显著上升，分别达到64%、52%和55%。尤其在18~30岁的人群中，这一趋势更为明显。65岁以上的老年人群则更倾向于购买全新的产品。总的来说，有利于循环经济的新型消费模式在民众特别是年轻人群中的接受程度正在逐渐上升。未来预计将有更多的人倾向于选择短期租赁、共享或长期租赁私人交通工具，而购买二手产品或翻新产品的情况也会愈加普遍。

　　然而，尽管以上数据呈现乐观前景，但当前意大利的整体情况仍需关注。根据调查数据，61%的受访者更倾向于拥有商品的所有权；21%的人对此问题持无所谓的态度；而仅有18%的人更注重产品的使用权，而不关心其所有权问题。此外，根据这一调查结果，人们对使用非新产品和/或租赁产品仍然存在诸多问题和疑虑。尽管70%的意大利人意识到购买翻新产品或二手产品对环境有益，但仍有31%的受访者表示难以找到合适的商品，36%的受访者认为商品不可靠，46%的受访者表示商品不耐用。此外，社会上普遍存在对二手产品的偏见。调查显示，32%的受访者认为整个社会还未形成商品重复使用的习惯，28%的受访者更倾向于追求市场上的最新型产品，还有25%的受访者怀疑许多产品最初设计的使用寿命就很短。这些观点主要来自65岁以上人群和主要使用传统销售渠道购买商品的人。至于短期租赁和长期租赁，还存在官僚主义问题和金融机构复杂的担保系统准入问题。

　　在面对旧产品购买难题时，受访者普遍对被卖家欺骗的问题表示担忧，占比高达49%。而在旧产品出售过程中，31%的受访者表示，交货时间问题也是一大障碍。鉴于此，38%的受访者更倾向于将旧产品赠予亲友。为推动消费行为朝着更具循环性的方向发展，受访者表示将积极支持以下措施：降价、提供折扣、开展促销活动、增加产品可靠性信息、实施经济激励、推广在线销售、开展宣传活动以及采用认证系统等。

　　商品包装与循环经济有着密切的关系。在选择商品时，大多数意大利人关注包装材料是否可回收利用、回收材料制成的包装是否能够保证食品安全、使用后是否可以再次回收或另作他用以及产品是否存在过度包装等问题。

尽管从宏观角度出发，大众逐渐认识到自然资源的匮乏已成为一个不容忽视的公共问题，但调查数据显示，81%的受访者仍将个人拥有的物品视为衡量其财富水平的重要标准。同时，他们也普遍认为，个人的幸福感在很大程度上取决于其购买力的高低。这一点并非毫无现实依据，因为现在普遍认为，爱惜自己的物品、购买二手产品或翻新产品是经济状况不佳的表现。数据显示，仅有19%的受访者并不认同这一观点。

总体而言，在产品无法继续使用的情况下，是否对其进行维修在很大程度上取决于产品类型。如果产品无法维修，人们会倾向于将其作为可循环垃圾进行处理。如果产品具备回收再利用的价值，也有相当一部分人会选择妥善处理以使其再次发挥作用。

五 意大利的循环生产：基于"贝拉焦宪章"各项指标的评估

2012年，罗马俱乐部在贝拉焦研讨会上正式发布了"贝拉焦宪章"（Cartadi Bellagio），也被称为"贝拉焦循环经济原则"。该宪章的目标是推动线性经济向循环经济转型，并为此设定了一套具体的指导原则和标准。该宪章主要关注材料与废弃物的流动问题以及循环经济对环境和社会的影响。

"贝拉焦宪章"公布后，人们在评估欧洲各国循环经济的发展状况时，通常需要参照其中的指标。以下调查在参考上述指标的基础上，总结了意大利在"经济-生产系统"方面取得的主要成就。所有数据均来源于欧盟或意大利的公共统计资料，包括欧盟统计局（Eurostat）、意大利国家统计局（Istat）以及意大利国家环境保护研究所（Ispra）。

总体而言，通过分析原材料进口量与国内生产总值的走势，我们发现，尽管俄乌冲突及其对原材料价格的影响给经济增长带来了压力，2022年意大利国内生产总值仍实现了3.7%的增长，同时，矿物、金属、化石、生物质等原材料的进口量也在持续上升。根据 2017~2022 年的数据，经济增长与原材料进口量增加之间存在密切关联。化石能源进口量的大幅减少，主要受经济增长趋缓以及 2022 年俄乌冲突导致的原材料价格暴涨的影响，并非循环经济发展的结果。

针对原材料过度依赖进口的问题，欧洲和意大利的立法者已采取一系列措施，旨在激发并推动原材料的回收，尤其是针对那些在欧盟成员国工业体系中向来不够活跃的领域。为此，欧盟委员会于 2023 年 3 月 16 日提出《关键原材料法》的提案。该提案设定了四个核心目标：首先，每年欧盟经济体系中消耗的关键原材料，至少应有 10% 在欧洲本土进行提取；其次，这些原材料的加工过程至少应有 40% 在欧洲境内完成；再次，到 2030 年，至少应有 15% 的关键原材料来自回收和再循环活动；最后，来自单一非欧盟成员国的每种关键原材料的使用占比不得超过 65%。

在评估意大利回收利用活动的进展情况并与其他欧洲国家进行比较时，"贝拉焦宪章"所制定的指标具有重要参考价值。需要指出的是，虽然这些指标的图表在总体上相当复杂，超出了本文的讨论范围，但它们为评估意大利的循环经济状况以及与使用相同指标的其他欧洲国家进行比较提供了重要依据。通过以下七个关键指标，我们可以判断一个国家是否正在从线性模式向循环模式转变，即资源生产率、回收材料占比、废弃物产生量与材料消耗量之间的关系、废弃物回收利用率、可再生能源在能源消耗总量中的占比、产品维修服务、土地资源消耗量。

根据意大利和欧盟各官方机构已公布和更新的数据，我们对 2012 ~ 2022 年的各项指标进行了全面评估。

指标 1：资源生产率

资源生产率是衡量国内生产总值与国内资源消耗量之间关系的重要指标，它有助于我们深入理解和量化经济活动与自然资源消耗的关联程度。通过该指标，我们能够更为精确地评估经济行为对环境造成的压力程度。基于"贝拉焦宪章"指标所做的研究表明，每公斤自然资源的消耗能够创造 3.2 欧元的国内生产总值。此外，国内生产总值越高，其与资源消耗量的关联性就越弱，两者之间的关系呈现逐步脱钩的趋势。据欧盟统计局发布的数据，2012~2021年，意大利的资源生产率呈稳步增长趋势，增幅高达13%。这一增长率明显超过了法国、德国和西班牙等其他欧洲国家。①

指标2：回收材料占比

回收材料占比，是指回收材料在原材料总需求量中所占的比例，是生产中回收材料使用量与原材料总使用量的比例。该指标以百分比形式呈现，将重新投入生产周期的回收材料与工业生产中使用的原材料总量进行比较，可以较准确地反映一个国家资源循环的程度。总的来说，参考2010~2020年欧洲的数据，我们发现，2020~2021年，欧洲主要经济体的这一指标呈现显著差异。这种趋势可能与新冠疫情对生产过程造成的冲击有关。根据对相关数据的分析，意大利、法国和德国在回收材料占比方面的表现较为突出，但均未达到20%。需要指出的是，不同生产部门在回收材料占比方面存在显著差异。例如，金属行业的回收材料占比指数较高，意大利达到50%，法国为40%，德国也有30%。然而，这一优秀表现被建筑行业的低回收材料占比所抵消。在建筑业比重较大的国家，如西班牙，其回收材料的占比总体水平受到了很大影响。同样，意大利在政府采取激励措施以促进建筑业发展的阶段，如2020~2021年，其回收材料占比指数受到了较大影响。

指标3：废弃物产生量与材料消耗量之间的关系

该指数反映了废弃物总量和材料消耗总量之间的关系。材料总消耗量是国内材料消耗量、材料出口量和所有废弃物回收利用量的总和。在意大利，尽管废弃物的总量呈现上升趋势，但材料消耗总量呈现下降趋势。这一现象表明，意大利的废弃物回收利用率较高。

指标4：废弃物回收利用率

该指标可用于衡量送往回收站的废弃物在全部废弃物中所占的比重，直观地展示出重新投入生产的废弃物数量与家庭生活及企业生产过程中产生的

---

① 4° *Rapporto sull'economia circolare in Italia-2022*, a cura del Circular Economy Network, 2022.

废弃物总量之间的比例关系。由于该指标是以百分比形式呈现的，因此不受各国经济规模差异的影响。例如，如果我们单纯从绝对数量角度进行比较，德国在欧洲国家的废弃物回收量中居于首位，其次是意大利。然而，若我们同时将经济规模考虑在内，便可以明显观察到，意大利的回收利用政策实施效果更为显著，其废弃物回收利用率高达73%。不过，需要指出的是，这一指标并未涵盖所有类型的废弃物，例如建筑中使用的惰性材料、用于提升建筑物能源利用效率的材料以及土地回填（填平道路、填充道路空腔）项目中使用的材料等。此外，自20世纪90年代初以来，意大利在民用和工业垃圾分类收集方面实施了一系列政策，这些政策的积极成果在这项指标中也得到了充分体现。

指标5：可再生能源在能源消耗总量中的占比

根据欧盟颁布的《促进可再生能源使用指令（EU）2018/2001》中的相关规定，该指标旨在衡量可再生能源在总体能源消耗中的占比，进一步体现可再生能源对化石能源和核能源的替代程度。为推动欧洲向可持续发展转型，指令中还设定了2030年的目标，其中最为关键的目标是使可再生能源在欧洲所有能源消费中的占比提升至32%。

需要补充的是，随着"适应55"一揽子计划相关措施的实施，以及俄乌冲突引发的欧洲对可再生能源需求的增长，我们有必要对原先设定的战略目标进行重新考量。例如，在"适应55"一揽子计划中，欧盟委员会曾提议将可再生能源占比目标提高至40%；而在2022年5月18日发布的加速淘汰俄罗斯化石能源的"REPowerEU"计划中，这一目标被进一步上调至45%。在欧盟内部，瑞典的表现尤为出色，当前其可再生能源在总能源需求中的占比已超过60%，居于领先地位。与此同时，在非欧盟国家中，受益于欧盟睦邻政策的挪威和冰岛，其可再生能源占比分别在70%和80%以上。基于这些数据，确实需要对当前的标准进行重新评估。意大利官方数据显示，可再生能源供应量在2021年增长了35%，2022年增长了31%，呈现明显的增长态势。

综上所述，欧洲可再生能源的规模和应用范围正在迅速扩张。为促进可再生能源产业的进一步发展，监管部门已优化相关审批流程。展望未来，随着一系列积极措施的落地，能源生产厂数量将稳步增加，新项目启动速度也将显著提升，可再生能源领域的增长势头有望进一步增强。

指标6：产品维修服务

延长产品使用寿命是循环经济的一个关键因素：它既有助于提高资源使用效率，又能降低废弃物的产生，具有一举两得的作用。无论是回收再利用还是进行维修，都能有效地延长产品的使用寿命，从而减少不必要的浪费。

从欧盟统计局2020年发布的数据来看，意大利拥有近2.4万家专门从事电子和个人用品维修的企业，这些企业的业务范围涵盖服装、鞋类、手表、珠宝和家具等领域。在欧盟前五大经济体中，意大利的维修企业数量位列第三，仅次于法国和西班牙。数据表明，法国拥有的此类企业数量超过3.53万家，而西班牙的数量超过2.91万家。

然而，深入分析过去10年的数据会发现，意大利此类企业的数量减少了2622家，相较2011年下降了约10%。同时，波兰也呈现类似趋势，此类企业的数量减少了1394家。但相比之下，西班牙此类企业的数量增长了8707家，法国增长了1261家，德国增长了946家，均呈增长态势。在产值方面，2020年意大利此类企业创造了超过21亿欧元的产值，相较于2011年增长了约1.22亿欧元。若与其他国家进行比较，就会发现意大利创造的产值远低于法国（45亿欧元），与西班牙（21亿欧元）持平，略高于德国（20亿欧元）。在就业领域，2020年意大利维修行业从业人数超过10800人，相较于前一年减少了约1500人，与2011年相比更是减少了近2300人。而德国、西班牙和法国的维修行业从业人员数量是意大利的2倍以上。

指标7：土地资源消耗量

该指标用于评估人类行为所消耗的土地资源数量，具体涵盖新建筑和基础设施的建设、城市的扩张、城市发展过程中的土地使用密度以及城市区域内土地用途的转变等，是经济向循环模式转变过程中的关键指标。

2018年，欧盟27国土地资源消耗量占比达到4.2%。在欧盟前五大经济体中，波兰的土地资源消耗量最低，占比为3.6%；紧随其后的是西班牙，占比为 3.7%；法国、意大利和德国分别为 5.6%、7.1% 和 7.6%。
2009~2018 年，这五个国家的土地资源消耗量均呈增长趋势。然而，各国的
增长速度存在差异。意大利是增幅较小的国家，仅为 0.07%；而德国的增
幅最为明显，增长了 0.7%。以可持续的方式限制和管理土地资源消耗对于
保护自然资源和促进循环经济发展至关重要，而发展循环经济的目标是提高
资源利用效率和减少人工区域对环境的影响。意大利国家环境保护研究所
（ISPRA）公布的数据显示，2019~2020 年，意大利的土地资源消耗量进一
步增加，增幅为 0.24%。与其他经济体相比，意大利在土地消耗量方面处
于较突出的地位。因此，意大利迫切需要以可持续的方式对土地资源消耗进
行限制和管理。这不仅对保护环境和节约资源至关重要，还有助于推动循环
经济的发展。在限制土地资源消耗的过程中，循环经济的核心目标在于提高
土地资源的利用效率，并尽量减少对环境的负面影响。

六 结语

欧盟是促进可持续发展的领导者，将"三重底线"原则、代际责任以
及经济与环境关系等原则纳入《欧洲联盟条约》，并制定了先进的监管框
架。从 2000 年的"里斯本战略"至 2021 年的"适应 55"一揽子计划，欧
盟的各项政策均展现了其对于 2030 年之前实现更高可持续发展目标的坚定
决心。欧盟的全球视野进一步凸显了其在可持续发展中的主导地位。

在对全球性经济冲击进行评估的过程中，我们深刻认识到了实施可持续
战略的紧迫性，也认识到了发展循环经济与应对资源稀缺以及应对环境、社
会和地缘政治风险三者之间的密切联系。

在外部风险陡增和气候变化加剧的严峻形势下，意大利在循环经济领域
取得了一定的进展，但仍需付出更多努力以应对持续存在的风险和源源不断
的挑战。就经济数据的分析结果而言，意大利的经济增长在很大程度上依赖
原材料的进口，这对意大利乃至整个欧盟都是一个重大的挑战。因此，意大
利应高度重视这一问题并采取了有效的应对措施。由意大利《国家废弃物

管理计划（2022~2028 年）》可见，在促进资源循环利用并减少对外国原材料的依赖方面，意大利有强烈的意愿。此外，为实现更高效的循环经济，可持续的土地和矿产资源管理也是至关重要的。

对当前循环经济状况进行深入剖析后发现，意大利正面临前所未有的机遇与挑战。为实现经济可持续发展，应重点关注那些能够为当地创造价值的商品，推动这类商品的再利用和翻新，避免不必要的资源浪费。这对于中小企业尤为重要。与此同时，发展循环经济的文化土壤亦不可或缺，但当前文化障碍和行业习惯依然根深蒂固，严重阻碍了这一进程，尤其体现在维修行业的日渐衰退上。尽管大众对资源紧缺有了更清醒的认识，但在实际操作层面，仍需付出巨大努力才能彻底突破这些文化桎梏和认知局限。

总之，在迈向循环经济的过程中，我们面临诸多挑战，对此意大利和欧盟均表现出了坚定的决心。我们深刻认识到这一转型为经济领域的专业人士和民众带来的机遇，同时也深知推行相关政策的复杂性。为了确保相关战略的有效实施，并尽快实现可持续发展的目标，以下需求显得尤为迫切：首先，必须推动循环文化的发展，使民众和经营者深入理解这一结构性变革的重要性和影响；其次，需要采取有效且平衡的方式实施一系列可持续发展的政策；最后，要继续加强国际合作，共同应对全球性挑战。

（孙珊 译，文铮 校）

B.9
意大利高等职业技术教育的定位、特色及当前改革

邢建军*

摘　要:　为适应新时期科学技术快速发展的趋势，满足企业对数字化转型、能源转型、技术创新和技术转移等领域新型高级专业技术人才日益增长的需求，同时围绕发展经济和提高产业竞争力的战略需要，意大利政府于2008年通过立法，于2010年正式建立起高等教育层次的高等职业技术教育体系，成立了高等技术学院（ITS）。2022年，意大利又对高等职业技术教育体系进行改革，为高等技术学院更名，同时明确了加强高级专业技术人才培养、关乎国家战略的十大重点技术领域。本文主要对意大利高等职业技术教育的功能定位、高等技术学院的运作方式、人才培养的特点以及2022年启动的改革等进行较为系统的梳理与分析，并且总结出几点认识和启示。

关键词:　意大利　高等职业技术教育　高等技术学院

引　言

意大利有关职业教育（Istruzione Professionale）的第一部立法可追溯到

---

* 邢建军，博士，意大利教育中心协会（Uni-Italia）中国区主任，曾任中华人民共和国驻意大利共和国大使馆经济商务参赞处一等秘书（2005~2010年），主要研究领域为意大利高等教育体系及其法律法规、意大利高等教育史、中意高等教育交流等。

1859 年。① 根据当时的"卡萨帝教育法"（Legge Casati），意大利正式确立了国家的职业教育制度并承诺国家对职业教育的财政支持。1928 年，意大利政府确认由公共教育部负责管理劳动者技能培训工作的组织与实施。当时，技术学院（Istituti Tecnici）是主要从事职业技能培训的机构。1938 年，意大利在全国专门设立职业培训学校（Scuola Professionale），但受到战争影响，这类学校的活动处于停滞状态。二战结束后的 1948 年，意大利政府根据意大利宪法第 117 条的规定重新确立了国家的职业培训制度，明确由大区负责国家"手工业技能与职业教育"。根据意大利宪法第 118 条，职业类培训资格认定、培训学校的建立等事项的行政管理由大区教育主管部门负责。1967 年，意大利颁布法律将职业教育纳入高中教育体系，由意大利公共教育部负责管理。1969 年，随着高中毕业考试制度的引入，意大利确定与高中教育平行的职业教育课程学制为五年，职业教育毕业生通过毕业考试后同样具有升入大学的资格。20 世纪 70 年代至 21 世纪初，意大利的职业教育人才培养模式基本上由三年与高中相同的通识教育加上两年职业教育构成。经过职业教育培训并取得学历的学生有相当一部分选择直接就业。职业教育的大部分专业技能课程仅涉及服务业（如农业和农村发展、社会医疗、餐饮、酒店服务、商业销售和财会等）和工业-手工业（如工业与手工业生产流程、设备维修与技术操作等）。② 在上述阶段，意大利经历了多次政府更迭，虽然围绕国家职业教育政策、财政支持、职业教育行政隶属关系等方面几经调整，但是职业教育制度总体上并未出现根本性的变化。直到 2010 年，意大利还没有一个针对高级专业技术人才培养的定位明确和职能清晰的高等教育办学层次的职业技术教育体系，而这在一定程度上制约了意大利的企业创新能力和国家竞争力。意大利大学毕业生并不能满足企业对高级专业技术人才的需求，这导致每年有一定规模的大学

① "Breve storia degli istituti professionali"，https：//www.istitutopesenti.it/documenti% 20utili/storia-istruzione-formazione-professionale.pdf，最后访问日期：2023 年 12 月 20 日。

② Matteo Morandi，"Istruzione e formazione professionale in Italia：evoluzione dell'ordinamento e prospettive culturali"，*Hist. educ.*，33，2014，pp. 95-107.

毕业生很难找到工作，而企业又很难招聘到所需要的人才。究其原因，主要还是择业者掌握的技能与企业要求不匹配。

自 2006 年开始酝酿，2008 年颁布总理法令（DPCM），至 2010 年，意大利政府正式设立了高等教育层次的高等技术学院（Istituti Tecnici Superiori，ITS）。①随着科学技术的飞速发展，世界范围内对涉及生态转型、数字化转型、技术创新的人才的需求不断增加。作为欧洲发达工业国，近年来，意大利大力推进"工业 4.0"战略，其间出现了大量新型职业岗位空缺需要填补。此外，新冠疫情暴发后，意大利还依托"国家复苏与韧性计划"（PNRR）在教育领域出台了一系列配套措施。2022 年，意大利政府通过总理法令决定对高等职业技术教育进行改革。此次改革以提高意大利产业的国际竞争力为目标，提出在高等技术学院的基础上加大对高级技术人才的培养力度和扩展高级专业人才培养的技术专业领域，以适应新形势下国家和企业对新型高级技术人才的迫切需求。② 2022 年第 99 号法律明确将原来的高等技术学院的名称由"ITS"更改为"ITS Academy"，对应的意大利文全称为"Istituti Tecnologici Superiori -Academy"，还增加了高级技术人才培训的专业领域，并且首次对关乎国家和产业发展战略的新型职业资格标准进行了界定。③ 本文主要对意大利高等职业技术教育的功能定位、高等技术学院的运作方式、人才培养的特点以及 2022 年启动的改革等进行较为系统的梳理与分析，并且总结出几点相关启示。

---

① Decreto del Presidente del Consiglio dei Ministri, *Linee guida per la riorganizzazione del Sistema di istruzione e formazione tecnica superiore e la costituzione degli istituti tecnici superiori*, 25 gennaio 2008.

② "La riforma degli ITS è legge：si chiameranno Istituti Tecnologici Superiori e raddoppieranno gli iscritti", *La Stampa*, 12 luglio 2022, https：//www.lastampa.it/cronaca/2022/07/12/news/la_riforma_degli_its_e_legge_si_chiameranno_istituti_tecnologici_superiori_e_raddoppieranno_gli_iscritti-5438862/，最后访问日期：2023 年 12 月 20 日。

③ Ministero dell'Istruzione e del Merito, *Disposizioni concernenti le aree tecnologiche, le figure professionali nazionali di riferimento degli ITS Academy e gli standard minimi delle competenze tecnologiche e tecnico-professionali*, 14 novembre 2023, https：//www.miur.gov.it/-/disposizioni-concernenti-le-aree-tecnologiche-le-figure-professionali-nazionali-di-riferimento-degli-its-academy-e-gli-standard-minimi-delle-competenz，最后访问日期：2023 年 12 月 20 日。

一 意大利高等技术学院的功能定位

（一）意大利高等技术学院（ITS）简况

高等技术学院（ITS）是意大利针对特定专业技术领域进行高级专业技术人才培养的机构，在办学层次上属于非学位高等教育（formazione di livello post-secondario non universitario），是意大利高等职业技术教育的唯一机构。如前所述，建立 ITS 的主要目的是解决意大利企业的高技能人才的需求和人才供给之间的不匹配问题。根据 2008 年 1 月 25 日颁布的总理法令，ITS 于 2010 年正式设立，由意大利基础教育部（2022 年 11 月改名为"教育与功绩部"）负责管理，意大利经济发展部（2022 年 11 月改名为"企业与意大利制造部"）和各大区给予财政支持和拨款。ITS 的课程由各大区结合当地产业特点和对高级专业技术人才的实际需求进行规划与设计。为了令高技能人才的培养更具针对性，ITS 的管理与运作引入基金会机制，培训学校或培训机构、大学或高等艺术学院（AFAM）、研究机构或研究中心、有关行业协会、当地政府机构以及行业企业为基金会的实际参与方。基金会参照国家确定的标准采取公-私合作管理，以非营利方式运作。基金会法人在所在地行政公署登记，依法取得法人资格，所在地行政公署依据民法有关规定对基金会进行监督。重点行业企业的参与是该机制的核心。根据意大利国家教育创新研究所（INDIRE）的统计，2010~2023 年，ITS 的数量已达到 146 所，开设涉及主要技术领域的课程 833 个，共有 21244 名在校生和 3100 个合作伙伴。[①] 近年来，越来越多的企业和基金会有意加入高等职业技术教育机制，涉及的技术领域也越来越多。根据意大利政府的规划，在 2026 年之前，ITS 的注册学生数有望翻一番。2022 年，意大利教育与功绩部部长瓦

---

① INDIRE, "ITS-Istituti Tecnologici Superiori", https：//www.indire.it/progetto/its-istituti-tecnici-superiori/dove-sono-gli-its/，最后访问日期：2023 年 12 月 20 日。

尔迪塔拉（Giuseppe Valditara）指出，"事实证明，ITS 模式是一种高效率和高质量的培养高级专业技术人才的模式"①。

（二）高等技术学院（ITS）的定位以及与大学教育的区别

ITS 的办学层次与大学相同，属于高等教育学校。ITS 的入学资格要求与大学相同，学生需完成至少 12 年基础教育，获得高中文凭后才能参加单独组织的入学考试，考试通过后才可正式注册。通常来说，ITS 的入学考试难度不亚于大学入学考试，所有专业均有名额限制，门槛较高。此外，学生还需具备一定的外语能力。ITS 的学制分为两年制和三年制，两年制课时数为 2000小时，三年制课时数为 3000 小时。与两年制课程相对应的欧洲职业资格框架等级为 5 级，而三年制对应的等级为 6 级。两年制或三年制课程的培养方案和课程计划根据具体专业的培养目标制定，同时参照政府制定的岗位职业资格标准。例如，飞机维修高级技师、船舶操作、船上装置设备管理高级技师的课程均为三年制。② ITS 为毕业生颁发高级技师文凭（Diploma di Tecnico Superiore），此类文凭在意大利通用。值得一提的是，ITS 在授予高级技师文凭的同时还为毕业生授予欧洲高等教育文凭补充证书，这使意大利的高级技师文凭在欧洲也得到广泛承认。与大学不同，在人才培养模式方面，ITS 更加强调和突出实践教学与实习，大量的知识与技能通过实践课程、企业实习获得，目的是令学生在毕业后能够快速适应企业的用工需求。

需要指出的是，ITS 的人才培养模式并非高中阶段教育的延伸，也不同于意大利曾推行的大学短期学制文凭（Laurea Breve）教育。③ 虽然与 2018

① Riccardo Pieroni, "Per Valditara gli ITS hanno la stessa dignità delle università", 9 dicember 2022, https://tuttoits.it/its-valditara-uguale-dignita-universita/，最后访问日期：2023 年 12 月 20 日。

② "Disposizioni concernenti le aree tecnologiche, le figure professionali nazionali di riferimento degli ITS Academy Atto del Governo 80", https://documenti.camera.it/leg19/dossier/pdf/CU0058.pdf?_1702267395440，最后访问日期：2023 年 12 月 20 日。

③ "La laurea breve compie 10 anni", La Stampa, 4 Agosto 2010, https://www.lastampa.it/cultura/scuola/2010/08/04/news/la-laurea-breve-compie-10-anni-1.37003080/，最后访问日期：2023 年 12 月 20 日。

年一些意大利大学尝试设立的就业导向型本科课程①有相似之处，但 ITS 的"精髓"是以企业人才需求导向配置教学资源，企业在人才培养过程中发挥关键作用，学生获得的知识与技能与企业需求的契合度高。总体而言，ITS 具有较为清晰的办学定位，即满足企业对创新型人才的需求，这种办学定位使人才培养在增进知识、提升能力和提高技能三个维度间达到较好的平衡。

（三）高等技术学院（ITS）人才培养的重点技术领域

意大利是仅次于德国的欧洲第二制造业大国，其在诸多高新技术制造业领域拥有强劲竞争力。近年来，为促进经济发展和提升国家竞争力，意大利政府结合本国实际情况确定了需要加强高级专业技术人才培养的六大重点技术领域：能源效率（Efficienza Energetica）、可持续交通（Mobilità Sostenibile）、生命科学新技术（Nuova Tecnologia Della Vita）、意大利制造（Made in Italy）、旅游业与文化遗产（Turismo e Bene Culturale）、信息与通信技术（ICT e Comunicazione）。这些领域正在经历数字化转型、生态转型和可持续发展带来的深刻变革，相关企业尤其是中小企业急需掌握新技术的高级专业化人才。当前意大利正在推行"工业 4.0"战略，数字化、人工智能、物联网、新能源技术等已渗透到制造业、服务业的多个部门。企业在技术创新和技术转移过程也会创造出大量的新型技术岗位。在此背景下，意大利政府基于上述六大重点领域，制定了相关高级技师的岗位资格标准，如企业自动化与机器人、网络安全、文化创意产业数字化高级技师等。ITS 根据岗位资格标准以及企业分布的地域特性来制订课程培养计划。②

---

① Ministero dell'Istruzione e del Merito, *Decreto Ministeriale n. 446 del 12-08-2020-Definizione delle nuove classi di Laurea ad orientamento professionale in professioni tecniche per l'edilizia e il territorio* (*LP-01*), *professioni tecniche agrarie, alimentari e forestali* (*LP-02*), *professioni tecniche industriali e dell'informazione* (*LP-03*), 12 agosto 2020, https://www.miur.gov.it/web/guest/-/decreto-ministeriale-n-446-del-12-08-2020-definizione-delle-nuove-classi-di-laurea-ad-orientamento-profes sionale-in-professioni-tecniche-per-l-edilizi，最后访问日期：2023 年 12 月 20 日。

② "Disposizioni concernenti le aree tecnologiche, le figure professionali nazionali di riferimento degli ITS Academy Atto del Governo 80", https://documenti.camera.it/leg19/dossier/pdf/CU0058.pdf?_1702267395440，最后访问日期：2023 年 12 月 20 日。

二 意大利高等技术学院人才培养模式的特点

基于对 2010 年以来意大利高等技术学院办学及人才培养等方面的梳理，本小节尝试总结其人才培养模式的特点与优势。

（一）高等技术学院（ITS）人才培养的主要特点

首先，与一般的职业教育和大学教育不同，ITS 的人才培养模式主要针对企业急需的创新型技术人才来设计。技术领域涉及数字化、人工智能、大数据、新材料和新能源等方面的高度专业化技术，课程难度较大，对学生的个人素质和学习能力也提出较高要求。ITS 的人才培养模式强调理论与实践并重，首先要培养学生掌握相关领域的基本理论知识。与一般意义上的"技艺"和"工匠"知识传授不同，ITS 要求毕业生具备系统性解决问题的能力、对所掌握知识的系统"集成"能力以及基于相关项目的系统性设计能力和创新能力。

其次，ITS 的人才培养模式的另一独特之处在于企业发挥关键作用。ITS 的培养计划和课程设置由相关行业的企业参与制定，因此课程的针对性、实操性更强。此外，企业还参与 ITS 学生入学资格的筛选、实习课程的规划以及为一些特殊人才岗位提供学徒制合同等，在 ITS 人才培养的全过程都扮演重要角色。

最后，ITS 采取特殊的教学方法，除进行理论课授课之外，还安排学生到企业实习，学生通过参与实操性项目获得与实践需求匹配的知识和技能。学生在企业实习过程中采用边学习边工作的模式。根据意大利基础教育部（教育与功绩部）的规定，在 ITS 的学生培养计划中，学生在企业特定生产岗位的实习课程（stage）学时占比不得低于总学时数的 30%。迄今为止，绝大多数 ITS 学生的实习学时数都能达到 800 学时。

（二）高等技术学院（ITS）人才培养模式的优势

第一，ITS 教学机构的软硬件条件优越。根据意大利基础教育部（教育与功绩部）的规定，ITS 中至少有 50%（有些甚至高达 70%）的教职人员来自一线的生产或管理岗位，有些是企业负责技术部门的高层管理和研发人员。此外，得益于国家的专项经费投入以及企业的配套设施，ITS 拥有较为先进的教学设备和教学设施，从而能够较好地满足教学要求，同时也能让学生尽早接触和熟悉行业的先进技术装备，这也是 ITS 与一般职业技术培训的一个重要区别。

第二，通过在企业实习，学生可尽早熟悉企业的工作规则、管理模式、企业文化、行为规范、特定工作环境以及企业与劳工关系等方面的情况。与此同时，学生通过实习可向企业展示自己并赢得企业认可，从而为今后正式进入实习企业或相关企业打下良好的基础。[1]

第三，ITS 的学制短。ITS 的学制主要为两年制，一些面向特殊岗位的专业的学制为三年制（需要获得特殊资格证书）。两年制的总学时数为 2000 小时，其中，1200 小时为课堂与实验室教学，800 小时为企业课程实习，即在企业实际生产岗位上的实习。三年制课程的总学时数为 3000 小时。

第四，ITS 学生可与企业签订独特的三级学徒制合同。2015 年 10 月 12 日，意大利劳工与社会政策部、基础教育部、大学与科研部、经济与财政部共同颁布部级法令，允许年龄为 18~29 岁的 ITS 学生在读期间与企业签订最短六个月、最长两年的雇佣合同，也称为三级学徒制课程（Apprendistato di III Livello）合同。对于学生而言，在获得专业技能的同时，可为获得正式的雇佣合同进入劳动力市场做好准备，学习期间还能享受劳工权益、社会保障并且与企业雇员享有同等权利。而与学生签订三级学徒制合同的企业则可享受社会保障的税收减免和其他税收优惠，同时还有机会通过这一机制提前挑选有发展潜力的毕业生。[2]

第五，ITS 毕业生的就业率较高。根据意大利国家教育创新研究所的统

---

① "Per un sistema di istruzione e formazione professionale/15 – L'esperienza dell'ITS Angelo Rizzoli. Intervista a Roberto Sella", *Bollettino ADAPT. it*, https：//www. bollettinoadapt. it/per-un-sistema-di-istruzione-e-formazione-professionale-15-lesperienza-dellits-angelo-rizzoli-intervista-a-roberto-sella/，最后访问日期：2023 年 12 月 20 日。

② "Apprendistato di terzo livello：tutto quello che c´è da sapere", *ANPAL Servizi*, https：//anclbari. it/public/news/Apprendistato%20di%20terzo%20livello. pdf，最后访问日期：2023 年 12 月 20 日．

计数据，86.5%的 ITS 毕业生在获得专业文凭一年内就业，可见通过 ITS 的人才培养模式获得专业技能成为高度专业化技术人才是实现就业的"快速通道"。同时，通过这种模式，企业可以拥有一个高度稳定的和与企业的高度专业化人才需求充分匹配的人才来源渠道；学生和企业间的"对接"更加精准。① 另据 Almalaurea（2022）的统计数据，同期 ITS 学生的就业率（80%）高于本科生（74.5%）和硕士研究生（74.6%）的就业率，ITS 的就业学生中有 91%从事的工作与其接受教育的技术领域一致。② 根据统计，ITS 毕业生平均薪资为税后 1200 欧元；一些技术岗位的平均薪资超过税后 1500 欧元，如与可持续交通有关的岗位。③

第六，ITS 毕业生的整体满意度高。除了学制短、就业率高等优势外，得益于中央政府和大区政府的财政支持，ITS 的学生每年仅需缴纳平均 650 欧元的注册费，无须缴纳学费，除生活费之外几乎无其他额外支出。另外，学校还设立不同类型的奖学金以支持学生的学业。根据意大利国家教育创新研究所所做的 ITS 毕业生调查（2023），毕业生对 ITS 的总体满意度达到 81%，对教学质量的满意度高达 94.1%。另外，55%的课程与"工业 4.0"使能技术（enabling technologies）具有较强的关联度。④

第七，通过与意大利大学互认学分，ITS 学生也可获得高等教育学位。

---

① ITS Academy，"l'86，5% dei diplomati trova lavoro entro un anno：Dal monitoraggio INDIRE 2023 i risultati migliori di sempre"，https：//www. indire. it/2023/10/19/its-academy-l865-dei-diplomati-trova-lavoro-entro-un-anno/，最后访问日期：2023 年 12 月 20 日。

② AlmaLaurea，"Summary of the 24th Survey on the Occupational Condition of Graduates"，2022 AlmaLaurea Report，https：//www. almalaurea. it/sites/default/files/2022-09/sintesi_ occupazione_ rapporto_ 2022_ en. pdf.

③ "Summary of the 24th Survey on the Occupational Condition of Graduates（the 2022 Alma Laurea Report）"，https：//www. almalaurea. it/sites/default/files/2022-09/sintesi_ occupazione_ rapporto_ 2022_ en. pdf，最后访问日期：2023 年 12 月 20 日。

④ INDIRE，"Struttura di Ricerca 6 - Formazione terziaria professionalizzante per il sistema produttivo e le aree tecnologiche strategiche nazionali. Modelli di sviluppo delle competenze per il mondo del lavoro：Istituti Tecnici Superiori（ITS）"，https：//www. indire. it/strutture-di-ricerca/struttura-di-ricerca-6-formazione-terziaria-professionalizzante-per-il-sistema-produttivo-e-le-aree-tecnologiche-strategiche-nazionali-modelli-di-sviluppo-delle-competenze-per-il-mondo-del-lavoro/，最后访问日期：2023 年 12 月 20 日。

ITS 学生在修完全部课程且考试合格后视为取得大学 120 学分，之后可注册意大利大学第三年课程，累计取得 180 学分后，即可获得学士学位证书。

三　当前意大利高等职业技术教育体系改革

在欧洲，德国、法国、瑞士等国都先于意大利建立起大学层次的高等职业教育体系，如德国的高级技术学校（Fachhochschule）和法国的高级技术文凭学校（Brevet Technicien Supérieur）等。[①] 根据意大利阿涅利基金会发布的相关报告，2023 年，瑞士和德国的高中毕业生选择接受高等职业教育的比例分别为 45% 和 40%，法国和西班牙接近 30%，而在意大利，高中毕业生选择入学 ITS 的比例仅为 1.1%，与其他国家差距较大。[②] 这表明，虽然 ITS 已运作了十几年，且已被证明拥有多方面优势，但是对于高中毕业生的吸引力仍然不够大，亟待完善。在此背景下，2022 年，意大利政府通过当年第 99 号法律正式设立国家高等职业技术教育体系。该法律共 16 个条款，其实质性部分在于对前述 2008 年颁布的总理法令做出修订。[③] 如前所述，该法律将高等技术学院的名称从 "ITS" 更改为 "ITS Academy"。ITS Academy 依然采取基金会的运作方式。本小节对此次改革的要点做一梳理。

第一，在之前确定的六大重点技术领域的基础上，调整并增加了新领域。2022 年第 99 号法律共确定十大重点技术领域，具体为能源、可持续交通和物流、化学和生命科学新技术、文化遗产及旅游技术（全称为 "文化遗产、艺术与文化活动及旅游领域技术"）、信息通信技术（全称为 "信

---

① Valentina Guglielmo，"ITS：ecco gli analoghi europei"，6 maggio 2022，https：//tuttoits.it/its-analoghi-europei%EF%BF%BC/，最后访问日期：2023 年 12 月 20 日。

② Giulia Annovi，"I numeri messi in luce dal rapporto di Fondazione Agnelli sugli ITS"，18 ottobre 2023，https：//tuttoits.it/numeri-rapporto-fondazione-agnelli-its/，最后访问日期：2023 年 12 月 20 日。

③ "La riforma degli ITS è legge：si chiameranno Istituti Tecnologici Superiori e raddoppieranno gli iscritti"，*La Stampa*，12 luglio 2022，https：//www.lastampa.it/cronaca/2022/07/12/news/la_riforma_ degli_ its_ e_ legge_ si_ chiameranno_ istituti_ tecnologici_ superiori_ e_ raddoppieranno_ gli_ iscritti-5438862/，最后访问日期：2023 年 12 月 20 日。

息、通信和数据技术"）、农业食品体系、家居体系、机械、时尚体系、企业服务支持（全称为"为企业和非营利组织提供服务支持"）。其中新增的农业食品体系、家居体系、机械、时尚体系四个技术领域服务支持则由原有的"意大利制造"拆分而来，成为独立的 ITS Academy 技术领域。改革后，涉及十大重点技术领域的国家高级专业技术职业岗位由之前的 28 个增加到58 个（见本文附录），此举将有利于高级专业技术人才认定的标准化，同时便于人才的就业与流动。

第二，进一步整合教育资源，引入奖励制度，增加面向"工业 4.0"计划的技能强化课程，并且提出到 2026 年将现有注册学生数量翻一番。在资金方面，"国家复苏与韧性计划"（PNRR）将投入 15 亿欧元用于 ITS Academy 建设。这些资金将用于以下具体方面：（1）增加 ITS Academy 学院的数量；（2）强化实验室技术标准，以达到"工业 4.0"的装备标准；（3）培训教师，使其能够开发满足企业需求的课程；（4）开发针对 ITS Academy 毕业生的国家级数字就业平台，以提高毕业生就业率。意大利教育与功绩部还设立了 ITS Academy 专项资金，从 2022 年开始每年拨款 4835 万欧元。

第三，引入税收减免措施，鼓励社会各界以货币形式进行慈善捐赠，用于支持 ITS Academy 的运营。捐赠方可获得相当于捐赠额 30% 的所得税减免。企业或个人若向失业率高于全国平均水平地区的 ITS Academy 基金会捐款，其所得税减免比例可提高至 60%。法规规定，捐款必须通过银行、邮局或法规规定的支付系统进行，方可获得税收减免。

第四，意大利教育与功绩部于 2023 年 5 月 17 日颁布第 87 号部级法令，① 就 ITS Academy 的运作方式做出进一步明确说明：（1）重新定义 ITS Academy 基金会的治理模式，基金会主席须为企业代表；（2）建立了 ITS Academy 基金会的认定制度，该制度是基金会获得公共资金的必要条件；（3）明确规定，若基金会的监管与评估结果是负面的，基金会被认定的资

---

① INDIRE，" Dove sono gli ITS Academy "，https：//www. indire. it/progetto/its-istituti-tecnici-superiori/dove-sono-gli-its/，最后访问日期：2023 年 12 月 20 日。

格将予以撤销；（4）加强政府部门指导与监督，明确了 ITS Academy 国家委员会的设立与运作方式；（5）对 ITS Academy 考试委员会的人员组成与运作方式做出规定，并且明确了 ITS Academy 的证书格式、证书发放、证书最终验证的指导意见。具体而言，ITS Academy 证书分为应用技术专业证书和高级应用技术专业证书两种。[①]

根据 2022 年第 99 号法律，改革后的 ITS Academy 大部分仍集中在制造业企业和产业集群较为密集的意大利北部地区。具体而言，伦巴第大区有 25 所，坎帕尼亚大区有 16 所，拉齐奥大区有 16 所，西西里大区有 11 所，布里亚大区有 10 所，托斯卡纳大区有 9 所，卡拉布里亚大区有 9 所，威内托大区有 8 所，艾米利亚-罗马涅大区有 7 所，皮埃蒙特大区有 7 所，利古里亚大区有 6 所，阿布鲁佐大区有 6 所，撒丁岛大区有 6 所，马尔凯大区有 4 所，弗留利大区有 4 所，莫利塞大区、翁布里亚大区和巴西利卡塔大区各有 1 所。

此外，从 ITS Academy 涉及的重点技术领域来看，分布在不同领域的学院数量也有所不同。具体而言，能源领域有 17 所，可持续交通和物流领域有 21 所，化学和生命科学新技术领域有 11 所，文化遗产及旅游技术领域有 18 所，信息通信技术领域有 19 所，还有 60 所涉及调整前的"意大利制造"领域。60 所涉及"意大利制造"领域的学院细分为不同具体领域，其中涉及企业服务支持的有 8 所，农业食品体系有 24 所，家居体系有 4 所，机械有 14 所，时尚体系有 10 所。

四　结语与展望

综上所述，自 2010 年正式建立高等技术学院以来，经过十几年的努力，意大利已探索出一条比较为符合本国发展实际和面向未来挑战的高等职业技术教育体系的发展之路。在许多方面表现出独特性，如国家监管措

---

① 两类证书的意大利文名称分别为 diploma di specializzazione per tecnologia applicate 和 diploma di specializzazione superiore per tecnologia applicate。

施、专业技术领域的确立、生源质量的把关、吸引青年学生的措施、引入三级学徒制合同以及产教高度融合等方面。2022 年的改革又从国家立法到监督管理等方面对高等职业技术教育体系做出了调整，并且提出了国家指导政策，这些改革措施对确保该体系的正常运转将起到积极作用。可以说，此次改革标志着意大利在完善高等职业技术人才培养体系方面又迈出了重要一步。

虽然 ITS Academy 将从 2024～2025 学年开始依照改革后的机制进行运作，改革措施的落实、进展和成效有待进一步跟踪，但是我们仍可依据此前意大利高等职业技术教育体系的实践总结出几条有价值的认识与启示。

第一，意大利高等职业技术学院的名称从 Istituti Tecnici Superiori（ITS）改为 Istituti Tecnologici Superiori -Academy（ITS Academy），将 tecnico（技能）改为 tecnologico（技术），又增加了 Academy（学院）一词，在名称上更加突出体系课程内容的高度专业化和新技术导向特征。与此相应，ITS Academy 与一般的职业技术教育不同，其起点较高，课程本身的难度较大，要求学生在入学前就具备良好的素质和较强的学习能力，因此高度重视生源筛选与录取对毕业生质量的影响。

第二，意大利政府在 ITS Academy 的监管与评估以及相关基金会认定中的作用不可或缺，这对于确保公共资金在 ITS Academy 运作中得到规范性使用至关重要。此外，意大利以基金会方式促成高等职业技术专业人才培养的公-私合作模式，而各相关方具有清晰的职能分工，这一模式也值得借鉴。

第三，意大利政府发布的十大重点专业技术领域的高级技师职业资格目录（见本文附录）反映了近年来该国企业对技能型人才需求的变化，同时也表明意大利传统优势产业的相关技术处于升级过程中，对新型高级专业技术人才的需求旺盛。此外，适用于 ITS 在读学生的三级学徒制合同为企业选择优秀人才提供了一个便捷渠道，也是意大利高等职业技术教育体系的一大亮点。

附录　意大利高级技师职业资格目录（中文、意大利文对照）

技术领域 （Area Tecnologica）	具体领域 （Ambito）	国家职业资格 （Figura Nazionale）	欧洲职业 资格框架等级 （EQF Livello）
技术领域1能源 （Area Tecnoloigica 1 Energia）	领域1.1 （Ambito 1.1）	1.1.1可持续能源高级技师 （1.1.1 Tecnico superiore per l'energia sostenibile）	5
	领域1.2 （Ambito 1.2）	1.2.1工厂能效管理高级技师 （1.2.1 Tecnico superiore per l'efficienza energetica degli impianti）	5
		1.2.1可持续建筑能效管理高级技师 （1.2.2 Tecnico superiore per l'efficienza energetica nell'edilizia sostenibile）	5
	领域1.3 （Ambito 1.3）	1.3.1环境和废料及水资源能源管理的可持续性高级技师 （1.3.1 Tecnico superiore per l'ambiente e la sostenibilità nella gestione energetica dei rifiuti e delle risorse idriche）	5
		1.3.2循环经济中的能源可持续发展高级技师 （1.3.2 Tecnico superiore per la sostenibilità energetica nell' economia circolare）	5
技术领域2 可持续交通和物流 （Area Tecnologica 2 Mobilià sostenibile e logistica）	领域2.1 （Ambito 2.1）	2.1.1船舶操作或船上装置和设备管理高级技师 （2.1.1 Tecnico superiore per la conduzione del mezzo navale o per la gestione degli impianti e apparati di bordo）	6
		2.1.2具备多功能代理资格的铁路和多式联运高级技师 （2.1.2 Tecnico superiore del trasporto ferroviario e intermodale con qualifica di agente polifunzionale）	5
		2.1.3交通工具高级技术支持人员 （2.1.3 Tecnico superiore per la gestione dei servizi tecnici di bordo）	5

技术领域 （Area Tecnologica）	具体领域 （Ambito）	国家职业资格 （Figura Nazionale）	欧洲职业 资格框架等级 （EQF Livello）
技术领域 2 可持续交通和物流 （Area Tecnologica 2 Mobilià sostenibile e logistica）	领域 2.1 （Ambito 2.1）	2.1.4 交通工具旅客服务高级技师 （2.1.4 Tecnico superiore per la gestione dei servizi di supporto ai passeggeri a bordo）	5
	领域 2.2 （Ambito 2.2）	2.2.1 飞机维修高级技师 （2.2.1 Tecnico superiore per la manutenzione aeron autica）	6
		2.2.2 运输工具及相关基础设施的效率、生产和维护高级技师 （2.2.2 Tecnico superiore per l'efficientamento, la produzione e la manutenzione di mezzi di trasporto e delle relative infrastrutture）	5
	领域 2.3 （Ambito 2.3）	2.3.1 城市和郊区综合交通服务高级技师 （2.3.1 Tecnico superiore per i servizi di mobilità urbana ed extraurbana integrati）	5
		2.3.2 物流和多式联运高级技师 （2.3.2 Tecnico superiore per la logistica e il trasporto intermodale）	5
技术领域 3 化学和生命科学新技术 （Area Tecnologica 3 Chemic e nuove tecnologie della vita）	领域 3.1 （Ambito 3.1）	3.1.1 生物技术和化学工业产品及工艺研究与开发高级技师 （3.1.1 Tecnico superiore per la ricerca e sviluppo di prodotti e processi a base biotecnologica e chimico industriali）	5
		3.1.2 基于生物技术和化学工业的产品和工艺质量体系的高级技师 （3.1.2 Tecnico superiore per il sistema di qualità di prodotti e processi a base biotecnologica e chimico industriali）	5
		3.1.3 化学、生物化学、化学制药和生物技术设备操作和维护高级技师 （3.1.3 Tecnico superiore per la gestione e manutenzione di impianti chimici, biochimici, chimico farmaceutici e biotecnologici）	5

续表

技术领域 （Area Tecnologica）	具体领域 （Ambito）	国家职业资格 （Figura Nazionale）	欧洲职业 资格框架等级 （EQF Livello）
技术领域3 化学和生命科学新技术 （Area Tecnologica 3 Chemic e nuove tecnologie della vita）	领域3.1 （Ambito 3.1）	3.1.4 绿色化学品和创新材料循环生产的高级技师 （3.1.4 Tecnico superiore per le produzioni circolari della chimica verde e dei materiali innovativi）	5
		3.1.5 生物技术和化学工业的商业技术管理以及产品定制高级技师 （3.1.5 Tecnico superiore per la gestione tecnico commerciale e la customizzazione dei prodotti dell'industria biotecnologica e chimica）	5
	领域3.2 （Ambito 3.2）	3.2.1 诊断、治疗和康复生物医学设备和生物植入设备的设计、生产、测试和维护高级技师 （3.2.1 Tecnico superiore per la progettazione, produzione, collaudo e manutenzione di apparecchi, dispositivi biomedicali diagnostici, terapeutici e riabilitativi e impianti biotecnologici）	5
		3.2.2 生物技术和生物医学领域数字化和技术应用的高级技师 （3.2.2 Tecnico superiore per la digitalizzazione e l'applicazione di tecnologie abilitanti nelle biotecnologie e nel biomedicale）	5
技术领域4 农业食品体系 （Area Tecnologica 4 Sistema Agroalimentare）	领域4.1 （Ambito 4.1）	4.1.1 原料生产和农工系统的管理与创新高级技师 （4.1.1 Tecnico superiore per la gestione e l'innovazione nelle produzioni primarie e nel sistema agroindustriale）	5
		4.1.2 农业食品链的控制和认证高级技师 （4.1.2 Tecnico superiore per i controlli e le certificazioni nelle filiere agroalimentari）	5

续表

技术领域 （Area Tecnologica）	具体领域 （Ambito）	国家职业资格 （Figura Nazionale）	欧洲职业 资格框架等级 （EQF Livello）
技术领域4 农业食品体系 （Area Tecnologica 4 Sistema Agroalimentare）	领域4.1 （Ambito 4.1）	4.1.3 农业食品价值评估和推广高级技师 （4.1.3 Tecnico superiore per la valorizzazione e promozione delle produzioni agroalimentari）	5
		4.1.4 农业食品和农工企业的生物经济高级技师 （4.1.4 Tecnico superiore per la bioeconomy nelle imprese agroalimentari e agroindustriali）	5
		4.1.5 传统和创新农业食品的加工和开发高级技师 （4.1.5 Tecnico superiore per la trasformazione e lo sviluppo dei prodotti agroalimentari tradizionali e innovativi）	5
		4.1.6 农业食品链企业管理高级技师 （4.1.6 Tecnico superiore per la gestione delle imprese delle filiere agroalimentari）	5
技术领域5 家居体系 （Area Tecnologica 5 Sistema Casa）	领域5.1 （Ambito 5.1）	5.1.1 创新与住宅质量高级技师 （5.1.1 Tecnico superiore per l'innovazione e la qualità delle abitazioni）	5
		5.1.2 木材和家具行业的可持续设计与创新高级技师 （5.1.2 Tecnico superiore per il design sostenibile e l'innovazione nel settore legno e arredamento）	5
		5.1.3 木材和家具行业的传播、国际营销和销售高级技师 （5.1.3 Tecnico superiore per la comunicazione, il marketing internazionale e le vendite per il settore legno e arredamento）	5
技术领域6 机械 （Area Tecnologica 6 Meccatronica）	领域6.1 （Ambito 6.1）	6.1.1 先进机电设计和生产高级技师 （6.1.1 Tecnico superiore per la progettazione e la produzione meccatronica avanzata）	5

技术领域 （Area Tecnologica）	具体领域 （Ambito）	国家职业资格 （Figura Nazionale）	欧洲职业 资格框架等级 （EQF Livello）
技术领域 6 机械 （Area Tecnologica 6 Meccatronica）	领域 6.2 （Ambito 6.2）	6.2.1 自动化和工业机器人高级技师 （6.2.1 Tecnico superiore per l'automazione e la robotica industriale）	5
		6.2.2 系统数字化和工业流程技术应用高级技师 （6.2.2 Tecnico superiore per la digitalizzazione dei sistemi e per l'applicazione delle tecnologie abilitanti ai processi industriali）	5
	领域 6.3 （Ambito 6.3）	6.3.1 机电一体化产品定制和技术商业管理高级技师 （6.3.1 Tecnico superiore per la customizzazione e la gestione tecnico commerciale dei prodotti meccatronici）	5
技术领域 7 时尚体系 （Area Tecnologica 7 Sistema Moda）	领域 7.1 （Ambito 7.1）	7.1.1 时尚体系流程协调高级技术员 （7.1.1 Tecnico superiore per il coordinamento dei processi del sistema moda）	5
		7.1.2 时尚体系产品研究、开发和生产高级技师 （7.1.2 Tecnico superiore per i processi di ricerca, sviluppo e produzione dei prodotti del sistema moda）	5
		7.1.3 时尚体系产品设计、推广和国际化高级技师 （7.1.3 Tecnico superiore per la progettazione, promozione e internazionalizzazione dei prodotti del sistema moda）	5
技术领域 8 为企业和非营利组织提供服务支持 （Area Tecnologica 8 Servizi alle imprese e agli enti senza fine di lucro）	领域 8.1 （Ambito 8.1）	8.1.1 产品和服务设计与定制高级技师 （8.1.1 Tecnico superiore per il design e la customizzazione del prodotto e servizio）	5

技术领域 （Area Tecnologica）	具体领域 （Ambito）	国家职业资格 （Figura Nazionale）	欧洲职业 资格框架等级 （EQF Livello）
技术领域 8 为企业和非营利组织提供服务支持 （Area Tecnologica 8 Servizi alle imprese e agli enti senza fine di lucro）	领域 8.1 （Ambito 8.1）	8.1.2 企业市场营销、传播和国际化高级技师 （8.1.2 Tecnico superiore per il marketing, la comunicazione e l'internazionalizzazione delle imprese）	5
		8.1.3 行政、财务管理和管理控制高级技师 （8.1.3 Tecnico superiore per l'amministrazione, la gestione finanziaria e il controllo di gestione）	5
		8.1.4 人力资源管理与企业发展高级技师 （8.1.4 Tecnico superiore per la gestione e sviluppo aziendali e delle risorse umane）	5
		8.1.5 商业战略高级技师 （8.1.5 Tecnico superiore per la strategia commerciale）	5
		8.1.6 企业业务流程的设计和认证高级技师 （8.1.6 Tecnico superiore per il disegno dei processi aziendali e delle certificazioni）	5
		8.1.7 企业管理高级技师 （8.1.7 Tecnico superiore per il Business Management）	5
技术领域 9 文化遗产、艺术与文化活动及旅游领域技术 （Area Tecnologica 9 Technologie per i beni e le attvità artisitche e culturali e per il turismo）	领域 9.1 （Ambito 9.1）	9.1.1 旅游供应链设计、开发和推广高级技师 （9.1.1 Tecnico superiore per la progettazione, sviluppo e promozione dell'offerta della filiera turistica）	5

技术领域 （Area Tecnologica）	具体领域 （Ambito）	国家职业资格 （Figura Nazionale）	欧洲职业 资格框架等级 （EQF Livello）
技术领域 9 文化遗产、艺术与文化活动及旅游领域技术 （Area Tecnologica 9 Technologie per i beni e le attvità artisitche e culturali e per il turismo）	领域 9.1 （Ambito 9.1）	9.1.2 旅游文化产业链产品开发管理高级技师 （9.1.2 Tecnico superiore per lo sviluppo dei processi di gestione dell'offerta delle filiere turistiche e culturali）	5
		9.1.3 旅游和文化活动组织和推广高级技师 （9.1.3 Tecnico superiore per l'organizzazione e la promozione di eventi in ambito turistico e culturale）	5
		9.1.4 客人服务支持与管理高级技师 （9.1.4 Tecnico superiore per la gestione dei servizi di supporto agli ospiti）	5
	领域 9.2 （Ambito 9.2）	9.2.1 文化和创意产业数字化高级技师 （9.2.1 Tecnico superiore per la digitalizzazione nell'industria culturale e creativa）	5
		9.2.2 建筑遗址修复现场管理高级技师 （9.2.2 Tecnico superiore per la conduzione del cantiere di restauro architettonico）	5
		9.2.3 手工艺品和收藏品价值提升、设计及实现管理高级技师 （9.2.3 Tecnico superiore per la promozione, progettazione e realizzazione di oggetti e collezioni di artigianato con valore culturale e artistico）	5
技术领域 10 信息、通信和数据技术 （Area Tecnologica 10 Technologie dell'informazione, dell comuni cazione e dei dati）	领域 10.1 （Ambito 10.1）	10.1.1 软件开发高级技师 （10.1.1 Tecnico superiore sviluppatore software）	5
		10.1.2 数据管理高级技师 （10.1.2 Tecnico superiore Data Manager）	5

续表

技术领域 （Area Tecnologica）	具体领域 （Ambito）	国家职业资格 （Figura Nazionale）	欧洲职业 资格框架等级 （EQF Livello）
技术领域 10 信息、通信和数据技术 （Area Tecnologica 10 Technologie dell'informazione, dell comuni cazione e dei dati）	领域 10.2 （Ambito 10.2）	10.2.1 系统管理高级技师 （10.2.1 Tecnico superiore System Administrator）	5
		10.2.2 网络安全系统高级技师 （10.2.2 Tecnico superiore System Cybersecurity）	5
	领域 10.3 （Ambito 10.3）	10.3.1 基于人工智能解决方案实现流程数字化的高级技师 （10.3.1 Tecnico superiore per la digitalizzazione dei processi con soluzioni Artificial Intelligence based）	5
	领域 10.4 （Ambito 10.4）	10.4.1 增强、虚拟和混合现实高级技师 （10.4.1 Tecnico superiore Augmented, Virtual e Mixed Reality）	5
		10.4.2 数字媒体设计高级技师 （10.4.2 Tecnico superiore Digital Media Designer）	5
		10.4.3 数字媒体高级技师 （10.4.3 Tecnico superiore Digital Media Specialist）	5

B.10
意大利税收制度的历史沿革、
主要内容与国别特色[*]

刘光华　王　雷^{**}

摘　要： 　意大利作为一个拥有悠久法治传统和鲜明法治文化积淀的国家，其税收制度经历了三个大的历史发展阶段，现已形成一套独具特色的完整体系。本文梳理剖析意大利税制的历史沿革及现行税制的主要内容，并尝试归纳总结其特点。随着国际国内经济社会环境的演进，意大利税制在税法渊源、实体税收制度、税收征管制度等方面不断与时俱进，最终形成了鲜明的国别特征：兼顾国际、欧盟和国内法，动态处理中央和地方税法的关系，形成了多元税法渊源；在实体税制设计上以税收公平为本、兼顾文化遗产传承和环境保护；在税收征管上运用先进技术手段和严格惩罚机制强化税务风险防控。当然，意大利税制也长期存在制度繁琐及偷逃税严重、税基较窄、边际税率高等问题，需要进一步完善。

关键词： 　意大利　税收制度　历史沿革　税制改革　国别特征

　　作为国家财政的主要来源，税收与一国的社会经济发展状况紧密相关，并深深嵌入一国的政治、法律和文化体制之中。二战结束后，意大利为配合

---

　　* 本文受到甘肃省哲学社会科学规划项目"'一带一路'倡议背景下中意合作交流重点领域的政策互通机制研究"（项目编号：2021YB017）和"兰州大学中央高校基本科研业务费专项资助 2022~2023 重点基地建设项目"（项目编号：2022jb）资助。

　　** 刘光华，法学博士，兰州大学法学院教授，意大利研究中心主任，主要研究领域为法学理论、区域国别学；王雷，兰州大学 2021 级法律硕士，意大利研究中心助理。

政治、经济、社会、文化等各领域的发展，在法制建设方面创造性地形成了具有诸多鲜明特色的制度。[1] 特别是在税收法律制度领域，经年的累积和完善使得意大利在如何减轻民众税收负担、促进企业创新、平衡财富分配、应对人口老龄化问题等方面积累了丰富的经验。对意大利税收制度进行深入考察，不仅有助于借鉴其有益经验，为中国税收制度的优化提供启示和参考，也有助于赴意大利投资的中国企业做出适宜的经营决策，减少双边税务争端，令中国企业在"走出去"的过程中少走弯路。为此，本文围绕意大利税收制度的历史沿革、现行税收制度的主要内容进行梳理剖析，并尝试总结归纳其特点及不足之处，以期为中国进一步完善税制，同时推动中意两国的法律交流与经贸合作提供有价值的背景分析。

一 意大利税收制度的历史沿革

古罗马时期，由于缺乏统一、具体的税收规定，国家的税赋名目繁琐，税收制度混乱。[2] 之后，随着罗马帝国式微，中世纪的亚平宁半岛被分裂为多个城邦，基督教会迅速崛起，除各城邦封建主外，教皇也成为享有征税权的统治者。[3] 文艺复兴时期开始有了以支持文化复兴和城市繁荣为导向的税收。1861 年，意大利人民冲破各邦国间社会经济和文化观念的巨大差异，完成了国家的基本统一。此后，意大利的税收制度主要经历了三个发展阶段，以下逐一梳理分析。

（一）由传统社会精英阶层主导的初创阶段（1861~1946年）[4]

在税法渊源上，统一后的意大利选择了中央集权制模式的法律秩序，将

---

① 何勤华、李秀清主编《意大利法律发达史》，法律出版社，2006，序言，第 1 页。
② 王三义：《罗马税制的积弊与戴克里先税制改革》，《世界历史》2007 年第 1 期。
③ 陈勇：《中世纪银行与教会的经济关系》，《世界历史》2009 年第 6 期。
④ Maria Cecilia Fregni, "Chapter 20：Italy", in Peter H. J. Essers ed., *History and Taxation：The Dialectical Relationship between Taxation and the Political Balance of Power*, IBFD Press, 2022.

1848 年的《阿尔贝蒂诺宪章》（Albertine Statute）照搬为国家基本宪章,[1] 并确立了向议会君主制演变的君主立宪制。[2] 而后议会君主制下的意大利国王,更多地被认为是国家统一的代表,立法权实际上由议会行使。意大利议会中强烈的精英主义成分极大地影响了王国的税收政策,使得当时的税收政策偏向于间接税和对动产征税,避免对土地所有者征收直接税。[3] 另外,因为统一初期的意大利中央政府需要依靠地方力量进行治理,所以地方政府拥有一定程度的自治权。[4] 到 1922 年以贝尼托·墨索里尼（Benito Mussolini）为代表的法西斯登上意大利政坛,专制集权的法西斯统治使得《阿尔贝蒂诺宪章》沦为一纸空文,议会丧失了决策自主权,包括税收在内的立法决策权交由法西斯政党专制,[5] 意大利地方政府也失去了自治余地。[6] 就国际税法渊源而言,早在 1922 年意大利就与奥地利、匈牙利、波兰、罗马尼亚、塞尔维亚、克罗地亚和斯洛文尼亚王国签署了第一个税收条约,但其后因受战争影响而停止适用。[7]

在税收征管上,意大利自 1864 年即设立了税务委员会（Commissione Tributaria）,负责审理有关课税问题的行政案件。[8] 法西斯统治时期对税务司法程序和税收征管活动的改革不仅规定了系统、完整的司法税务程序,而

---

[1] 翁武耀:《再论税收法定原则及其在我国的落实——基于意大利强制性财产给付法定原则的研究》,《交大法学》2017 年第 1 期。

[2] 《阿尔贝蒂诺宪章》本是应对革命危机的产物,其内容实质上有着很强的君主集权特性,也为此后意大利君权和民权间的不断斗争埋下了隐患。此后数十年间,意大利议会不断进行改革,意图逐步摆脱国王的实际影响。

[3] Maria Cecilia Fregni, "Chapter 20: Italy", in Peter H. J. Essers ed., *History and Taxation: The Dialectical Relationship between Taxation and the Political Balance of Power*, IBFD Press, 2022.

[4] 何勤华、李秀清主编《意大利法律发达史》,法律出版社,2006,第 54 页。

[5] 法西斯政党破坏了议会民主制,取消了公民的自由权。参见何勤华、李秀清主编《意大利法律发达史》,法律出版社,2006,第 29~30 页。

[6] 1926 年 2 月 4 日第 237 号法律宣布废除议会选出的市长,取消一切地方自治。参见何勤华、李秀清主编《意大利法律发达史》,法律出版社,2006,第 30 页。

[7] Andrea Parolini, "Chapter 10: The History of Italy's Double Tax Conventions", in Michael Lang and Ekkehart Reimer eds., *The History of Double Taxation Conventions in the Pre-BEPS Era*, IBFD Press, 2021.

[8] 根据 1864 年第 1836 号法律,意大利首次设立税务委员会,其为隶属于财政部门的行政机构,委员会主席、副主席和其他成员由财政行政部门任命。二战结束后,意大利宪法法院曾试图将税务委员会认定为司法机构,但未成功。直到 1992 年第 545 号立法令,才明确规定税务委员会属于税务司法机构。参见翁武耀《意大利税务委员会制度及借鉴》,《税务研究》2017 年第 3 期。

且从税务评估出发对税务机关进行了机构和职能重组。[①]

在税务处罚上，意大利统一初期实行的是补偿性的税收制裁。随着1929 年税收领域引入刑事制裁，[②] 法西斯权威主义观念在税务处罚方面得到了淋漓尽致的体现。法西斯统治者试图通过明确区分税收刑事制裁和行政制裁来建立完整的惩罚性税制。在此背景下，税务机构的权力被放大，除行政权力外，税务稽查员还被赋予了刑事制裁的权力。

（二）向民主税制过渡的探索阶段（1946~2000年）

在税法渊源上，二战结束后的意大利于 1946 年废除君主立宪制，开始实行议会共和制，并以 1948 年实施的《意大利共和国宪法》取代《阿尔贝蒂诺宪章》。意大利新宪法强调公民的纳税义务和税收一般原则。此后，意大利通过 1971 年税制改革启动授权立法，赋予政府根据议会授权颁布税收法令的权力。20 世纪 80 年代，针对政府滥用税收授权立法频繁颁布税收法令进而对税收法律权威造成消极影响的情况，意大利采取了法典化的解决策略，成效十分显著。[③] 直到 1996 年政府的无授权税收立法行为被意大利宪法法院否决后，才最终促成意大利政府在税收领域更多采用授权法令。另外，根据《意大利共和国宪法》确立的地方税收自治基本原则，在央地税制关系上，二战结束后的意大利经历了从税制高度中央集权向地方税权扩大再到最终确定财政联邦制的演变过程。[④]

---

① Maria Cecilia Fregni, "Chapter 20：Italy", in Peter H. J. Essers ed., *History and Taxation：The Dialectical Relationship between Taxation and the Political Balance of Power*, IBFD Press, 2022.

② 最早的税收刑事处罚可追溯至意大利王国成立时颁布的《海关条例》（1861 年 10 月 21日），但 1929 年颁布的第 4 号法律《旨在打击违反涉及国家税收的财政法律的行为一般规则》（Cfr. L. 7 giugno 1929, n.4-Le disposizioni generali per la repression delle violazioni delle leggi finanziarie relative ai tribute dello stato）被认为是意大利第一部具有普遍适用性的税收刑法。参见翁武耀《税收犯罪立法研究——以意大利税收刑法为视角》，法律出版社，2022，第 2 页。

③ 翁武耀：《意大利〈纳税人权利宪章〉评析与借鉴》，《税收经济研究》2018 年第 1 期。

④ Pietro Mastellone, "Fiscal Federalism：A Response of Contemporary European Democratic Nations to the Global Economic Crisis", *European Taxation Journal*, Vol. 52, No. 7, 2012, pp. 335-345.

在实体税收制度上，以意大利 1973～1974 年税制改革为分水岭，延续百余年的由间接税主导的税制结构开始发生变化。[1] 在二战结束后 1951～1963 年的经济发展黄金期，意大利政府曾为刺激国内市场而开始降低消费税。然而，1968 年开始的通货膨胀，以及 1969～1973 年的工人和学生运动，[2] 迫使政府在 1974 年实行直接税改革，以更具累进特点的个人所得税、法人所得税（2004年变更为企业所得税）、地方所得税（1997 年被取消）和不动产升值税代替了之前繁杂的直接税项目，意图促进社会分配朝着更公平的方向发展。1973 年，为了解决偷逃税款和重复征税问题，意大利对间接税制进行改革，增值税取代营业税成为主要税种。[3] 自 1990 年起，意大利税制结构开始保持相对平衡。在税制结构中作为主要税收来源的增值税保持稳定，财产税和地方税（IRAP）开始代替消费税成为重要税收来源。到 20 世纪 80 年代，意大利将筹集国家财政资金作为税收主要目标，税收收入与国内生产总值（GDP）之比开始上升。[4]

从税收征管角度看，20 世纪 70 年代的税制改革强调纳税人义务，税务部门的主要职能为监控和处罚。纳税人不仅需要自行申报课税所需信息，还需要承担税额清算和自行缴纳税款义务。此外，此次改革中还引入了税票、附随收据和收银记录装置。[5]

在税务处罚方面，由于从 20 世纪 60 年代开始日益严峻的逃税问题已逐步演变为一种普遍现象，意大利于 1982 年颁布第 516 号法律《打击所得税和增值税逃税以及便利税收方面悬案解决法》，严厉打击逃税行为。当然，它同时也引发了刑事惩罚在税收领域的过度介入，导致税收领域面临刑事责任的主体范围不断扩大。[6]

---

① 何勤华、李秀清主编《意大利法律发达史》，法律出版社，2006，第 245～247 页。

② "The Italian Background"，*Radical America*，7/2，1973，https：//libcom. org/article/italian-background-ernest-dowson，最后访问日期：2023 年 8 月 14 日。

③ 何勤华、李秀清主编《意大利法律发达史》，法律出版社，2006，第 246 页。

④ 意大利税收收入与国内生产总值之比从 20 世纪 80 年代的 30.4% 上升到 90 年代的 38.9%，1997 年达到了最高点 44.2%。1997 年后该比例开始下降，自 1999 年起企稳。参见张磊《意大利税制改革》，《经济视角（中国纳税人）》，2007 年第 3 期。

⑤ 翁武耀：《意大利〈纳税人权利宪章〉评析与借鉴》，《税收经济研究》2018 年第 1 期。

⑥ 翁武耀：《税收犯罪立法研究——以意大利税收刑法为视角》，法律出版社，2022，第 7～9 页。

（三）由民众主导的民主税制阶段（2000年以后）

在税法渊源上，2001年意大利从经济和税收角度对《意大利共和国宪法》进行了修改，扩大了地方财政自治权，确认地方享有税收立法权。[①]2009年，意大利通过《财政联邦主义框架法》（2009年第42号法律），明确提出了建设财政联邦主义的方案，地方税收权力得到进一步扩大。[②]从国际税法视角看，意大利税收制度已处于一个更加广泛复杂且相互依存的国际、国内规则体系中。除涉及意大利宪法原则和基本权利的条款外，[③]欧盟法律具有优先适用性。[④]

在实体税制方面，从2000年起减轻税收负担成为意大利调整税收政策的目标之一。为此，意大利对个人所得税和企业所得税进行了系列改革，其主要目的是通过减少税收等级数量和税收抵免与扣除中的扭曲，来实现税率结构的扁平化。[⑤]自2004年起，意大利对企业所得税进行改革，降低了企业所得税税率，引入部分免税措施，扩宽了税基。2015年，伦齐政府为进一步刺激经济复苏，实施了对意大利企业和低收入群体给予税收减免

---

① 此次修宪改变了原有（地区和地方法规服从于国家法律）的等级制度，对地区立法权的范围做了新的规定。修改后的《意大利共和国宪法》第117条确立了：（1）国家专属立法权领域；（2）区域对国家未明确领域拥有立法权；（3）在部分领域，地区和国家同时拥有立法权，但地区立法必须与国家立法规定的基本原则保持协调。在税收方面，"国家税收和会计制度"由国家专属管辖，而"公共账户的协调与公共财政和税收制度的协调"属于国家、地区同时管辖领域。参见 Pietro Mastellone，"Fiscal Federalism: A Response of Contemporary European Democratic Nations to the Global Economic Crisis"，*European Taxation Journal*，Vol.52，No.7，2012，pp.335-345。

② 王德祥、张磊：《意大利分税制改革及其经验》，《地方财政研究》2016年第1期。

③ 结合意大利2001年修宪和欧盟宪法第11条的规定，意大利现行法律效力依次层级为：（1）《意大利共和国宪法》原则和基本权利规定，又被抽象地认为是"反限制"（counter-limits）条款；（2）欧盟法律；（3）宪法的其他规定；（4）普通法律规定。

④ Franco Gallo，Giuseppe Melis，"The Italian Tax System: International and EU Obligations and the Realization of Fiscal Federalism"，*Bulletin for International Taxation*，Vol.64，No.8-9，2010，pp.400-411.

⑤ 张磊：《意大利税制改革》，《经济视角》（中国纳税人），2007年第3期。

的大规模减税计划。① 另外，意大利于 20 世纪 90 年代末还提出绿色税制改革。②

进入 21 世纪后，意大利税务当局以促进税务管理部门和纳税人之间的税收合作关系为目标，进行了数次税收征管改革。为改变繁杂琐碎的税收征管条款，意大利推动税收自动化和在线服务，简化税收申报与缴纳流程，方便纳税人自助履行纳税义务。意大利税务当局还通过建立风险管控机制，以及对大型纳税企业做出更有针对性的税务审计等措施，在一定程度上促进了税收诉讼减少和税收收入增加。③

在税务处罚方面，意大利政府持续加强对逃税行为的打击。针对 1982 年相关法令要求重刑化带来的弊端，意大利自 1997 年启动税收刑法的第二次重大改革，缩小税收犯罪行为的范围，集中打击逃税行为。此次改革历时三年，到 2000 年意大利政府基于授权颁布《新所得税和增值税犯罪处罚法》（2000 年第 74 号立法令），标志着意大利税收犯罪与刑事处罚制度正式确立。④ 迄今为止，意大利的税收犯罪并未在其刑法典中做出规定，而是以单行经济刑法的形式出现。⑤

二 意大利现行税收制度的主要内容

（一）意大利现行税法渊源

经过持续演进，意大利现行成文税法渊源主要包括国际条约、欧盟法、

---

① 谢飞：《意大利大幅减税促增长》，《经济日报》2014 年 10 月 24 日，第 4 版。
② Alessandro Turina, "Chapter 11: Italy", in Michael Lang et al. eds., *Trends and Players in Tax Policy*, IBFD Press, 2016.
③ Alessandro Turina, "Chapter 11: Italy", in Michael Lang et al. eds., *Trends and Players in Tax Policy*, IBFD Press, 2016.
④ 翁武耀：《税收犯罪立法研究——以意大利税收刑法为视角》，法律出版社，2022，第 11~19 页。
⑤ 翁武耀：《论我国虚开增值税专用发票罪刑事立法的完善——基于意大利虚开发票罪刑事立法及适用的启示》，《暨南学报》（哲学社会科学版）2020 年第 5 期。

本国宪法、本国法律以及本国政府颁布的立法法令、法律法令、条例。[①] 值得强调的是，在整个意大利税收法律体系中，欧盟财税指令和国际税收协定相较于国内法在法律适用上处于优先地位。[②] 就国内法而言，在《意大利共和国宪法》统领下的税法渊源包括：议会的税收法律（legge）、政府根据议会授权制定的立法法令（decreto legislativo），以及政府在紧急条件下无议会授权制定的具有法律效力的临时性条款——法律法令（decreto legge）（应当在 60 天内转化为法律）。此外，考虑到税收制度应有的灵活性，除税收主体范围、税基、税率和税收惩罚等核心问题须由法律明确规定外，其他非核心税收问题可以通过条例（regolamenti）规定。目前意大利大多数税务条例属于行政条例（regolamenti esecutivi）和授权条例（regolamenti delegati），是对已有法律的执行性规定。[③]

（二）意大利的主要税种

总体而言，意大利税收种类复杂多样，其税收制度正在经历从对生产要素征税转向对消费和房地产征税的改革历程，[④] 同时欧盟经济转型和实现碳中和也对意大利税收制度提出了新的要求。鉴于此，本文将重点梳理所得税、增值税、财产税和环境税等税种。

1. 所得税

意大利所得税主要包括企业所得税（IRES）、个人所得税（IRPEF）和工商业地税（IRAP）。在企业所得税方面，意大利为了鼓励企业创新和扩大

---

① Alessandro Turina, "Chapter 11: Italy", in Michael Lang et al. eds., *Trends and Players in Tax Policy*, IBFD Press, 2016.

② 国家税务总局国际税务司国别（地区）投资税收指南课题组：《中国居民赴意大利共和国投资税收指南》，中华人民共和国国家税务总局网站，https://www.chinatax.gov.cn/chinatax/n810219/n810744/n1671176/n1671206/c5159181/5159181/files/fd724a9ce05844aa938fb25de218916f.pdf，最后访问日期：2023 年 8 月 17 日。

③ Franco Tesauro, *Istituzioni di Diritto Tributario- Parte Generale*, edizione 10, Torino: UTET, 2010, p. 22.

④ Michal Andrle et al., "Italy: Toward a Growth-Friendly Fiscal Reform", Working Paper No. 2018/059, 2018.

投资、促进经济发展，实行了一系列企业税收优惠政策。在个人所得税方面，意大利规定了涉及住房、养老、教育、医疗等与基本民生相关的复杂税收优惠政策，如住房租金优惠券计划、养老计划缴纳款项税前扣除、特定医疗费用税收抵免、符合条件的中小学教育费用税收抵免等。此外，意大利还要求从事经营活动的企业和个人向地方缴纳工商业地税，其中企业向地方政府缴纳的工商业地税可部分抵扣企业所得税。梅洛尼政府上台后，通过了《2023年税制改革授权法》，提出进一步废除工商业地税，扩大地方政府的财政自主权。①

此外，在企业和个人所得税方面，为应对能源危机、通货膨胀以及欧洲中央银行大幅加息的挑战，梅洛尼政府还通过了一系列税收优惠措施来减轻纳税主体的税收负担。这些措施在《2023年预算法》、《2023税制改革授权法》和《经济和金融文件（2023）》中有所体现。尤其是，《2023年预算法》为缩小税收楔子、鼓励长期就业和稳定的劳动力市场，规定了雇主支付给雇员的生产力奖金可进行税收减免。

2. 增值税（IVA）

意大利作为欧盟成员国，其增值税法在吸纳欧盟增值税规定的基础上，不断向欧盟规定靠拢。② 考虑到增值税作为流转税具有累退性，而低收入家庭消费支出占家庭收入的比重相较于高收入家庭更高，为了避免不合理的增值税设计加重低收入家庭的生活负担，意大利在增值税上选择了多样化的税率设计：对于一般商品类别（交通、娱乐、文化等）适用22%的标准税率，对基本生活相关领域适用减免税规定（如婴儿和女性卫生用品的增值税率从10%降至5%）。③

3. 财产税

财产税作为意大利税收体系的重要组成部分，具有重新分配资源、防止

---

① Governo Italiano, Riforma fiscale 2023, GU Serie Generale n. 189, 14 agosto 2023.

② "Riforma IVA 2023: cosa prevede", *Ti Consigilo*, 18 luglio 2023, https://www. ticonsiglio. com/ riforma-iva-2023/，最后访问日期：2023年12月8日。

③ Emile Cammeraat, Ernesto Crivelli, "Toward a Comprehensive Tax Reform for Italy", 2020 International Monetary Fund Press, Working Paper No. 2020/037, 2020.

财富过度集中和促进社会公平正义的功能。意大利财产税主要包括房地产税和遗产赠与税。经过多年演变，意大利现行房地产税由房地产所在地市政府核定征收，包括：一是基于房地产所有权征收的市政税（IMU）；二是基于社区市政服务征收的不可分割服务税（TASI）；三是市政府根据产生废物数量征收的垃圾税（TARI）。意大利对个人的第一套自住房屋不征税，但如第一套房属于豪宅、城堡、别墅等类型的高档住房，则需缴纳市政税和不可分割服务税。①

除房地产税外，在意大利因死亡、赠与或者其他无偿转让而取得财产，就需缴纳遗产与赠与税。意大利曾于 2001 年停止征收遗产税，后又在 2006 年恢复征收，具体按照赠与方和接受方间血缘的亲疏关系，以及所接受财产的价值确定适用税率。

4. 环境税

出于引导理性消费和保护环境的双重目的，意大利规定了部分环境税种。首先，为了减缓全球气候变暖趋势，意大利对部分产品按含碳量和用途对其消费税进行重组，以征收消费税的形式征收"碳税"（又被称为拟碳税，Pseudo Carbon Taxation）。② 其次，意大利在 2019 年第 160 号法案第 1 条中引入欧盟的相关规定，拟对一次性塑料产品按其中的塑料含量以 0.45 欧元/千克征收塑料税，但受到新冠疫情暴发和经济大环境的影响，目前尚未实质性开征。③ 最后，意大利按照居民家庭面积、成员数量对丢弃在垃圾填埋场的固体废物征收固体废料税。固体废料税额的确定取决于废物材料的种类，以及由大区法律规定的固体废料税的税基，并且按照垃圾填埋处理方

---

① 2000~2010 年，意大利财产税经历了多次结构性改革，并成为诸多关于税收的政治辩论的核心议题。Alessandro Turina，"Chapter 11：Italy"，in Michael Lang et al. eds.，*Trends and Players in Tax Policy*，IBFD Press，2016.

② 范允奇、王文举：《欧洲碳税政策实践对比研究与启示》，《经济学家》2012 年第 7 期。

③ 国家税务总局国际税务司国别（地区）投资税收指南课题组：《中国居民赴意大利共和国投资税收指南》，中华人民共和国国家税务总局网站，https://www.chinatax.gov.cn/chinatax/n810219/n810744/n1671176/n1671206/c5159181/5159181/files/fd724a9ce05844aa938fb25de218916f.pdf，最后访问日期：2023 年 8 月 17 日。

式的不同来确定税率。

5. 其他特色税

这类税收主要包括旅游税、电视税和"暴利税"等。（1）旅游税。目前，意大利是拥有最多世界文化遗产的国家。为实现文化遗产保护与旅游业的协调可持续发展，意大利采取征收旅游税的方式来部分地实现保护和修复文化遗址的目的。旅游税的初始课征对象是城市中的留宿旅客，每个城市按照旅客住宿类型和旅游淡旺季在一定范围内确定旅游税的征税金额。但是，这一征税方式催生了大量"一日游旅客"，随后促使意大利部分城市通过收取入城费（entry fee）以及对留宿城内的旅客征收旅游税的制度来解决这一问题，① 威尼斯就是一个典型例子。（2）电视税（Canone RAI）。意大利电视税可追溯至 1938 年，至今仍有效。它是政府对家庭拥有的可接收电视信号的设备征收的税，由能源公司根据税务局的要求在电费合同中直接征收。当然，如果家庭没有可接收信号的电子设备，可依规定申请免除缴纳电视税。（3）"暴利税"。梅洛尼政府认为，银行通过贷款利息和存款利息之间的差额获得了巨大利益，因此对银行征收"暴利税"既有利于增加国家税收收入，也便于将经济资源向社会弱势群体倾斜，最终促进社会公平正义。2023 年 8 月 7 日，梅洛尼政府决定对银行征收 40% 的"暴利税"，并计划利用这部分税款为首次购房者的抵押贷款提供援助，以帮助国家实现减税降负目标。②

（三）意大利的税收征管体制

税务局是意大利的主要税务机关，分为国家税务总局、大区税务局和省税务局三级，履行税种管理、税款征收和税务诉讼等职能。除税务局外，意

---

① 《威尼斯：一日游"进城税"征收计划推迟至 2023 年》，澎湃新闻，2022 年 5 月 25 日，https：//www.thepaper.cn/newsDetail_forward_18266626，最后访问日期：2023 年 12 月 3 日。
② 《继西班牙与匈牙利后，意大利宣布向银行征收 40%"暴利税"》，澎湃新闻，2023 年 8 月 9 日，https：//www.thepaper.cn/newsDetail_forward_24166042，最后访问日期：2023 年 11 月 23 日。

大利海关和垄断局负责进出口增值税、消费税的征管，以及监督意大利对欧盟法的落实。[①] 长期以来，意大利税收征管制度的设计都朝着打击偷税漏税、确保税收收入、提高税收征收效率、简化纳税申报流程和降低企业高昂税务成本的方向努力。例如，意大利在税务机构的设置上强调税务机关与金融、司法、信息技术等部门的协调合作；在《2023 年税制改革授权法》中提出通过人工智能等更精细的分析工具来追踪、打击偷逃税者；2023 年 10 月部长会议批准的 2023 年简化法令中提到，通过推动电子支付、支付终端现代化、中小企业数字化等方式来简化纳税申报程序，促进纳税人与税务机关的合作，进而促进和保障税收合规。[②]

（四）意大利的税务争议解决机制

意大利的税务争议解决途径涵盖行政、司法两个方面。在行政方面，意大利设有专门的税务行政争议解决机构，负责审理纳税人对税务机关裁定提出的上诉。在司法方面，意大利税务司法系统共有三级，包括负责一审案件审理的初审税务法庭（省级）（Commissione Tributaria Provinciale）、负责对初审税务法庭判决提出上诉的区域税务法庭（Commissione Tributaria Regionale）以及隶属于最高法院但不评估事实问题、只处理法律问题的最高税务法庭（Corte Suprema di Cassazione）。此外，为促进快速解决争议，税务调解也是一种常见方式。[③] 特别值得注意的是，为了解决激增的税务纠纷案件，意大利《2023 年预算法》提出可通过调解程序或放弃上诉来解决税务纠纷，具体措施包括：对于一审未决的上诉，纳税人应付金额为争议金额

① 国家税务总局国际税务司国别（地区）投资税收指南课题组：《中国居民赴意大利共和国投资税收指南》，中华人民共和国国家税务总局网站，https://www.chinatax.gov.cn/chinatax/n810219/n810744/n1671176/n1671206/c5159181/5159181/files/fd724a9ce05844aa938fb25de218916f.pdf，最后访问日期：2023 年 8 月 17 日。

② "Decreto semplificazioni 2023: tutte le novità fiscali", 20 dicembre 2023, https://www.ticonsiglio.com/decreto-semplificazioni-2023/，最后访问日期：2023 年 11 月 8 日。

③ Alessandro Turina, "Chapter 11: Italy", in Michael Lang et al. eds., *Trends and Players in Tax Policy*, IBFD Press, 2016.

的 90%；如果税务机关败诉，则可以通过支付部分款项来解决争议，即在一审败诉的情况下，纳税人支付争议金额的 40%；二审不服判决的，纳税人按争议金额的 15% 来支付；如果争议递交到最高法院仍然悬而未决，且在之前所有级别的判决中均未成功，则纳税人支付争议金额的 5%。此外，与税收无关的罚款纠纷，根据情况的不同，可支付争议金额的 15% 或 40%；如果在每年 6 月 30 日前选择调解程序，则有可能减少罚款。上述方式构成了意大利税务争议解决的多层次体系。这不仅使当事各方可在不同层级的法庭寻求裁判，也为当事各方提供了灵活的纠纷解决方式，有助于税务争议的及时、公平解决。

三 意大利税收制度的国别特征

上文追溯了意大利税收制度的演进历史，梳理概括了其主要内容，较为清晰地呈现了意大利税制演变和运作的独特逻辑。基于此，我们从税法渊源、税制设计、税收种类安排与税收征管等方面归纳总结意大利税制的利弊并存的国别特征。

（一）中央和地方税权划分清晰的多元税法渊源

受到法治文化、法治传统等诸多因素的影响，意大利形成了多元的税法渊源。在国际税法渊源上，存在优先于国内税法的国际协定和欧盟指令；在国内税法渊源上，建立了多层次的税收制度体系，并形成了完整的中央和地方财政税收立法权划分和实现机制。具体体现在：一方面，国民议会制定的宪法、中央或大区议会制定的法律、政府制定的授权法令以及执行条例等组成了意大利多层级的法渊结构；另一方面，为调动地方政府治理积极性，使各级政府能够有针对性地制定税收政策，意大利宪法在明确划分中央和地方税权的基础上，赋予了地方一定的税收自主权。对于法律地位特殊的自治大区，宪法还赋予了更大范围的税收立法权。例如，依据法律授权，西西里大区可在国家未征税的领域开辟新的税种，虽然目前实践中尚无开征先例。

（二）实体税制设计以税收公平为本，体现人文内涵

对公平正义和以人为本价值的追求，体现在意大利税收政策的各个层面。在所得税方面，意大利针对社会弱势群体制定了种类繁多的税收减免和优惠措施。例如，所得税法规定，企业和个人对非营利组织或者慈善机构的捐赠可以实行税前扣除；未成年子女的生活和教育费用可以家庭为单位进行税收抵免；与残障人士救助有关的医疗费用可以税前扣除；等等。此外，意大利还力求借助税法构建一个更加平衡发展的社会。例如，意大利对增值税进行了多种税率设计，对一般生活领域规定了较低税率，以便降低增值税累退对低收入家庭造成的影响；在不动产税上，近几年，意大利对房产地籍价值进行了新一轮评估，以改变应税价值远低于市场价值的状况，尽量避免房产税的纳税义务随收入的增加而减少，降低房产税累退对社会公正的影响。

（三）税收种类安排兼顾文化遗产传承与环境保护

意大利有着规模庞大、年代久远且享誉全球的世界文化遗产，对其进行保护和加固需要大笔资金，但受限于自身的公共债务状况，政府可支配的公共资金难以对如此大规模的文化遗产进行有效保护。为了确保遗产保护所需资金支持的可持续性，一方面，意大利立法机构采用一系列税收激励措施来引导私人对文化遗产的投资参与。例如，对用于文化目的的不动产免征所得税（第601/1973 号总统令第 5 条），对明确符合历史艺术条件的资产免征遗产和赠与税（第346/1990 号法令第 13 条）等。另一方面，意大利对旅游城市收取灵活多样的旅游税和入城费，在缓解游客压力的同时，还能将其收入用于文化遗址保护与修复。

除对文化遗产的重视外，意大利税收政策在环境保护和可持续发展方面也有一定的倾向性。环境税的法理依据是"污染者付费、使用者补偿、开发者保护"[①]，良好的环境税收政策可以兼顾保护环境与促进经济增长。近年来，

---

① 林星阳：《环境税视野下税收中性原则的协调路径》，《北京理工大学学报》（社会科学版）2021 年第 2 期。

意大利通过绿色税制改革形成了种类多样的环境税收政策，除对大气污染物征税（拟碳税）之外，还对一次性塑料制品、固体废料以及垃圾等普遍课税。①

（四）税收征管的法治化与信息化程度高

首先，意大利税收征管的法治化程度很高。意大利对纳税人的税务申报做出了详细规定，将税收征管信用和个人社会信用相挂钩，从纳税申报的流程到违反规定所应受到的处罚，都有明确法律规定。它有助于提高纳税人履行义务的自觉性以及国家对纳税申报监管的效率性。其次，意大利税收征管各部门间的合作程度高，多机构间的相互配合共同保证税款征收。意大利财政警署和经济与财政部被法律赋予检查权和刑事侦查权，负责查处和打击偷逃税等税收违法行为；信息技术公司、数据处理公司负责为税务机构提供信息技术支持、税收数据分析等。再次，税收征管的信息化程度较高。意大利设立了可为税务机构提供信息技术支持的技术和数据分析公司，这些公司能够实时对税款源头进行监管，实现税务信息共享。从信息化源头监管工作到全面电子发票管理再到电子化的纳税申报和税款缴纳等，都充分体现了意大利税收征管制度的信息化和现代化特征。最后，在纳税服务上，意大利税收征管体现便捷性和人性化。例如，"730"退税或补税报表（modello 730）实际上是纳税人对上一年税务进行的总结，便于纳税人利用该报表进行退税，国家也能通过该报表了解纳税人的实际收入状况。②

（五）长期困扰意大利的税制流弊难以革除

综上所述，意大利税制有诸多值得他国学习借鉴的成功之处，包括相对完备的税收体系、多样化的税收种类以及与时俱进的税收优惠政策等。然而，在实际运行中，意大利税制也存在一些不容忽视的问题和弊端。

首先，繁杂的税收条款和税收优惠政策使得意大利税制的实际运行呈现

---

① Alessandro Turina，"Chapter 11：Italy"，in Michael Lang et al. eds.，*Trends and Players in Tax Policy*，IBFD Press，2016.

② 纳税人可通过递交"730"退税报表申报退税，可选择一次性退还或分月退还。

琐碎复杂的缺点。税收规定的复杂性迫使纳税人花费大量时间来保证合规纳税。这不仅增加了纳税人的义务成本，也给纳税人提供了逃税和避税的机会，造成意大利税收收入的常年流失。其次，意大利税制中较窄的税基以及税收征管对税基的侵蚀，又成为意大利税收收入流失的另一重要原因。例如，在所得税上，意大利规定了较高的税收起征点和多重扣除；在增值税上，意大利实行降低税率和税收豁免等措施。为了弥补税基侵蚀和偷逃税款造成的财政收入损失，并保障公共部门运行所需的财政资金，意大利又规定了较高的边际劳动税率和较高的劳动税收楔子。最后，由于税收楔子的存在，特别是受税收政策对劳动力市场供求的直接影响，劳动力市场供给减少、员工工资薪金上涨，进而助推通货膨胀等一系列连锁反应。正因为意大利税制存在上述不足，为促进就业、助力经济增长和维护社会公平，意大利政府不得不将简化税制、拓宽税基、降低劳动者税收负担、增加财产税作为新一轮税制改革的目标。尽管现任梅洛尼政府开始采取措施解决上述问题，但近几年在新冠疫情大流行和俄乌冲突背景下形成的能源短缺和经济困难局面，又对意大利的税制改革提出了更高的要求。意大利当前的税收制度是否仍能满足经济和社会转型的需要，未来若干年政府需要采取何种税制创新措施来应对面临的各种新挑战，还需进一步跟踪观察。

四　结语

税收是国家社会治理的制度基础和财政支柱，不同的国家社会治理理念孕育出不同的税制设计和体系，而不同的税制运行往往带来不同的国家社会治理效果。在我国将深化税制改革作为国家治理体系和治理能力现代化重要议题的背景下，通过深入研究意大利税收制度的历史沿革、主要内容和税制特色，可以帮助我们更好地吸取意大利税收制度发展中的经验和教训，以解决过去40多年的快速发展给中国税收法治带来的结构不合理、内部协调性不足、法治保障能力弱等一系列问题，并为中国构建一个更加公平、合理、高效的中国特色税收体系，提供一种可能的参考思路。

B.11
2023年意大利工业产权法改革：
背景、主要内容与展望

刘春红　〔意〕王思德　〔意〕安善*

摘　要： 2005年意大利颁布《工业产权法典》，旨在将以往有关工业产业保护的法律法规合并成一个法典，以更好地保护和规范工业产权，进而促进产业创新、推动经济发展。随着新技术、新产业不断涌现以及国际环境的变化，意大利工业产权法开始面临新的问题与挑战，亟待更新完善。在2019年对《工业产权法典》进行修订4年后，意大利于2023年通过当年第102号法律再次对该法典做出重要调整，重点对大学和公共研究机构研究人员发明专利权的归属、参加展览会产品的外观设计临时保护以及地理标志和原产地名称保护等方面的内容做了较大幅度修订。本文系统梳理了意大利工业产权法的缘起和2023年改革的背景、三项核心改革措施和其他重要举措，以期为国内学界的相关研究和中国工业产权领域的相关立法提供参考。

关键词： 意大利　《工业产权法典》　法制改革　专利权归属　地理标志

引　言

2022年4月，意大利政府提出一份法案，旨在对该国的《工业产权法

* 刘春红，博士，北京语言大学副教授，意大利研究中心主任，主要研究领域为意大利国别研究、意大利语言与文化、跨文化翻译与传播；王思德（Stefano Vergano），都灵大学法学硕士，Jacobacci Associati律师事务所律师，主要研究领域为知识产权法；安善（Alessandro Burrone），北京大学国际关系学院博士生，主要研究领域为比较政治学。

典》（Codice della Proprietà Industriale）进行修订。经历数月的讨论后，该法案于 2023 年 7 月正式获得意大利众议院批准，成为当年第 102 号法律，此后于 2023 年 8 月 23 日生效，全称为《2005 年 2 月 10 日第 30 号立法令〈工业产权法典〉修订案》。该法律提出了一系列改革措施，特别针对大学和公共研究机构研究人员发明专利权的归属、参加展会产品的外观设计临时保护以及地理标志和原产地名称保护等内容做了较大幅度修订。意大利专利商标局网站的相关内容显示，这是近年来该国针对工业产权领域的一次重要变革，也是该国落实"国家复苏与韧性计划"（PNRR）的一项重要举措，旨在实现两大目标：一是提高意大利国家体系的竞争力，加强工业产权保护；二是简化行政程序，推动相关工作的数字化。①

近年来，中国政府对工业产权保护的关注度不断提升，《知识产权强国建设纲要（2021—2035 年）》等文件均明确表示，知识产权是实施创新驱动发展的可靠制度保障。知识产权主要包括专利权、商标权和著作权等，工业产权是知识产权的一大分类，主要包括专利权和商标权，主要应用于商业或工业中。鉴于意大利在该领域的立法起步较早，并且积累了丰富的制度经验，其《工业产权法典》的改革无疑可为中国提供有益借鉴。本文将重点梳理剖析 2023 年意大利工业产权法改革，包括其背景和主要内容，以期加深国内学界对意大利工业产权保护法律制度的认知，并为推动中国完善相关法律法规以及加强中意两国在工业产权领域的合作提供背景分析。

一　意大利工业产权法的缘起与改革背景

意大利在工业产权保护领域的立法可以追溯至 19 世纪意大利统一时期。工业产权的起源和发展无法从单一国家视角进行概述，因为不断发展的市场

---

① Ministero delle Imprese e del Made in Italy, "Pubblicata in Gazzetta Ufficiale la Legge n. 102 del 24 luglio 2023, di modifica del Codice della Proprietà Industriale", 9 agosto 2023, https://uibm. mise. gov. it/index. php/it/approvato-il-disegno-di-legge-di-riforma-del-codice-della-proprieta-industriale，最后访问日期：2023 年 12 月 4 日。

需求一直在推动产权制度的国际化。历次工业革命带来的技术进步，都要求产权法不断完善，与时俱进。中世纪时期，欧洲一些国家的封建君主为了鼓励吸引商人或工匠开发先进技术，开始授予某些商人和能工巧匠在一定时期内免税或独家经营某种新工艺、新产品的权利，这便是专利制度的雏形。1474 年，威尼斯共和国制定了世界上第一部专利法，明确将专利保护制度化。1855 年，撒丁王国通过了第一部有关发明的法律。1870 年意大利统一后，该法律的效力及于意大利全境。19 世纪下半叶是意大利工业化进程的大发展时期，在此期间，意大利于 1868 年颁布了第一部商标法。仅仅 15 年后，《保护工业产权巴黎公约》（以下简称《巴黎公约》）就于 1883 年 3 月 20 日在巴黎签订，这是工业产权领域的第一个世界性的多边公约，涉及发明专利权、实用新型、工业品外观设计、商标权、服务标记、厂商名称、货源标记或原产地名称以及制止不正当竞争等。

20 世纪以来，欧洲一体化进程对意大利工业产权立法产生了深远的影响，成为推动其发展的主要动力。1993 年欧盟成立，欧洲单一市场的建立推动意大利工业产权立法进入新的发展阶段。这一时期，意大利积极融入欧洲一体化，加强对驰名商标的保护，并于 2005 年 2 月 10 日颁布《工业产权法典》。该法典重新组织编撰了有关商标、专利和外观设计的法律法规，并拓展了工业产权的保护对象。《工业产权法典》第 1 条规定，本法所称的工业产权包括商标（marchi）、原产地标志（indicazioni geografiche）、外观设计（disegni e modelli）、发明（invenzioni）、生物技术发明（invenzioni biotecnologiche）、实用新型（modelli di utilità）、产品及半导体绘图（topografie di prodotti e semiconduttori）、商业秘密（informazioni segrete）以及植物新品种（nuove varietà vegetali）。此外，《工业产权法典》还对意大利专利商标局进行了改组，并扩大了其职责。

2015 年，欧盟颁布了关于协调成员国商标立法的当年第 2436 号指令。①

---

① Direttiva（UE）2015/2436 del Parlamento europeo e del Consiglio sul ravvicinamento delle legislazioni degli Stati membri in materia di marchi d'impresa, 16 dicembre 2015, https：//eur-lex. europa. eu/eli/dir/2015/2436/oj/ita/pdf，最后访问日期：2023 年 12 月 20 日。

2017 年，欧盟颁布了有关保护商标权的当年第 1001 号条例。①在此背景下，意大利立法机关对《工业产权法典》进行了修订。2019 年 2 月 20 日，意大利颁布第 15 号立法令，进一步完善其工业产权保护体系，力求与欧盟设定的目标保持一致。②

此次 2023 年改革旨在从立法层面解决先前争论许久的问题，其中一个较为重要的问题涉及大学和公共研究机构研究人员职务发明专利权的归属，即所谓的"教授特权"（professor privilege）。在改革前，《工业产权法典》第 65 条规定，受雇于公共研究机构（包括大学）、住院与护理科学研究所（IRCCS）的发明人，可以保留与发明相关的所有权利，研究机构则处于边缘化地位。该制度阻碍了创新，忽视了公共研究机构为发明人提供资助的基本情况。由于研究人员更加关注学术研究和职业发展，往往不能充分发挥其发明创造的实际经济价值，因此许多发明并未得到充分利用，公共研究机构也未能很好地发挥在科研创新、成果转化和市场应用之间的关键中介作用。此外，在改革前，《工业产权法典》第 65 条第 4 款规定，只有在专利权授予 5 年后仍未被发明人利用时，其所属的公共研究机构才能自动获得该发明的免费非独有利用权。该规定存在两个明显弊端：首先，公共研究机构必须等待 5 年才能利用被发明人搁置的发明，但在充满竞争、不断变化的创新环境下，5 年未被利用的发明有可能已被淘汰；其次，5 年后未被研究人员利用的举证责任仍由大学和研究机构承担。因此，在该制度下，大学和研究机构的科研创新潜力被大大削弱。

另一个较为重要的问题是有关参加展览会产品的外观保护。随着"工业 4.0"时代的到来，新技术和新业态不断涌现，工业产权保护范围快速扩大。以会展行业为例，此前《工业产权法典》规定，当在官方举办或官方

---

① Regolamento（UE）2017/1001 del Parlamento europeo e del Consiglio sul marchio dell'Unione europea，14 giugno 2017，https：//eur-lex. europa. eu/legal-content/IT/TXT/PDF/？ uri = CELEX：32017R1001&from=NL，最后访问日期：2023 年 12 月 20 日。

② Decreto legislativo 20 febbraio 2019, n. 15, Gazzetta Ufficiale della Repubblica Italiana, https：// www. gazzettaufficiale. it/eli/id/2019/03/08/19G00026/sg，最后访问日期：2023 年 12 月 20 日。

认可的贸易会展中的展品被怀疑侵犯工业产权时，执法机关只能责令删除疑似侵权的相关信息，但是无权立即扣押相关展品，既无法有效约束侵权人，也无法及时全面保护被侵犯权益企业的利益。

此外，在当前的国际环境下，意大利在保护工业产权方面还面临其他挑战。例如，在地理标志和原产地名称保护方面，美国与欧盟之间的争端由来已久。①近年来，世界贸易组织谈判停滞，国际贸易领域的知识产权谈判进入后 TRIPS（《与贸易有关的知识产权协定》）时代，②各国纷纷通过签订自由贸易协定扩大贸易影响力，地理标志通常是自由贸易协定中包含的重点内容。意大利顺应欧盟过去几十年的发展趋势，在促进出口的同时，也努力增强对消费者信任的保护，令许多高品质的本土产品都获得了原产地名称（denominazione di origine protetta，DOP）和地理标志（indicazione geografica protetta，IGP）保护。根据意大利国家统计局（Istat）的数据，2020 年，意大利获得地理标志和原产地名称认证的产品数量在欧洲国家中排名第一，共有 295 种，比排名第二的法国（245 种）多 50 种。2022 年梅洛尼政府成立后，将"农林政策部"（Ministero delle Politiche Agricole e Forestali）更名为"农业、粮食主权和林业部"（Ministero dell'Agricoltura, della Sovranità Alimentare e delle Foreste），将"经济发展部"（Ministero dello Sviluppo Economico）更名为"企业与意大利制造部"（Ministero delle imprese e del Made in Italy）（以下简称"意大利制造部"）。这两个政府重要部委名称的改变，体现了新政府对地理标志和原产地名称保护的特别关注，2023 年意大利工业产权法改革也对《工业产权法典》相关规定进行了修订。

以下各小节将逐一对 2023 年意大利《工业产权法典》改革中有关大学和公共研究机构研究人员发明专利权的归属、参加展会产品的外观设计临时保护以及地理标志和原产地名称的保护三个方面的内容做梳理分析。

---

① 赵小平、马国良：《美欧地理标志保护争端及其对中国的启示》，《国际经济法学刊》2010年第 3 期。

② 关于后 TRIPS 时代的具体阐述，详见易继明、初萌《后 TRIPS 时代知识产权国际保护的新发展及我国的应对》，《知识产权》2020 年第 2 期。

二 有关大学和公共研究机构研究人员 发明专利权归属的改革

2023 年改革对《工业产权法典》第 65 条做了较大幅度的修订，修订后的条款明确规定公共研究机构研究人员职务发明专利权归属于发明人所属的机构，同时研究人员作为发明人的既有权利不受任何影响。[①]该规定适用于公立和法律认可的私立大学、公共研究机构、住院与护理科学研究所。[②]这一修订旨在使意大利相关规定与欧盟主要国家接轨，同时加强公共研究机构在研究和技术转移过程中的作用，力图令"教授特权"这一争议问题得到实质性解决。[③]

修订后的《工业产权法典》第 65 条第 1 款规定，当发明是在执行或履行与大学（包括法律承认的私立大学）、公共研究机构的合同或雇佣关系（即使是定期合同或雇佣关系）过程中，以及在这些机构之间的框架协议内完成时，发明所产生的权利应属于发明人所属的机构，但不影响发明人根据本条规定被承认为发明人的权利。发明由多人完成的，除非另有约定，发明所产生的权利等额归属于各发明人所属的机构。

修订后的《工业产权法典》第 65 条第 2 款、第 3 款规定，发明人应当

---

① 有关本条修改的更深入的分析参见 Cesare Galli，"La 'controriforma' della disciplina delle invenzioni universitarie e le altre novità normative in materia di brevetti"，*Tendenze e Sviluppi di Diritto Industriale*，numero speciale settembre 2023，pp.64-71。

② 关于 IRCCS 的作用以及监管变革对医疗保健系统影响的深入讨论，参见 Eleonora Lenzi，"L'impatto della riforma del Codice della Proprietà industriale sull'innovazione in sanità"，*Aboutpharma*，25 luglio 2023，https：//www.aboutpharma.com/sanita-e-politica/limpatto-della-riforma-del-codice-della-proprieta-industriale-sullinnovazione-in-sanita/，最后访问日期：2023 年 12 月 20 日。

③ 据观察，近年来，意大利各大学已设法制定自己的工业和知识产权保护内部条例，设立技术转让办公室，填补了以前立法中的空白，参见 Massimo Barbieri，"Il nuovo articolo 65 del Codice della proprietà industriale：l'opinione di un addetto al trasferimento tecnologico"，*Tendenze e Sviluppi di Diritto Industriale*，numero speciale settembre 2023，pp.85-89。

将发明客体①告知其所属机构，双方应当对信息保密，以确保发明的新颖性，这是获得专利保护的基本要求。一旦收到有关发明客体的信函，发明人所属大学或研究机构有权在 6 个月内提交专利申请，或者通知发明人该机构不参与提交专利申请。如果大学或研究机构在规定期限内没有向发明人发出任何通知，或者通知发明人不参与专利提交申请，发明人则可以以自己的名义，即以专利权人和发明人的双重身份提交专利申请。

修订后的《工业产权法典》第 65 条第 4 款规定发明人及其所属机构可以自主调节利益关系，包括与发明活动的相关奖励（第 4 款 b 项）及与利用发明的最佳形式等（第 4 款 d 项）。

修订后的《工业产权法典》第 65 条第 5 款规定，如果研究由私立研究机构资助，相关权利的归属由各方自主协议决定。与此同时，根据该条款规定，意大利制造部于 2023 年 9 月 26 日颁布政令，正式通过指导各方协议关系的《准则》（Linee Guida）。②《准则》第 4 条规定了基本原则，阐明了私人研究领域中的基本主体（研究机构与资助者）之间不同的利益结构。一般来说，研究机构的主要利益（尽管不是唯一的利益）是提高自身创新活动的可预见性，并以不损害其保护的方式传播其成果。另外，资助者的主要利益是能够立即自由处分委托研究的成果，以便在工业和商业领域中获利，排除研究成果管理可能导致自身业务发展缓慢，使竞争对手受益从而造成经济损失的风险。从这一前提出发，《准则》描述了专利相关权利分配的各种可能性：从研究机构和资助者的共同所有权到研究机构或资助者的独家所有权。换句话说，《准则》是一个易于阅读和理解的方案，中立地展示了不同情境下可能的解决方案，无论倾向于哪种解决方案，各方都可以在《准则》中找到具体的解决办法。尽管修订后的《工业产权法典》第 65 条第 5 款规

---

① 专利权的客体是专利权人的权利和义务所指向的对象。根据意大利《工业产权法典》第 2 条第 2 款的规定，发明、实用新型、植物新品种为专利权的客体。

② Cesare Galli，"In G. U. la Riforma del codice della proprietà industriale：brevetti italiani più protetti"，*Altalex*，9 agosto 2023，https：//www. altalex. com/documents/2023/08/09/g-u-riforma-codice-proprieta-industriale-brevetti-italiani-protetti，最后访问日期：2023 年 12 月 20 日。

定，协议条款的起草以《准则》为基础，但《准则》并不具有约束力，仅具有倡导性作用，被视作一种"软法"。[①]

最后，为了便于大学和研究机构执行受委托的任务，修订后的《工业产权法典》第65条之第2款规定大学和研究机构可以组建技术转让办公室，负责促进工业产权的利用以及与企业的合作。

总而言之，对研究人员的发明专利权归属进行修改是一项期待已久的改革。近年来，技术创新的地位日益凸显，有必要推动大学和研究机构之间的良性竞争。鉴于大学和研究机构、初创公司孵化器和企业之间的合作日益紧密，有必要使大学和研究机构获得其通过自身投资所创造的工业产权。上述改革内容有助于适应这一新形势的需要。

三　有关参展产品外观设计的临时保护的改革

《工业产权法典》的第二项重要调整涉及第34条，即增加了对展会上展品外观设计的临时保护条款——第34条第2款。[②] 第34条第2款规定，利害关系人可申请对在意大利境内或在给予互惠待遇的外国境内举办的官方认可的展览会上展出产品的外观设计进行临时保护，由意大利制造部负责；外观设计专利申请在相关产品展出之日起6个月内提出的，可以享有优先权。这项改革的目的是让创新型企业能够在展会上展出其产品，而无须立即提交外观设计申请。在产品展出后6个月内提出申请的，展会期间的展出不影响外观设计的新颖性。有学者指出，这项措施从表面上看效果有限。[③] 事

---

① 软法是通过自律和他律相结合的软规制而不是通过国家强制力规范人们行为、调整社会关系的现代社会公共治理创新机制。

② 关于临时保护制度的深入讨论，参见 Annalisa Spedicato, "Più tutele al disegno e modello anche quando va in fiera", *Tendenze e Sviluppi di Diritto Industriale*, numero speciale settembre 2023, pp. 14-18.

③ Cesare Galli, "In G. U. la Riforma del codice della proprietà industriale: brevetti italiani più protetti", *Altalex*, 9 agosto 2023, https://www.altalex.com/documents/2023/08/09/g-u-riforma-codice-proprieta-industriale-brevetti-italiani-protetti，最后访问日期：2023年12月20日。

实上,《工业产权法典》第 34 条第 3 款和第 4 款已经对外观设计规定了 1 年的宽限期,即在外观设计公开之日起的 12 个月内提出申请的,不丧失新颖性。因此,新引入的优先权制度与宽限期的规定有重叠。①

值得一提的是,这项改革在两个方面引起了争议。其一,临时保护和优先权的授予需要意大利制造部审批,在展会结束后的 6 个月内分别提交正式的注册申请。因此有学者质疑,该项新要求是否在注册申请方面增加了不必要的繁琐程序。其二,可获得临时保护的展会数量相对较少。该规则适用于在意大利境内,或在给予互惠待遇的国家举办的官方或官方认可的境外贸易展览会(其清单见最新版《巴黎公约》)。换言之,临时保护并不适用于所有展会,而只适用于《巴黎公约》中列出的知名展会。

此外,此项改革还赋予执法部门更大的权力以加强对被侵权方的保护。《工业产权法典》原第 129 条第 3 款规定,除非涉及刑法规定的情况,如果在展会上发现某种产品疑似侵犯工业产权,明确禁止执法部门直接扣押该产品,只可责令疑似侵权方删除涉及相关产品的描述内容。而根据改革后的规定,在出现明显的侵权情况时,执法部门可直接扣押潜在侵权产品,从而使工业产权保护更加迅速,可为在展会上发现假冒产品后寻求工业产权法救济的企业节省大量时间和费用。

四　有关地理标志和原产地名称保护的改革

2023 年改革对《工业产权法典》中涉及地理标志和原产地名称保护的相关规定也有较大幅度的调整。首先,修订后的《工业产权法典》第 14 条规定,禁止将具有欺骗性和来源方面误导公众的显著标志注册为商标,在第 14 条第 1 款 b 项中,增加了禁止将暗示、冒用或模仿受国家或欧盟法律

---

① 关于新的优先权与宽限期的规定的区别参见 Daniele Camaiora, "Fiere, esibizioni e proprietà Intellettuale: cosa cambia?", *Canella Camaiora Studio Legale*, 14 settembre 2023, https://www.canellacamaiora.it/fiere-esibizioni-e-proprieta-intellettuale-cosa-cambia/, 最后访问日期: 2023 年 12 月 4 日。

（包括意大利或欧盟加入的国际协定）保护的地理标志和原产地名称的标志注册为商标的规定。[①]其次，修订后的《工业产权法典》第 170 条规定，针对含有或由地理标志或原产地名称组成的农产品和初加工农业食品的商标申请，意大利商标专利局应当将相关文件转交农业、粮食主权和林业部，由后者提出有约束力的意见，以确定申请注册为商标的文字、图形或标志是否构成对地理标志或原产地名称的冒用、模仿或暗示。此外，关于有权对商标申请提出异议的适格主体，修订后的《工业产权法典》第 177 条第 4 款第 2 项除了保留"保护联合体"（Consorzi di Tutela）的权利之外，还授权农业、粮食主权和林业部作为负责农产品、食品、葡萄酒和烈酒的地理标志和原产地名称保护的国家机构，规定该部有权直接参与对以上产品的保护。

需要注意的是，上述修订后的措施具有很强的政治和现实意义，但并没有从根本上改变行业惯例和企业行为。[②]目前，在不承认意大利地理标志和原产地名称保护的国家（例如美国），如何令地理标志和原产地名称得到保护仍然是一个大问题。意大利立法者无法单独通过修改《工业产权法典》来解决这个问题，只能通过更积极地采取政治和外交行动，与更多的国家签订双边协议，才能在更大范围内保护本国知名产品的地理标志和原产地名称不受侵犯。

值得一提的是，中国与欧盟在地理标志保护方面加强合作对于意大利企业而言至关重要。2020 年 9 月，中国与欧盟签订了《中华人民共和国政府与欧洲联盟地理标志保护与合作协定》。该协定明确规定，缔约国主管机构应驳回或撤销所有侵犯地理标志的商标申请，定期更新包括所有欧洲和中国的地理标志保护认证的协议。该协定着眼于互利互惠，不仅有利于欧洲国家（包括意大利）打击他国伪造和盗用本国制造的产品名称，也有利于中国向

---

① Duilio Cortassa, "Modifiche al Codice della proprietà industriale, di cui al decreto legislativo 10 febbraio 2005, n. 30, in merito alla tutela delle DOP e delle IGP", *Tendenze e Sviluppi di Diritto Industriale*, numero speciale settembre 2023, p. 37.

② Michele Franzosi e Ottavia Raffaelli, "Le modifiche al Codice della proprietà industriale in punto DOP e IGP", *Tendenze e Sviluppi di Diritto Industriale*, numero speciale settembre 2023, p. 22.

更多的欧洲消费者推广其传统特色产品。欧洲产品列表包括许多重要的意大利特色产品，比如"酒王"巴罗洛、摩德纳香醋和哥瑞纳·帕达诺奶酪。中欧在地理标志保护领域的合作堪称典范，打造了中欧经贸关系的新模式，并提高了中国和欧盟产品在对方市场的销量和知名度。同时，中国加强对地理标志产品的保护，也让欧洲企业和个人能够在明确的法律规定下在中国开展业务，事实上扩大了意大利《工业产权法典》中有关地理标志和原产地名称保护固定的适用范围，这对于意大利有效维护其企业在中国市场的利益具有重要意义。

五　结语

综上，2023 年改革后的《工业产权法典》给意大利工业产权保护领域带来了重要变化，表明了意大利政府促进科技创新和价值转化、加大对"意大利制造"相关知识产权保护力度的决心。具体而言，针对大学和公共研究机构研究人员发明的新规定使意大利的立法与欧洲主要国家立法更加一致，大大简化和缩短了技术转让流程，有助于提升意大利大学和研究机构的科研能力和科研成果的市场转化能力；针对参加展会产品外观设计临时保护的新规定，将加强对工业产权持有人的保护，更有力地打击各种形式的假冒行为；针对地理标志和原产地名称保护方面的改革，有助于意大利进一步在国际市场推广其产品，特别体现了意大利当前的梅洛尼政府对于本国农业和农食产品行业的重视。

除了前述三个方面的内容，意大利在 2023 年对《工业产权法典》的改革还涉及其他领域，例如，推动行政流程简化与程序数字化。修订后的《工业产权法典》规定，废除纸质形式的材料提交模式，简化意大利专利商标局线上申请程序，用户数字身份得到验证后，即可访问和使用意大利专利商标局的远程申请系统，且无须在提交的文件上加盖电子签名。意大利政府还计划推广国外机构提供的数字服务，以实现数字化支付，简化申请程序，提高程序效率。此外，新修订的《工业产权法典》提出通过简化司法程序、加强诉讼联动等方式加快程序运行，推动判决、裁定尽早做出；还提出对有限的行政、司法资源做合理分配，尽早终结非必要的程序；减轻企业负担，把资源投入更需要的地方，以促进创新、竞争和公共福祉的提升。

正如知识产权领域的知名学者彼得·达沃豪斯（Peter Drahos）所言，虽然经济发展离不开稳定的产权制度，但是如果产权制度不能随着时间推移进行持续且及时的调整，那么经济发展也会受阻。①意大利工业产权法出台的背景和历史演进的过程诠释了经济发展和产权制度之间相辅相成的关系，中国经济的发展也需要不断完善产权制度。

当今世界科技飞速发展，技术应用影响和塑造当下和未来的生产生活方式，同时也给工业产权的形态提供了更多可能性，围绕工业产权制度如何促进经济社会发展这一主题的研究仍然有很大的拓展空间。2023年意大利工业产权法改革立足现实问题，以促进工业产权的发展、提高行政效率为目标，反映了欧洲发达国家工业产权制度发展的新趋势，值得我们关注。当然，工业产权法在通过改革对新技术、新挑战进行回应的同时，还需要在司法层面进行个案探索以积累立法经验。2023年修订后的《工业产权法典》刚通过，还需要时间和实践的检验，此次改革能否较好地达成预期目标、未来还会根据经济社会发展现实做出何种调整，都需要继续跟踪观察和分析。

---

① Peter Drahos，"Intellectual Property and Human Rights"，*Intellectual Property Quarterly*，1999（3），pp 349-371.

中国与意大利

B.12

科技架起文化沟通之桥：中国
与意大利科技合作回顾与展望

〔意〕安德烈亚·卡利朱里　詹卢卡·桑保罗*

摘　要：　中国和意大利是对世界发展产生重要影响的两大文明古国，都拥有丰富的文化遗产。本文探讨了中意两国科技合作的历史与现状。本文回顾了16世纪末17世纪初耶稣会传教士利玛窦对两国科技关系做出的开创性贡献，随后梳理了自20世纪70年代正式建交以来，两国为促进双边科技合作建立的主要机制和工具，之后聚焦两国在航天、环保和文化遗产三大重点领域的合作，着重分析两国在上述领域取得的成就、面临的挑战以及合作的前景。本文认为，科技合作是中意两国全面战略伙伴关系的重要组成部分，也是两大文明互学互鉴的重要渠道。本文还探讨了不断变化的地缘政治环境以及中国与西方日益加剧的竞争对中意两国科技合作的影响，并提出了在面

---

* 安德烈亚·卡利朱里（Andrea Caligiuri），意大利马切拉塔大学国际法副教授，亚得里亚海和地中海研究跨学科中心（CiRAM）主任，中国中心跨学科研究高级研究员，主要研究领域为国际法、中意关系；詹卢卡·桑保罗（Gianluca Sampaolo），意大利马切拉塔大学应用经济学博士后，中国中心跨学科研究高级研究员，主要研究领域为中国经济、中意经贸合作。

对这些挑战时维护与加强两国科技合作的可能路径。

关键词： 中意关系　科技合作　航天　环保　文化遗产

一　中意科技合作发展历史回顾

中国和意大利作为东西方两大文明，对世界产生了深远影响。当人们试图描述中意两国的历史关系时，不能忽视利玛窦神父的科学活动在"缩短"中国与欧洲约 9000 公里的距离时发挥的关键作用。利玛窦（Matteo Ricci，1552 年生于意大利马切拉塔，1610 年卒于北京）是第一位推动中国与欧洲彼此深入了解、文明互鉴的西方人。时至今日，他仍是沟通东西方文明的象征和典范。在华耶稣会士的创举以及利玛窦神父的科学活动，是东西方文明交流史和世界科学发展史上的里程碑。利玛窦神父的贡献至关重要，因为他指明了中国儒家传统和欧洲基督教文化融合的道路，并时常驳斥来自罗马教廷的批评。对于利玛窦而言，科学活动几乎是"使命中的使命"，尽管他从未忘记在中国的首要目标——传教。①众所周知，除了创作各种宗教题材的作品外，利玛窦还撰写了重要的科学著作，其中一半用中文写成。

利玛窦将科学著作翻译成中文，成功地架起了东西方科学知识交流的桥梁。在科学普及方面，利玛窦向中国介绍了文艺复兴时期的代数、欧几里得几何及其在天体运动和测绘领域的应用；他还引入了经纬线的概念，推动历法改革，并传授制造天球仪、钟表、地球仪、罗盘和六分仪等仪器的技术。利玛窦本人并非天文学家、数学家或地理学家，但出于明确的教学目的，他编纂了一系列凝结了西方科学知识的中文科学著作，具有极高的历史价值。利玛窦还被视作第一个将中国文化介绍到欧洲的人，他于 1591～1594 年将

---

① 耶稣会士在亚洲传教时，为了更好地融入当地的宗教和文化，采取了"本土化"的策略。这种策略的出发点是，亚洲人与欧洲人具有同等的智力和道德水平。利玛窦神父采用的适应策略包括寻找共同经验、寻找连接点和达成可接受的妥协等。

儒家经典"四书""五经"①翻译成了拉丁语。但同时也不应忘记，倘若没有中国友人徐光启和李之藻的鼎力支持，利玛窦是不可能完成前两版世界地图和其他著作的，因此徐、李二人同样功不可没。

上述这段共同的历史，为中华人民共和国和意大利共和国在当代的科技与创新合作打下了坚实的基础。在中国实行对外开放早期，中意两国就在科技领域展开了合作。事实上，意大利是最早与中国签署科技合作协定的西方国家之一，两国在该领域的第一份协定可以追溯至1978年10月6日。之后，两国又在1987年10月5日签署了补充协定。

1998年，中意两国签署了新的科技合作协定（包括一份关于知识产权条款的附件），扩大了双边合作的领域，该协定至今仍然有效。新划定的合作领域包括农业、渔业、畜牧业和食品行业，地球科学、气象学和海洋学，基础科学（化学、物理、数学等），信息技术，能源与环境，先进材料和超导体，太空和天文学，卫生、生物医学和生物技术，工程和电信，应用于文化遗产保护的技术，以及双方同意的任何其他领域。此外，该协定还承诺，将推动中国和意大利共同参与、实施欧盟或其他国际组织的项目。

中意科技合作建立在坚实的法律框架之上。例如，在航天领域，这一框架通过两份协定得以进一步细化，分别是1984年3月10日签署的《中意空间科学技术合作议定书》和1991年7月16日签署的《中意关于和平利用与研究宇宙空间方面进行合作的协定》。再如，在环境保护领域，两国合作框架经由一系列文件确立：2000年10月19日，中意两国环保部门签署了联合声明；随后，两国又分别于2001年11月27日、2004年6月8日、2004年9月14日和2012年3月16日签署了关于双边环境合作的谅解备忘录；2014年10月30日，两国签署了关于环境伙伴关系和可持续发展的联合声明；2017年6月14日，中国环境保护部与意大利环境部签署了关于环境和

---

① 中国文化传统中的经典文集，由"五经"和"四书"组成。"五经"包括《诗经》、《尚书》、《礼记》、《周易》和《春秋》。"四书"包括《大学》、《中庸》、《孟子》和《论语》。"四书""五经"传统上被认为是教育和培养士大夫的必读之书，对中国文化产生了深刻而持久的影响。

可持续发展的协议。2010 年，中国科学技术部与意大利公共管理和创新部签署了一份框架协议，巩固了两国在创新推广领域的合作模式。

总体而言，近年来，中意科技合作项目逐年增加，成为 2004 年建立并不断发展的全面战略伙伴关系的重要组成部分。2015 年，意大利作为创始成员，加入亚洲基础设施投资银行；① 2019 年，意大利与中国政府签署了共同推进"一带一路"建设的谅解备忘录，②两国关系进一步巩固。在上述年份，意大利外交政策的重点是与中国建立稳固互利的关系，以促进意大利经济发展。③

2020 年是中意两国正式建交 50 周年，本应是两国关系史上的重要年份，然而，因新冠疫情大流行，原定的绝大部分庆祝活动都被迫取消，两国关系未来发展的前景至今仍不明朗。这种不确定性也蔓延到了科技合作领域。

实际上，在新冠疫情暴发之前，中意两国的科技外交在两国关系发展中发挥了非常重要的作用。它超越了具有"功利性"的经贸关系，促进了两国的相互了解和认知。即使在新冠疫情期间，科学研究也证明了它在全球化的世界中团结各国人民的重要价值。因此，确保科技外交继续作为应对全球挑战的引擎，作为维护全球团结、减少潜在冲突的关键要素至关重要。在全球地缘政治格局日益复杂及充满不确定性的当下，这种重要性更加凸显。在此方面，中国和意大利一直都是并应该继续成为科技外交的积极倡导者。

---

① 更多信息请参见 https：//www. ice. it/it/mercati/cina/asian-infrastructure-investment-bank-aiib，最后访问日期：2023 年 12 月 17 日。

② 在众多有关共同推进"一带一路"建议的谅解备忘录对意大利本国以及国际关系影响的学术著作中，以下几部值得关注：Diego Angelo Bertozzi, *La nuova via della seta：il mondo che cambia e il ruolo dell'Italia nella Belt and Road Initiative*, Diarkos, 2019; Francesco De Filippo, *La nuova via della seta：voci italiane sul progetto globale cinese*, Castelvecchi, 2019; Norbert Lacher, *La nuova Via della Seta-Geopolitica e potere：Linea di faglia geopolitica/geostrategica del 21° secolo*, Edizioni Accademiche Italiane, 2020; Andrea Caligiuri and Stefano Pollastrelli, *Law and Security along the 21st Century Maritime Silk Road*, Editoriale Scientifica, 2021。

③ Giovanni B. Andornino, "Continuity and Change in Italy-China Relations：From Economic Pragmatism to Selective Followership and Back", in Simona A. Grano, David Wei Feng Huang, eds., *China-US Competition. Impact on Small and Middle Powers' Strategic Choices*, Springer, 2023。

基于上述背景，本文下面各小节将重点分析中意两国在科学技术领域合作的状况，包括双边顶层制度设计、在重点科技领域合作所取得的成绩、当前面临的挑战，以及合作前景等。

二　中意科技合作的主要制度设计

中意两国在双边或单边层面上建立了多种机制以开展科技合作。在双边层面，主要制度设计如下。

• 中国科技部同意大利外交与国际合作部签署的合作执行计划，该协议为期三年，用于资助由两国制定的合作研究项目指南中的科研项目；协议更新时，合作项目研究指南也会随之更新。

• 中国国家自然科学基金委员会与意大利外交与国际合作部签署的合作执行计划，依据两国战略利益和每次协议更新时共同制定的合作研究项目指南，资助中意合作项目。2023年1月11日，两国更新了2023~2025年的合作计划，将重点关注食品质量与安全、健康风险因素分析、环境污染修复、可再生能源和大型基础设施中的跨学科项目。[①]

在单边层面，意大利同样建立了一系列机制来推动中意科技合作的规划与协调。

• 科技合作技术小组：由意大利外交与国际合作部于2014年设立，旨在协调意大利在华机构开展活动，促进对中国科学界的了解；介绍意大利正在进行的科研项目以及中国科技领域提供的机遇；协调与中国开展合作的意大利科技机构；促进合作投资回流意大利；挖掘"意大利体系"（Sistema Italia）的潜力。

• 意大利教育、大学与科研部合作计划：2014年，意大利教育、大学与科研部（MIUR）决定，在中意两国科技交流的基础上，将人文科学和自

---

① 有关中意两国科技合作协议的更多信息，参见意大利外交与国际合作部网站，https：//www.esteri.it/it/diplomazia-culturale-e-diplomazia scientifica/cooperscientificatecnologica/programmiesecutivi/accordi_programmi_culturali_tecnologici/，最后访问日期：2023年12月20日。

然科学的合作纳入计划，并在计划中加入一个新的工作领域，即科学文化推广，通过大学、孔子学院和科学城之间的合作，推动展览、师生交流等相关活动和计划。

• 意大利教育、大学与科研部"中国计划协调小组"：意大利教育、大学与科研部于 2015 年成立该协调组，通过与意大利经济发展部和意大利工业家联合会（Confindustria）合作，推动研究机构、高校、创新型初创公司及其他各类企业参与项目。

最后，推广意大利科技、加强中意科技机构联系、协调相关活动、维护与大学的联系、促进科技与学术交流等工作，由意大利驻华使领馆（驻北京大使馆、驻上海总领事馆和驻广州总领事馆）的科技专员负责。

此外，还有一些专门为推广中意两国科技合作成果组织的活动。

• 中意创新合作周：该项目为一年一度的中意技术对接活动，由两国轮流举办。活动日程主要包括"中意创新论坛"（CIIF）和"一对一"技术对接会（SIEE）。该活动是"中意科技创新规划"的一部分，由意大利教育、大学与科研部和中国科技部、意大利坎帕尼亚大区共同推动，由那不勒斯科学城与北京市科学技术委员会、北京市科学技术协会共同协调管理。该活动旨在协调并有序促进两国在科研与创新领域的发展，为此将动员所有公共机构，并通过与意大利工业家联合会合作，吸引创新企业参与其中；推动两国科研创新系统的国际化，促进两国共同感兴趣领域的科学合作，例如，环境与可持续能源、农业与食品安全、可持续城市化、医疗保健、航空航天、基础设施和交通、工业 4.0、文化和创意产业等；通过提供配套支持和协助融资等措施，推动创新型初创企业国际化；支持数字制造领域的合作；提高与中国在科学、技术和人文领域合作所需的人力资本能力，并促进人才流入意大利。

• 意大利世界科学日：该活动最初由意大利驻华大使馆的科技专员发起，每年 4 月举办，现已成为一项全球性活动。科学日的形式每年都会更新，其主要目标是推广意大利的科研成果并扩大其全球影响力。

三 中意科技合作的重点领域

2020 年 3 月，意大利外交与国际合作部与意大利驻华使领馆科技专员共同编写了《迈向 2025 年：中国-意大利科学技术合作行动计划》。① 该计划面向工业、大学和研究机构，确定了中国与意大利开展科技合作的八个重点领域：①物理学、天体物理学、地球物理学、空间技术；②先进材料；③环境与能源；④可持续城市化；⑤文化遗产；⑥农业食品；⑦生命科学、健康与福利；⑧信息通信技术和智能制造。本节我们将重点分析中意两国在航天技术、环境保护和文化遗产三大领域的合作成果，以突出两国在科技合作方面取得的成绩以及存在的不足。

（一）航天技术领域合作

航天技术是中意科技合作的重点领域之一，而且成果显著。鉴于航天项目的技术和军事影响，两国能在该领域开展合作表明彼此拥有较高信任度。2011 年，意大利航天局（ASI）与中国国家航天局（CNSA）签署了航天领域合作框架协议。此后，两国又签署了一项关于共建中国电磁监测试验卫星的执行计划。

2015 年 12 月 17 日，中国发射了第一颗暗物质粒子探测卫星（DAMPE20），中文名为"悟空"，意大利为这颗科学卫星的建造做出了重大贡献。该卫星是中国科学院紫金山天文台与意大利国家核物理研究所（INFN）合作的成果，该项目得益于意大利航天局与中国科学院国家空间科学中心签署的协议，是两国航天科学领域合作的重要组成部分。

另一个已完成且具有重要象征意义的是 2014 年的月球测绘项目。该项目由中国科技部发起，利用中国"嫦娥"系列月球探测器获得的数据，绘制了

---

① 《迈向 2025 年：中国-意大利科学技术合作行动计划》的详细内容，参见意大利外交与国际合作部网站，"ITALIA - CINA ｜ collaborazione scientifica e tecnologica Piano d'Azione verso il 2025"，https：//www.esteri.it/mae/resource/doc/2020/03/piano_ dazione_ st_ verso2025r. pdf。

月球元素分布图。该项目的一大特色是由中意两国大学生合作共同完成。

意大利航天局与中国载人航天工程办公室签署合作建造中国空间站"天宫三号"的协议，是两国科技合作的又一重要里程碑。2017 年 2 月 22 日，意大利总统马塔雷拉访华期间，与中国国家主席习近平共同签署了该协议，标志着中意两国科技合作达到新高峰。

2018 年 2 月 2 日，中国电磁监测实验卫星"张衡一号"（CSES21）经"长征二号"运载火箭，在位于内蒙古戈壁的酒泉卫星发射中心成功发射，是中意在航天领域合作取得的最重大成就。中国电磁监测实验卫星项目由中意两国合作，如果不考虑欧洲航天局与中国签署的欧洲卫星发射倡议，意大利是第一个与中国合作发射卫星的西方国家。"张衡一号"是一颗用于研究地球轨道磁场、等离子体和粒子流的卫星。该卫星成功发射，打破了中国人对意大利的刻板印象，即意大利不只是一个在"美食、时尚和家居用品"（3F）领域领先的国家，在航天等高科技领域也同样领先。

中意两国在航天领域的部分合作项目见表 1。

表 1　中意两国在航天领域的部分合作项目

合作起始年份	项目名称/合作文件
2011	中国国家航天局和意大利航天局关于和平利用外空的协议
2012	北京理工大学生命学院与 Kayser Italia 公司在空间生命科学领域长期合作备忘录
2014	"月球测绘"项目
2017	中国载人航天工程办公室与意大利航天局围绕中国空间站开展载人航天活动合作的协定； 意大利航天局与中国载人航天局合作建设中国天宫三号空间站协议
2018	中意合作中国电磁监测实验卫星发射项目（CSES）
2019	关于中国电磁监测卫星 02 星合作的谅解备忘录

资料来源：笔者根据意大利航天局等机构官网资料整理。

中意两国在航天领域的合作已有数十年的历史。除共享设备和技术外，两国航天机构还积极推动航天员之间的交流。2016 年 6 月，中国宇航员叶光富在意大利开展了部分训练。2017 年 8 月，意大利宇航员萨曼莎·克里斯托弗雷蒂在中国烟台海域参与了一次海上救生训练。意大利与中国在航天领域的合作总体上取得了显著成果，这在欧盟国家中是独一无二的。[①]

（二）环境保护合作

环境保护是中意科技合作的另一重要领域。中意两国已签署的政府间文件划定了双方环保合作的重点领域，包括大气污染防治、水污染防治、环境保护相关技术能力建设、环境政策与法规、多边环境协定执行，以及其他共同感兴趣的领域。

在环保领域，意大利企业依托《中国-意大利环境保护合作计划》在中国投资了诸多项目。该计划由中国环境保护部和意大利环境与国土部于2000年7月签署。2006年9月18日意大利对外经济合作部与中国财政部签署谅解备忘录后，该计划获得资助并随之启动。意大利方面，该计划由意大利环境与国土部通过与中国方面签订的一系列协议负责实施（见表2）。

表2　《中国-意大利环境保护合作计划》框架内签署的协议

签署日期	意大利环境与国土部与中国机构签署的协议
2015年2月9日	与中国社会科学院的协议
2015年2月10日	与中国工业和信息化部(MIIT)的协议
2015年4月27日	与中国科学技术部的协议
2017年6月14日	与中国环境与发展国际合作委员会的协议
2017年6月14日	与中国环境保护部的协议
2017年6月16日	与北京市环境保护局的协议
2018年5月18日	与同济大学的协议

资料来源：笔者根据意大利环境与国土部官网资料整理制作。

自2000年以来，意大利在中国31个省、自治区和直辖市实施的项目和计划主要涉及以下领域：保护自然资源（可持续农业、空气污染控制、水

[①] Laura Baldis, Bai Qingjiang, Fan Quanlin, "Review and Prospect of Italy-China Space Science and Technology Cooperation—From the Gunpowder 'Rocket' All the Way to Satellites", *Science & Technology Review*, Vol. 39, 2021, pp. 155-165.

资源管理、土壤污染防治、固体废物管理）；推广可再生能源，提高能效；推动经济和技术改造，促进节能减排；发展可持续农业；加强机构建设以支持城市规划和绿色建筑；不断落实国际气候公约，以应对全球气候变化及其负面影响；推广绿色交通；开展环境保护宣传和教育活动。此外，多年来，意大利还积极参与在中国举办的一系列重要环保展会和活动，如中国国际环保展览会、中国环博会、中意创新合作周等。

自 2003 年以来，意大利环境与国土部还在一直推动一项重要的高级培训项目。该项目以环境管理和可持续发展为主题，面向中国行政部门、高校和企业的技术人员、青年专业人员、学者和决策者。在过去的十多年中，项目吸引了中国的主要环境机构参与其中，已为超过 1 万名学员提供了超过 260 门课程的培训，并组织了超过 600 次学习考察。为了在两国官方伙伴关系框架内为私营部门提供更多机会，自 2017 年以来这一培训项目还在三个方面得到加强和发展：加强了与中国环境保护部和北京市的合作；积极参加展会活动；鼓励私营部门参与项目。①

最后需要指出，近年来，能源转型和"去碳化"目标已被中意两国列为政治议程中的优先事项，②这将进一步助推两国在科技领域的交流，相互

---

① 关于中意两国在空间和环境领域合作的更多详细信息，可参见以下文献：Gianluca Sampaolo, Micihaela Roibu, Monica Lovito, Simone Padoan, Francesca Spigarelli, Ping Lv, Faxin Teng, *A Case of Geo-Innovation in the 21st Century-Italy's Science*, *Technology and Innovation Partnership with China*, CDA Systemic Country Insights（SCI）Publication Series, edition 1/2021, Vienna：China Data Analysis & Research Hub（CDA）。

② 中方文件参见《中华人民共和国国民经济和社会发展第十四个五年规划和 2035 年远景目标纲要》，中国政府网，2021 年 3 月 13 日，https：//www. gov. cn/xinwen/2021-03/13/content_5592681. htm，最后访问日期：2023 年 12 月 17 日；《国家能源局 科学技术部关于印发〈"十四五"能源领域科技创新规划〉的通知》，中华人民共和国国家能源局网站，http：//zfxxgk. nea. gov. cn/2021-11/29/c_1310540453. htm，最后访问日期：2023 年 12 月 17 日。相关评述可参见 Gianluca Sampaolo, Francesca Spigarelli e Mattia Tassinari, "La politica industriale in Cina：tendenze in corso e prospettive future", *Rivista di Politica Economica*, 2022。意方文件参见 Governo Italiano, *il Piano Nazionale di Ripresa e Resilienza（PNRR）*, https：//www. governo. it/sites/governo. it/files/PNRR. pdf，最后访问日期：2023 年 12 月 17 日。相关评述可参见 Lorenzo Compagnucci e Olena Liakh, "Il Piano Nazionale Integrato per l'Energia ed il Clima（PNIEC）：Analisi e scenari per l'industria nazionale", Working Paper CiMET/Policy Brief 16/2023。

学习对方的最佳做法，[1]而这对于实现更广泛的联合国可持续发展目标具有重要意义。

（三）文化遗产合作

鉴于意大利在对华贸易和吸引中国投资方面落后于其他欧洲大国，在过去相当长一段时间，意大利一直努力通过文化外交的手段，促使中国人对意大利的文化、历史和企业产生兴趣，缩小与这些欧洲国家的差距。[2] 2019年，中意两国政府签署共同推进"一带一路"建设的谅解备忘录，其中明确提到了两国要加强文化合作，具体内容如下。

"人员互通。双方承诺鼓励扩大人员互通，发展友好城市网络，充分利用中意文化合作机制平台，完成两国联合国教科文组织认定的世界遗产地之间的结对项目，以促进各自主管部门在教育、文化、科学、创新、卫生、旅游和公共福利方面的合作。双方将促进各地方政府、媒体、智库、大学和青年之间的交流与合作。"[3]

近年来，中意两国在文化遗产领域的合作不断深化，双方专业人士之间的交流日益密切，一系列互助合作项目得以开展。这些项目涉及的领域十分广泛，例如，在河南洛阳龙门石窟开展联合考古调查，对四川乐山大佛进行保护和修复，对北京故宫太和殿开展初步调查和修复研究，联合举办文化遗产保护和修复培训项目。中意两国在文化遗产领域的合作，促进了两国文化遗产保护理念的交流、标准的提升以及技术的

---

[1]　Gianluca Sampaolo, "La transizione energetica della Cina. Prospettive e implicazioni di policy per l'Italia", Working Paper CiMET/Policy Brief 5/2023, https：//www.cimet.org/wordpress/wp-content/uploads/2023/10/Sampaolo_ 5－2023.pdf，最后访问日期：2023 年 12 月 20 日。

[2]　Alessio Zuddas, "Un'occasione mancata. L'inadeguatezza della diplomazia culturale italiana in Cina nei primi anni Ottanta", *Rivista italiana di storia internazionale*, Fascicolo 2/2021, luglio-dicembre, pp. 313-334.

[3]　有关中意两国签署的共同推进"一带一路"建设的谅解备忘录，中方并未公布文本，此处相关内容由意大利作者摘自意大利政府公布的文本。——译者注

标准化。① 2016 年，中国文化和旅游部与意大利文化遗产、活动和旅游部签署合作协议，建立了中意文化合作机制。该机制主要负责推动五大领域的项目合作，包括表演和艺术、文化遗产、文物修复、联合国教科文组织认定的世界遗产地合作、电影和旅游。②

中国和意大利是世界公认的"文化超级大国"，都拥有悠久的历史和丰富灿烂的文化遗产，是拥有联合国教科文组织世界遗产数量最多的两个国家。在这方面，两国已开展了卓有成效的合作。2023 年 10 月 24 日，在中意文化合作机制框架下，新一届"中意世界文化遗产地结好论坛"成功举办。该论坛是一种全新的合作形式，旨在促进两国在历史考古、文物修复和视觉艺术领域的交流与合作，并推动两国世界遗产地旅游业的发展。在此次论坛上，中意两国回顾了之前签署的两对世界遗产地结对协议及取得的后续合作成果，即云南红河哈尼梯田文化景观与朗格罗埃洛和蒙菲拉托葡萄园景观结对，以及杭州西湖文化景观与维罗纳城结对。另外，两国还就两个新的世界遗产地结对意向达成初步共识，分别是北京颐和园与哈德良和埃斯特别墅结对、苏州古典园林与威尼斯及其潟湖结对。在论坛上，中方强调，中意两国多年来在文化领域相互学习，携手合作，取得了显著成果。中国构建起坚实的法律法规体系，更新了现代科学技术手段，增强了保护世界遗产的能力。在中方看来，继续落实世界遗产地结对谅解备忘录内容，是深化两国在专业培训、研究、保护、展览以及诠释世界遗产等领域务实合作的重要起点，能够促进两国文明交流和相互理解，并充分发挥世界遗产在传播文化、深化友谊和维护世界文化多样性及创造性方面的作用。意大利代表团赞同中方观

---

① 有关中意两国开展文化遗产保护与修复合作的详情，可参考由中国文物保护研究院（CACH）和意大利国家研究委员会（CNR）联合出版的"中国和意大利：文化遗产联合倡议"丛书。上述两家机构于 2014 年签署科学技术合作协议，旨在推动文化遗产保护和利用项目。有关该协议和丛书内容可参见意大利国家研究委员会网站"China and Italy-Joint Initiatives for Cultural Heritage"，https：//www.ispc.cnr.it/en/2019/08/15/china-and-italy-1-2017-4-2021/，最后访问日期：2023 年 12 月 17 日。

② 有关中意文化合作机制的详细情况，参见"Forum Culturale Italia – Cina"，https：//cultura.gov.it/comunicato/al-via-i-lavori-del-forum-culturale-italia-cinafranceschini-italia-e-cina-due-superpotenze-culturali，最后访问日期：2023 年 12 月 17 日。

点，表示希望通过论坛深入对话，促进两国在文化遗产保护领域的交流与合作。在此次论坛上，中国文物保护研究院介绍了其为推动中国文化遗产可持续发展所做的工作，并展示了中国文化遗产保护和修复的理念与实践。来自中意两国的世界遗产地——杭州西湖文化景观、云南红河哈尼梯田文化景观、苏州古典园林、维罗纳城、朗格罗埃洛和蒙菲拉托葡萄园景观、哈德良和埃斯特别墅、威尼斯及其潟湖等——保护和管理机构的负责人，分别介绍了各自在世界遗产地结对、合作、保护、展示以及利用等方面的工作及进展。① 该论坛不仅为两国在不同文化领域的双边交流搭建了平台，还代表了一种新颖高效的双边合作模式，可为中国与其他欧洲国家发展类似合作机制提供借鉴。

展望未来，中意两国在通过科技合作挖掘文化遗产价值、构建新的文化遗产治理模式方面具备优势，具体包括：利用人工智能技术，让更多用户能够借助数字技术访问文化遗产；利用区块链技术保护文化遗产；开展文化遗产保护及开发项目，重点关注材料分析、挖掘考古遗址和区域价值、保护建筑、运用地质和地球物理方法开展区域系统调查；恢复和开发闲置工业用地，将其转变为文化产业，吸引创新文化企业入驻。

四 地缘政治环境变化令两国科技合作面临新形势

自美国特朗普政府上台后，中美政治和经贸关系日趋紧张。之后，俄乌冲突爆发，国际地缘政治环境进一步发生变化。这促使意大利政府调整其外交政策，使之与美国盟友以及大西洋联盟的目标保持一致，这也对中意科技合作产生了影响。

在中意航天合作领域，这种调整的迹象颇为明显。2020 年 10 月 13 日，意大利与澳大利亚、加拿大、日本、卢森堡、阿拉伯联合酋长国、英国和美

---

① 关于"中意世界文化遗产地结好论坛"的详细情况，参见《中意世界文化遗产地结好论坛成功举办》，中国国家文物局网站，http://www.ncha.gov.cn/art/2023/10/24/art_722_184823.html，最后访问日期：2023 年 12 月 17 日。

国签署了《关于民用探索及和平利用月球、火星、彗星和小行星合作原则的阿尔忒弥斯协定》。① 该协定引起了中国的极大关注，因为在文件提及的各种原则中，还包含支持探索活动和商业利用太空资源的计划（协定第十部分），例如，在探索和开发地点周围建立"安全区"（协定第十一部分），实际上旨在建立禁止第三国进入的区域，相当于开启了对天体的"殖民化"计划。② 此外，受到地缘政治因素的影响，特别是在美国的强力施压下，意大利航天局于 2020 年最终放弃了与中国关于"天宫三号"空间站加压舱建设的合作协议。③

当前，意大利方面正以审慎的姿态，调整中意双边关系中的优先事项，以维护两国长久以来的政治经济关系。从经贸视角看，两国关系至关重要。中意两国在各个层面的合作都将继续在 2004 年建立的全面战略伙伴关系框架内进行，并由中意政府间委员会共同协商确定。

实际上，在已取得大量成果的环保领域，当前两国合作也遇到一些挫折。例如，两国在 2006 年签署的环保计划谅解备忘录至今并未更新。即便如此，在意大利政府新一轮的外交政策调整中，中意两国在环保领域的合作仍有望取得积极发展。当前国际社会成员仍有兴趣共同应对气候变化、保护环境，其中多边合作仍是重要手段，例如，中意两国在 2023 年签署的《〈联合国海洋法公约〉下国家管辖范围以外区域海洋生物多样性的养护和可持续利用协定》（BBNJ）中都发挥了积极作用。

在文化遗产保护与修复领域，多边合作机制似乎仍在有效运作，同时中意文化合作机制已被证明能够发挥其核心作用，能够不断开发出符合两国共同利益的项目。正如前文所言，该机制是一个可复制的双边合作模式，可用

---

① 该协定的内容可参见美国国家航空航天局（NASA）网站，"Translations of the Artemis Accords"，https：//www. nasa. gov/wp-content/uploads/2022/11/Translated-Versions-of-the-Accords. pdf，最后访问日期：2023 年 12 月 17 日。

② 这一协定与 1967 年联合国大会通过的《外层空间条约》相抵触。该条约规定，外层空间的探索和利用应基于所有国家的利益，不论其经济和科学发展水平如何。

③ Stefano Piccin，"L'Italia abbandona il programma spaziale cinese"，*AstroSpace*，6 febbraio 2020，https：//www. astrospace. it/? p=867，最后访问日期：2023 年 12 月 17 日。

于加强中国与欧洲其他国家的文化联系。

鉴于上述背景，中意在科技领域的学术合作对于两国关系尤为重要。[①]然而，这种合作必须被置于新的国际背景下来理解和看待，即中美两国竞争日益激烈，以及欧盟对与中国在科研和知识产权领域的合作日益警惕。例如，近年来美国的一些顶尖大学已开始审查与中国大学和企业的合作项目，有的大学甚至决定停止与中方机构的合作。2020 年 1 月，欧盟委员会也强调，与中国在科研和创新领域的合作，应以保护欧盟的研究成果和知识产权为前提。[②]一些欧盟国家，尤其是德国和荷兰，已采取措施遏制中国在欧洲大学校园日益增长的影响力，甚至决定禁止涉及中国的特定项目和学术赞助。

目前，除了前文提及的在美国压力下被迫放弃与中国合作建设"天宫三号"空间站之外，意大利政府尚未禁止任何其他涉及中国的学术项目及合作。可以说，在欧盟创始成员国中，意大利在发展对华友好关系、推动中欧文化交流和科技合作方面，仍发挥着独特作用。2022 年，中意两国共同举办"中国意大利文化和旅游年"，举办了一系列活动。尽管意大利于 2023 年年底宣布不再续签共同推进"一带一路"建设的谅解备忘录，但是意大利仍有潜力成为欧盟与中国之间的"桥梁"，在两国传统友谊的基础上推动中意、中欧合作，促进东西方文明互学互鉴。

（石豆译，孙彦红校）

---

① 2007~2023 年，中意两国在数学、计算机科学、物理学、化学、地球科学、生物学、医学、农业、兽医学、土木工程、建筑学、工业和信息工程等领域共达成约 573 项大学合作协议，参见意大利教育、大学与科研部网站，"Ricerca Avanzata Collaborazioni Interuniversitarie"，https：//accordi-internazionali. cineca. it/accordi. php? aree% 5B% 5D = 01&aree% 5B% 5D = 02&aree%5B%5D03&aree%5B%5D = 04&aree%5B%5D = 05&aree%5B%5D = 06&aree%5B% 5D = 07&aree% 5B% 5D = 08&aree% 5B% 5D = 09&continenti = AO&paesi = 156&univ_ stran =% 25&univ_ ita =% 25&anni =% 25&durata = &tipologia =% 25&natura = R&denominazione = &btnSubmit=Cerca，最后访问日期：2023 年 12 月 17 日。

② European Commission，"European Commission Steps up Protection of European Intellectual Property in Global Markets"，9 January 2020，https：//ec. europa. eu/commission/presscorner/detail/% 20en/ip_ 20_ 12，最后访问日期：2023 年 12 月 17 日。

B.13
天津与意大利合作：发展、
成果与典型案例*

杨 琳 〔意〕乐小悦**

摘 要： 中国重要省、区、市与意大利合作是中意两国务实合作的重要内容。本文将对中国天津市与意大利开展合作的情况进行考察。本文首先梳理分析两个有代表性的案例，即天津意大利风情区的修复与天津意大利中小企业产业园的建设。2004 年，在中意两国建立全面战略伙伴关系的背景下，天津在城市建设与改造过程中与意方密切合作建成意大利风情区，其成为两国友好合作的典范。2019 年，在中意加强全面战略伙伴关系的背景下，天津市政府依托天津港保税区设立意大利中小企业产业园，此后吸引了多家意大利企业落地天津，凸显集聚效应。本文基于对三家意大利在津企业的采访，从跨文化沟通视角归纳总结其发展经验，进而针对意大利和其他国家企业来华投资提出建议。2024 年将迎来中意建立全面战略伙伴关系 20 周年，

---

* 本文为中央高校基本科研业务费专项研究资助项目（一带一路沿线重要国家与地区研究"天津市哲学社会科学重点研究基地——南开大学区域国别研究中心建设项目"，项目编号63232331）的阶段性成果。感谢天津港保税区管委会、中国意大利商会（CICC）对课题组调研工作的支持。感谢雷吉那（Regina）（天津）链条有限公司总经理安德龙（Fabio Antonello）先生、高利尔（Goglio）（天津）包装有限公司总经理米尔科·图里纳（Mirko Turrina）先生、西斯密（Sisme）（天津）电机有限公司总经理亚历山德罗·莫阿利（Alessandro Moalli）先生、广东外语外贸大学意大利语专家周智韵女士、天津意大利中小企业产业园办公室主任郑健先生、天津福莱特投资管理集团董事长李云飞先生、意大利那不勒斯费德里克二世大学城市生态研究中心主任马凯（Massimiliano Campi）教授接受课题组的采访。南开大学外国语学院"国别和区域研究"专业硕士研究生吴诗敏，意大利语专业本科学生刘昱彤、于子墨协助课题组进行了部分调研和翻译工作，在此一并致谢。

** 杨琳，南开大学外国语学院副教授、意大利语系主任、南开大学区域国别研究中心副主任，主要研究领域为中意文化交流、意大利文学、意大利语教学；乐小悦（Letizia Vallini），南开大学外国语学院意大利籍外教，主要研究领域为意大利语教学、跨文化研究。

天津与意大利的合作有着广阔的发展前景。

关键词： 天津　意大利　意大利风情区　意大利中小企业产业园　意大利企业

中国地方与意大利的合作是中意两国务实合作的重要组成部分。回顾和总结这方面的合作经验，对于进一步推动中意合作发展具有重要意义。从多个方面看，天津与意大利的合作颇具典范性，且成果丰富，未来合作空间仍很广阔。

从工业基础、商业传统、区位和政策创新等多个方面看，天津与意大利合作都具有明显优势。天津是我国近代工业的发祥地之一，有着悠久的商业文化和航运文化，近代以来成为中国工业文明的先驱城市，曾是中国北方最大的外贸口岸、工商业中心和金融中心。天津曾创建近代中国第一所大学，创办了第一家公立医院，生产了第一辆有轨电车，创办了第一个邮政局，享有"百个第一"的美名。新中国成立后，天津市成为首批中央直辖市（如今仍为四个直辖市之一），此后成为改革开放先行区、全国第一批对外开放城市、北方第一个自贸试验区所在地、全国先进制造研发基地、北方国际航运核心区、金融创新运营示范区，还拥有国务院批准的第一个国家综合改革创新区——滨海新区，因此是政策创新最为集中的区域之一。此外，天津因港而立、借港而兴，天津港作为中国北方最大的综合性港口、世界等级最高的人工深水港，可以满足国际上最先进的集装箱船进出港口，是京津冀地区的最佳出海口。①

值得一提的是，天津与意大利之间的友好往来和经贸文化交流频繁。天津与意大利多个城市或大区有友好合作关系。1985 年 5 月 9 日，天津与意大

---

① 《李鸿忠：新时代的天津正焕发蓬勃生机》，人民网，2019 年 4 月 16 日，http：//world. people. com. cn/n1/2019/0416/c1002-31033335. html，最后访问日期：2023 年 12 月 8 日。

利伦巴第大区成为友好城市。① 此后两地合作发展迅速。1988年6月8日，伦巴第大区技术与产品博览会在天津开幕，有150家意大利厂商参加，是当时意大利在中国举办的规模最大的一次展览会。在开幕式后的第二天，在天津举行了天津港同意大利的里雅斯特港结成友好港议定书签字仪式。② 1994年10月18日，天津市与意大利热那亚市正式签订友好交流与合作意向书。③ 2002年，意大利风情节在天津举办。④ 2005年，在中意建交35周年之际，中国文化部和天津市人民政府在罗马和米兰举办意大利"中国天津周"。⑤ 2014~2023年，天津举办了十届"国际设计周"，⑥ 而意大利是历届设计周的重要参与国。⑦ 那不勒斯是首届天津"国际设计周"的主宾城市。

本文首先重点梳理分析天津与意大利合作的两个代表性案例，即意大利风情区的修复与天津意大利中小企业产业园的建设。随后基于采访深入考察意大利企业在天津的发展，从跨文化融合视角分析其面临的机遇与挑战，并且针对意大利企业未来在津投资和发展提出建议。

一　天津意大利风情区的修复与中意合作

天津在城市建设与改造过程中与意方密切合作，建成意大利风情区，如

---

① 《意大利伦巴第大区/Lombardy Region，Italy》，天津市人民政府外事办公室网站，2022年11月30日，https：//fao. tj. gov. cn/XXFB2187/GJYC9244/MLYC1235/OFDQ8610/202008/t20200824_3525205. html，最后访问日期：2023年12月8日。

② 《陈慕华会见意海运部长》，《人民日报》1988年6月8日，第2版。

③ 《意大利热那亚市/Genoa，Italy》，天津市人民政府外事办公室网站，2023年12月9日，https：//fao. tj. gov. cn/XXFB2187/GJYC9244/MLYC1235/OFDQ8610/202008/t20200824_3525229. html，最后访问日期：2023年12月9日。

④ 《天津·意大利——一段历史与文化的旅程》，天津市人民政府新闻办公室制作的宣传册，2005，第39页。

⑤ 《中意建交35周年 意大利10月举办"中国天津周"》，中国新闻网，2005年4月8日，http：//www. chinanews. com. cn/news/2005/2005-04-08/26/560461. shtml，最后访问日期：2023年12月9日。

⑥ 李家鼎：《第十届天津国际设计周启幕》，《人民日报》2023年5月17日，第12版。

⑦ 引自笔者对天津国际设计周组委会执行主席李云飞先生、意大利那不勒斯费德里克二世大学城市生态研究中心主任马凯教授的访谈内容。

今后者已经成为中意两国在经贸、文化、教育、旅游、设计、城市建设等各领域友好合作的典范。

意大利风情区位于天津市河北区南部，濒临海河，位于1902~1945年的意大利租界地内。区内有大量具有意大利风格和近百年历史的小洋楼建筑，是目前亚洲尚存的最大的意大利风貌建筑群落。意大利风情区总面积为28.45万平方米，区内有新老建筑160余栋，其中，80余栋属历史保留建筑，大部分为1908~1936年所建。在意大利风情区现存的历史保留建筑中，有许多是天津市政府挂牌的历史风貌保护建筑，其中有多栋为名人故居。这些建筑蕴含着丰厚的中国历史文化底蕴，具有较高的历史价值和文化价值。①

1986年，原意大利租界被确定为天津市历史风貌保护区。1998年河北区政府对该区域进行了规划。1999年正式获批立项并成立"意大利风情区筹备管理委员会"。② 2002年年底，天津市委、市政府做出实施海河两岸综合开发的战略决策。意大利风情区南临海河，隶属于海河开发之中。2003年年底，按照海河综合开发的总体规划要求，天津市开始对意大利风情区进行保护性开发建设。2004年年初，筹委会组织征集国际性规划方案。③ 2004年9月，启动了意大利风情区的整修工程。

意大利政府对天津意大利风情区的整修十分关注，在天津设立了专门的办事机构，协助开展整修工作，意大利环保部还为此投资370万欧元。④ 2004年，天津和意大利环境与国土部共同启动环保合作计划，按照海河意大利风情区总体规划要求，就风情区可持续发展进行合作研究。⑤

---

① 赵嘉建：《天津意式风情区综合整治设计与建设概述》，载金磊、段喜臣主编《中国建筑文化遗产年度报告（2002—2012）》，天津大学出版社，2013，第564页。

② 李东晔：《从租界到风情区：一个中国近代殖民空间在历史现实中的转义》，天津社会科学院出版社，2018，第56~57页。

③ Chen Yong, "Come è nato il progetto per il restauro del quartiere italiano", in *Il quartiere italiano：architettura e restauro tra storia e memoria*, Roma：Edizioni Graffiti srl, 2006, p. 38.

④ 李锡庆主编《天津意式风情区》，天津大学出版社，2011，第96页。

⑤ 《天津·意大利——一段历史与文化的旅程》，2005，天津市人民政府新闻办公室制作的宣传册，第49页。

意大利风情区规划设计方案由中意双方建筑专家合作完成。天津市福莱特装饰设计工程有限公司总经理李云飞设计并修复了马可·波罗广场雕塑这一标志性建筑，并通过了意大利专家的论证。"两国设计师对此雕塑的理解和设计理念的惊人一致，更激发了双方对'风情区'历史建筑和未来发展的浓厚兴趣。"[1] 为了支持天津意大利风情区的整修建设，意大利环保部赞助并邀请了意大利格里高蒂事务所为意大利风情区可持续性发展做了详细规划。[2] 意大利坎帕尼亚大区贝内肯（Benecon）文化遗产专家中心和专门从事旧建筑修复工作的西莱纳（Sirena）公司全程参与了设计和指导修复工作。贝内肯文化遗产专家中心由那不勒斯费德里克二世大学、萨勒诺大学、萨尼奥大学等高校的研究中心构成，研究工作由那不勒斯第二大学来协调组织。西莱纳公司具有修复那不勒斯古建筑的丰富实践经验。[3] 意大利的专家遵循"修旧如旧"的原则，对保留建筑进行了原汁原味的整修。2004年年底至2006年10月前后，意大利风情区整修工作基本完成，共计整修、新建建筑66栋，约为13万平方米。2008年，意大利风情区招商运营工作正式启动，引入具有异国情调的餐饮娱乐等商户，打造意大利风情浓郁的街区。[4]

2004年6月，为了表彰天津市对意大利风情区的保护，意大利总统钱皮（Carlo Azeglio Ciampi）派意大利生产活动部部长马尔扎诺（Antonio Marzano）作为代表，授予天津市市长戴相龙大骑士十字勋章。[5] 2004年12月，意大利驻华大使馆文化处在北京举办了"天津之路——意大利和中国的千年纽带"图片展，当时正在中国访问的意大利总统钱皮与天津市市长

[1] Li Yunfei , "Tutto cominciò da una statua nella piazza", in *Il quartiere italiano : architettura e restauro tra storia e memoria*, Roma : Edizioni Graffiti srl, 2006, p. 143.

[2] Chen Yong, "Come è nato il progetto per il restauro del quartiere italiano", in *Il quartiere italiano : architettura e restauro tra storia e memoria*, Roma : Edizioni Graffiti srl, 2006, p. 39.

[3] Alfonso Gambardella, "Il contributo del Centro di competenza Benecon nell' esperienza di Tianjin", in *Il quartiere italiano : architettura e restauro tra storia e memoria*, Roma : Edizioni Graffiti srl, 2006, p. 47.

[4] 李锡庆主编《天津意式风情区》，天津大学出版社，2011，第102页、第110页。

[5] 《戴相龙会见意大利客人》，《天津日报》2004年6月9日，第1版。

戴相龙一起参观该展览。戴相龙说，在天津的意大利风情区是天津保留下来的各国风貌建筑中较为完整的部分，天津市有关方面为了尽力保持这一独特的历史风貌建筑，尽很大努力进行了修缮保护，并邀请意大利建筑界专家，对区内的重点建筑修缮规划提出具体意见，完善了风情区及周边地区的整体规划，对周边原定的高大建筑进行了重新调整。今后天津市政府还将全力支持这一项目，把它建设成为中意友好交往与合作的象征。①

2006 年为中国意大利年，"天津意大利风情区"被列为该活动中的一个项目。2006 年 9 月 17 日，意大利总理普罗迪（Romano Prodi）在访华期间，参观在意大利风情区举办的题为"天津意大利风情区过去、现在与未来展览——中意两国文化交流的见证"图片展。在接受《人民日报》专访时，普罗迪指出，天津是一座历史性的城市，意大利与天津结下了特别的友谊，双方决定在商务、基础设施和文化等领域紧密合作。政府负责修缮并重新利用美丽的"意大利风情区"，见证了意大利与天津市的深厚友谊，为未来富有成效的合作打下了坚实基础。②

2004 年，中国和意大利建立全面战略伙伴关系，天津意大利风情区的修复工作在中意全面加强合作的大背景下成功完成，这一风情区的修复和建设反过来也促进了天津和意大利在各领域的合作。

二 天津意大利中小企业产业园与中意合作

2019 年 3 月，在中国国家主席习近平出访意大利期间，中意两国政府签署关于加强全面战略伙伴关系的联合公报。2019 年 7 月 13~16 日，中共中央政治局委员、天津市委书记李鸿忠率中共代表团访问意大利。③ 在访问

---

① 《"天津之路——意大利和中国的千年纽带"图片展在京举办》，《天津日报》2004 年 12 月 6 日，第 1 版。

② 〔意〕罗马诺·普罗迪：《携手拓展"丝绸之路"》，《人民日报》2006 年 9 月 15 日，第 13 版。

③ 《李鸿忠率中共代表团访问意大利》，《人民日报》2019 年 7 月 17 日，第 3 版。

意大利期间，李鸿忠出席中国天津-意大利合作项目签约活动。15 日上午，李鸿忠与意大利副总理兼经济发展部部长迪马约（Luigi Di Maio）共同见证中国天津-意大利合作项目签约。双方共签署包括推动产业合作、建设天津意大利中小企业产业园等七项合作协议。为推进天津意大利中小企业产业园合作项目建设，天津市发展和改革委员会、天津临港投资控股有限公司与中国银行天津分行、米兰分行在罗马签署了加强银企全面战略合作推进中意产业园建设框架协议。① 天津市政府依托天津港保税区设立天津意大利中小企业产业园，打造市场化、法治化和国际化的营商环境，支持意大利中小企业在津发展，促进两国在产业、经贸、中小企业、科技等领域合作，将产业园打造成为意方在华投资的首选地、中意战略合作桥头堡以及具有较强海外影响力的国际经贸合作区。②

在李鸿忠书记率团成功访问意大利之后，天津与意大利围绕中小企业的合作得到快速发展。2019 年 10 月，由中国商务部、意大利外交与国际合作部、意大利经济发展部、天津市政府、意大利存贷款银行、中国银行共同主办的"2019 中国·意大利中小企业经贸合作对接会"在津开幕，来自食品、农业机械、工业机械、汽车零部件及医疗器械五大行业的 60 家意大利企业与 200 余家中国内地企业，通过"一对一"洽谈方式进行精准对接洽谈。③ 2020 年 9 月 25 日，由天津市发展和改革委员会、中国银行天津市分行主办的"2020 年天津意大利中小企业经贸投资对接会"在天津举办。天津 30 余家中小企业在线上与意大利企业开展了约 30 轮经贸投资对接洽谈。④

---

① 《李鸿忠访意期间出席津意经贸合作签约活动并考察孔子课堂》，《天津日报》2019 年 7 月 17 日，第 1 版。

② 参见《园区背景》，天津意大利中小企业产业园网站，https：//www. tjftz. gov. cn/channels/6739. html，最后访问日期：2023 年 12 月 10 日。

③ 《2019 中意中小企业经贸合作对接会在津举行》，天津市商务局网站，2019 年 10 月 15 日，https：//shangwuju. tj. gov. cn/tjsswjzz/zwdt/swyw/202005/t20200519_ 2342592. html，最后访问日期：2023 年 12 月 10 日。

④ 《2020 年天津意大利中小企业经贸投资对接会在津举行》，人民网，2020 年 9 月 26 日，http：//tj. people. com. cn/gb/n2/2020/0926/c375366-34318955. html，最后访问日期：2023 年 12 月 10 日。

2022年11月16日，由天津市发展和改革委员会、天津市商务局、天津港保税区管理委员会与中国意大利商会合作举办的"当意大利遇见中国：天津——意大利的枢纽"活动在天津空港中欧中心举行。2023年3月28日，天津意大利中小企业经贸投资对接会开幕式暨2023年天津意大利机械与工程领域中小企业经贸投资对接会正式举办。对接会聚焦机械与工程领域，吸引了近70家天津与意大利企业和相关机构参会对接，为意大利中小企业了解天津的投资营商环境和发展机遇提供了平台。[①]

2019年至今，天津保税区引进了9个意资项目，区内意资企业总数已达30家，意企集聚效应显现。在项目引进方面，意大利西捷公司植物营养剂生产基地项目、高利尔包装有限公司三期生产线扩建项目、意大利英泰格拉医用救护车销售项目、意大利都灵创新公司轨道交通工程设计项目、阿卡姆（天津）食品科技有限公司等9个意大利中小企业投资或增资项目落地。[②]

天津意大利中小企业产业园与意大利驻华使馆、意大利对外贸易委员会北京办公室、中国意大利商会等意大利在华经贸机构保持密切沟通，建立了稳定良好的合作关系，并基于此推进与意大利企业的合作。2023年1月，天津市商务局、天津市保税区管委会同中国意大利商会分别签署了合作备忘录和共建产业园合作协议。[③] 2023年3月28日，中国意大利商会专门设立了天津办公室，这是其在中国的第八个办公室。[④] 天津意大利中小企业产业园区的建立和发展为中意多领域合作打造了新平台。

① 《2023年天津意大利中小企业经贸投资对接会在保税区成功举办》，天津港保税区网站，2023年3月30日，https://www.tjftz.gov.cn/contents/6302/360280.html，最后访问日期：2023年12月10日。
② 引自天津港保税区管委会提供的数据。
③ 《意大利商会在天津达成新官方协议》，中国意大利商会网站，2023年1月19日，https://www.cameraitacina.com/cn/xinwen/yi-da-li-shang-hui-zai-tian-jin-da-cheng-xin-guan-fang-xie-yi，最后访问日期：2023年12月10日。
④ 《中国意大利商会天津办公室揭牌，为在华设立第8个办公室》，北京日报客户端，http://ie.bjd.com.cn/5b5fb98da0109f010fce6047/contentShare/5b5fb9d0e4b08630d8aef954/AP642ac0a0e4b0017157a43d2d.html，最后访问日期：2023年12月10日。

三 意大利在津企业的发展与跨文化融合

天津与意大利经贸合作密切。截至 2022 年年底，意大利累计在天津设立外资企业 178 家，合同外资额为 9.4 亿美元，实际使用外资额 4.7 亿美元。[①] 为深入了解意大利在天津企业投资的状况，2023 年 6～7 月，笔者重点采访了三家天津意大利制造业企业的意大利籍经理：雷吉那（天津）链条有限公司总经理安德龙（Fabio Antonello）、高利尔（天津）包装有限公司总经理米尔科·图里纳（Mirko Turrina）、西斯密（天津）电机有限公司总经理亚历山德罗·莫阿利（Alessandro Moalli）。自 2004 年以来，三家公司扎根于天津不同区域，见证了进入 21 世纪以来中国的经济社会发展以及中意两国务实合作的快速推进。[②] 访谈围绕三个问题展开：意大利企业在天津建厂的优势是什么？意大利企业在进入中国市场后面临什么跨文化挑战？对有意进入中国市场的意大利企业有什么建议？

访谈显示，三家企业虽然位于天津市不同地区、经营不同种类的产品，但它们在中国的经营历史有很多相似之处，而且三位经理都高度肯定了天津为其所在企业的发展提供的有利环境与条件。

高利尔（天津）包装有限公司（以下简称"高利尔天津公司"）是意大利高利尔集团的子公司，2004 年在天津港保税区注册成立。2004 年 9 月，中共中央政治局委员、天津市委书记张立昌会见意大利包装研究会主席、高利尔集团董事长弗兰克·高利尔（Franco Goglio）一行。[③] 2006 年 5 月 20 日

---

① 引自天津港保税区管委会提供的数据。

② 雷吉那（天津）链条有限公司成立于 2004 年，是雷吉那集团在华全资子公司，在天津主要生产、销售用于饮料、啤酒、烟草制造生产线上的塑料与不锈钢链板和网链，同时在中国市场销售雷吉那集团的所有产品。高利尔（天津）包装有限公司隶属于高利尔集团，位于天津市，于 2004 年注册成立，2006 年正式投产，公司提供全系列及定制化包装解决方案。西斯密（天津）电机有限公司建于 2004 年，位于天津市武清区，主要生产商用压缩机的电机元器件，产品出口至美国、墨西哥和欧洲。

③ 《天津·意大利——一段历史与文化的旅程》，2005，天津市人民政府新闻办公室制作的宣传册，第 41 页。

上午，高利尔天津公司开业庆典在天津保税区空港物流加工区举行。弗兰克·高利尔在致辞中对天津市政府的大力支持表示了感谢。他说："2003年当我们在寻找和确定合作伙伴时，天津市给我们提出了最好的方案，尤其是天津空港物流加工区管委会给我们提供了大量的帮助。"①近年来，天津港保税区管委会持续优化营商环境。现任高利尔天津公司的总经理图里纳表示，天津港保税区和天津自贸试验区一直给予财税方面的支持政策。2022年5月，天津自贸试验区机场片区推出了离岸贸易"天津模式"，大幅缩短交易周期。得益于此，高利尔天津公司又进一步被集团升级为全球区域结算总部之一。②

西斯密（天津）电机有限公司（以下简称"西斯密天津公司"）于2004年在天津市武清区建立工厂，该工厂于2005年1月投产。当时武清区还是较为偏远的农村地区，还没有喷漆厂生产所必需的燃气管道，需要立即启动燃气管道铺设项目。在天津市政府的支持下，相关问题都得到及时解决，令西斯密天津公司克服了诸多挑战。如今的武清区与2004年相比已有了长足发展，拥有高质量的行政管理与商业网络，而天津与北京间建成的高铁线路也大大改善了武清区的交通状况。

三家企业都认为在中国建厂大幅度地拓展了市场。2004年，雷吉那（天津）链条有限公司（以下简称"雷那吉天津公司"）成立，主要生产销售用于饮料、啤酒、烟草制造生产线上的塑料与不锈钢链板和网链。在天津投资的战略举措为雷吉那集团在中国市场赢得了领先地位，很快成为中国市场上重要原始设备制造商的主要供应商。③ 西斯密天津公司的工厂投产后，在短时间内，该公司的中国工厂就成为整个集团拓展全球市场的重要跳板。西斯密天津公司的目标是服务和满足中国和东南亚市场的特定需求，这

---

① 《欧洲最大软包装企业入驻天津》，《中国包装报》2006年5月29日，第5版。
② 《感受中国开放包容的营商环境》，《人民日报》2023年1月11日，第17版。
③ 参见雷吉那集团网站，https://www.reginachain.net/? lang = it，最后访问日期：2023年12月10日。

是世界上增长最快的市场之一。①

在意大利企业在津发展过程中，个人作为跨文化沟通者和协调者发挥了积极作用，两位影响意大利企业选址落户天津的人士就是典型例子。周智韵是意大利语界的学者，曾任教于广东外语外贸大学。周智韵曾给雷吉那集团在华工厂选址问题提出建议，雷吉那集团接受建议并决定在天津开设工厂。② 2003 年，现任天津意大利中小企业产业园办公室主任郑健访问意大利，阐明天津在地理位置、基础设施建设等方面的诸多优势，高利尔公司被天津保税港区的政策所吸引，最终决定落户天津。③ 周智韵和郑健在中意跨文化沟通和投资协调方面做出了很多努力，为天津与意大利深化合作做出了重要贡献。

三位意大利企业家都注意到语言文化的重要性。西斯密集团的首次中国之行得到一位访问过意大利的中国员工和一位精通英语与意大利语的中国翻译的帮助。在迎接文化挑战方面，许多意大利员工来中国之前并未接受过任何语言与文化方面的培训，他们对新文化与新体验的接受度较低，与当地同事交流时会遇到一些困难，很多人在与中国人打交道时常常感到无所适从。莫阿利总经理同样没有接受过任何培训，但他在意大利时便已与一些中国人交往，对中国在意大利的餐饮业从业者也有一定了解，因此能够理解和较快接受中国的文化和习俗。西斯密天津公司招聘员工时的一个基本要求是熟练掌握英语，这一要求大大促进了员工之间的日常沟通，公司内部的语言交流也不再成为大问题。此外，近几年，西斯密天津公司也开始要求进入中国市场的年轻一代外国员工必须努力熟悉中国的语言和文化。

高利尔天津公司面临新的挑战，并开始注重语言文化方面的培训。进入21 世纪以来，中国技术进步和经济发展十分迅速，市场竞争愈发激烈。虽然在工作场合中遇到的困难不像投资初期那么多，但是中国人对外国公司的

① 参见西斯密集团网站，https://www.sisme.it/cn/，最后访问日期：2023 年 12 月 10 日。
② 引自笔者对周智韵女士的访谈内容。
③ 引自 2022 年 11 月笔者与天津意大利中小企业产业园办公室主任郑健先生、投资促进经理史迪先生的会谈内容。

看法也发生了一些变化。随着中国年轻一代民族自信心的提高，如今许多中国年轻人不再希望留在外国企业工作，而更愿意在中国企业工作，他们认为中国企业一样可以制造出高质量的产品。高利尔天津公司为自己的意大利文传播者身份感到自豪，图里纳认为，虽然中国也有公司生产同类产品，甚至价格更低，但意大利是一个食品工业十分发达的国家，该公司产品具有"意大利特色"。图里纳认为，员工是公司产品的第一消费者和推广人，他们有必要了解所在公司的相关语言和文化背景。在他的倡议下，高利尔天津公司决定为员工开设意大利语言文化课程，以拉近员工与母公司的文化距离。从 2023 年 9 月到 2024 年 1 月，高利尔天津公司共计派 35 名员工参加与南开大学外国语学院意大利语系合作举办的意大利语言文化课程。[1]

对雷吉那天津公司而言，安德龙的加入给其带来巨大变化。在来到天津之前，安德龙曾在苏州的其他意大利公司工作十余年。2013 年，苏州市政府授予安德龙先生"苏州之友"荣誉奖，以表彰他在苏州为促进中意经贸往来所做的贡献。目前，安德龙为中国意大利商会华北区副主席。安德龙认为公司成功的关键因素是摒弃傲慢，理解市场与客户的心理，这一理念令他在雷吉那天津公司工作时会着力避免文化冲突。用他的话来说："我们是客人，是来到别人家中做客的陌生人。"他始终牢记对"他者"文化的尊重，将中意两国文化的精髓相结合，从不在公司强制推行意大利母公司的相关制度。这一理念带来重要收获，员工忠诚度就是他最引以为豪的一个成果：许多中国员工与雷吉那天津公司共同成长，如今他们多担任重要职务。安德龙仍对自己不懂中文、不能与员工直接交流感到遗憾。他计划效仿高利尔天津公司的举措，为中国员工开设意大利语语言文化课程，以进一步加强企业员工对意大利文化的了解和对本企业的归属感。

三位受访者都认为，过去 20 年间，中国劳动力的专业水平有了显著提升。根据中国意大利商会提供的数据，新冠疫情后，70% 的意大利公司已经

---

[1] 《高利尔公司意大利语言文化项目正式启动》，天津意大利中小企业产业园网站，2023 年 11 月 19 日，https://www.tjftz.gov.cn/contents/6591/363667.html，最后访问日期：2023 年 12 月 10 日。

用中国本土专业人员取代了意大利专业人员。① 从 2022 年 3 月至 2023 年 4 月，中国意大利商会发布了四期在华意大利企业年度商业调查报告，旨在监测意大利企业在中国市场的表现及企业在短期与中期的信心。② 第四次调查在 2023 年 3 月 1 日至 13 日进行，正值中国调整防疫政策后经济全面复苏之际，选择在这个时间段进行调查，是为了了解新冠疫情后意大利企业的最新经营状况。有 70% 的中国意大利商会会员参与了此次调查。调查结果显示，2022 年意大利在华企业的财务状况并不乐观，"与 2021 年相比，2022 年企业收入减少近一半，超过三分之一企业的收入下降超过 30%"。③ 与此同时，调查结果还显示，大多数意大利企业对于在华投资的兴趣仍然浓厚：57% 的意大利企业表示将会继续在中国投资，开设新的工厂、商店或办事处；24% 的企业表示尚未确定未来的商业计划；19% 的企业决定将目标转向其他市场，包括东盟和非东盟市场，以实现多元化发展。④ 中国意大利商会通过这些数据向意大利企业和公众宣传中国的外资营商环境，其宣传的主基调是：中国仍在国际市场上占据重要地位，且发展前景广阔。就像三位受访者强调的，中国的市场发展前景广阔，外国企业应努力满足中国及周边市场的需求，更快适应中国及周边市场的变化与发展。

　　基于对三位企业家的访谈内容，笔者将对在华投资取得成功的意大利企业的经验做一归纳总结，并提出几条建议，或许对促进意大利和其他国家企业来华投资有所助益。第一，向中国派遣外国员工之前，企业应制订详细的培训计划，包括经济、文化和语言等各方面，并兼顾员工日常生活管理，避免员工在新的文化环境中感到不适应。第二，企业应充分认识到当地政府和行业协会的重要性，以获取真正有价值的信息。企业还应加强与长期在中国工作的外国行业专家和企业家的交流，以有利于解决问题。几位受访者就是通过行业协会与当地其他企业家进行交流，相对顺利地解决了遇到的不少困

---

① Camera di Commercio Italiana in Cina, *Rapporto CCIC*, 4° uscita, 2023, p. 24.
② Camera di Commercio Italiana in Cina, *Rapporto CCIC*, 4° uscita, 2023, p. 5.
③ Camera di Commercio Italiana in Cina, *Rapporto CCIC*, 4° uscita, 2023, p. 6.
④ Camera di Commercio Italiana in Cina, *Rapporto CCIC*, 4° uscita, 2023, p. 8.

难，并发掘了新的商业机会。三位受访者都认为，企业在华经营中遇到的各类问题都可以通过对话与协商来解决，企业应避免"闭门造车"，一定要加强与当地政府和其他企业的交流。第三，中国地方政府部门应针对已在华投资和计划来华发展的外国企业发布更明确的指南，并做出明确解释，以使外国企业更容易适应和了解当地环境和各项相关法律法规。第四，为提高中国对外资企业的吸引力，中国政府相关部门应继续提高来华工作外籍人士的生活便利度。来华工作的外籍企业人士不同于游客或者短期访问人员，许多人像三位受访者一样长期生活在中国，将在中国的定居地视为第二故乡。解决外籍企业人士生活中面临的具体问题，对于外资企业制定在华长期商业发展规划具有重要意义。

此外，三位受访者还认为，今天有意进入中国的外国企业必须学会融入中国市场，而不能像过去那样只为低廉劳动力成本而来。中国市场的竞争相当激烈，企业为未来发展空间考虑应选择最合适的地理位置。从这个意义上看，天津在吸引外国企业特别是意大利制造业企业投资方面仍具备明显优势。

四 结语与展望

天津与意大利合作是中国重要省、区、市与意大利开展务实合作的重要样本。通过调查研究21世纪以来天津与意大利开展合作的两大典型案例，可以看到天津在与意大利合作方面有着独特的优势，包括地理位置优势、与意大利长期友好的传统、天津市（区）政府的重视、相关政策的创新等。正是基于这些优势，天津与意大利合作多年取得了丰富成果。此外，笔者还对三家意大利在津企业负责人进行深度访谈，从更微观的层面考察了天津与意大利开展经贸合作的历程和成果。总体而言，中国市场仍对意大利企业具有较大吸引力，而天津与意大利经贸合作也将继续成为中意更紧密经贸合作的重要组成部分。2024年将迎来中国和意大利建立全面战略伙伴关系20周年，天津所代表的中国与意大利之间的合作富有潜力和活力，有着广阔的发展空间。

附录一
2023年大事记[*]

王怡雯^{**}

1月

11 日 意大利天然气网络公司 Snam 以 4.05 亿欧元价格收购埃尼集团控制的连接阿尔及利亚和意大利的两组国际天然气管道 49.9% 股份，二者将合作建立新公司 SeaCorridor Srl。本次交易获意大利反垄断局和政府"黄金权力"法令授权。

12 日 意大利自耕农协会（Coldiretti）数据显示，2022 年意大利葡萄酒出口额近 80 亿欧元，创历史新高。

16 日 意大利黑手党组织"我们的事业"大头目之一马泰奥·梅西纳·德纳罗于巴勒莫市落网。德纳罗过去 30 年中一直是全国头号通缉犯，被犯罪学家认为是"现存的最后一个最顽固也最纯粹的西西里黑手党分子"。

---

* 本部分内容主要参考以下网站：中华人民共和国驻意大利共和国大使馆经济商务处网站，http://it. mofcom. gov. cn/；新 华 网，http://www. xinhuanet. com/；欧 洲 时 报 网 站，http://www. oushinet. com/；中国新闻网，http://www. chinanews. com/；央广网，http://www. cnr. cn/；人民网，http://www. people. com. cn/；意大利官方公报网站，https://www. gazzettaufficiale. it/；意大利安莎社网站，https://www. ansa. it/；意大利《共和国报》网站，https://www. repubblica. it/；意大利《晚邮报》网站，https://www. corriere. it；意大利《24 小时太阳报》网站，http://www. ilsole24ore. com。

** 王怡雯，北京语言大学意大利语系讲师，意大利研究中心秘书，主要研究领域为意大利语语言、意大利文化及中意关系。

新任中国驻意大利大使贾桂德向意大利总统马塔雷拉递交国书。

23 日 意大利总理梅洛尼与阿尔及利亚总统特本举行会谈，双方同意进一步加强能源合作，建设一条连接两国的新输气管道。据报道，2022 年，阿尔及利亚已取代俄罗斯成为意大利最大的天然气进口来源国。

27 日 YouTrend 最新民调结果显示，受访者对梅洛尼政府执政前 100 天的评价总体积极，53% 的受访者认为本届政府表现符合期望，甚至超出预期。受访者认为，未来意大利政府应更快采取行动的两个领域分别是经济（49%）和医疗保健（47%）。

28 日 意大利总理梅洛尼访问利比亚，其间，意大利能源巨头埃尼集团与利比亚国家石油公司签署期限为 25 年的天然气供应协议，价值达 80 亿美元。

2月

3 日 意大利国防部部长克罗塞托与法国国防部部长勒科尔尼通话，敲定由两国牵头进行技术讨论，并于 2024 年春季向乌克兰移交 SAMP/T 防空反导弹系统。

6 日 意大利总理梅洛尼在罗马会见埃塞俄比亚总理阿比。两国发布联合声明，宣布启动总额 1.4 亿欧元的三年发展合作计划。

8 日 意大利自耕农协会警告称，由于乌克兰危机和能源价格上涨，意大利水果和蔬菜价格上涨 119%，近 1/5（19%）的蔬菜生产商处于亏损状态。

9 日 意大利总理梅洛尼在罗马会见欧盟委员会主席冯德莱恩。意政府重申对"国家复苏与韧性计划"的相关承诺。双方均对即将在布鲁塞尔签署的欧盟-北约联合声明表示满意。

12 日 意大利企业与意大利制造部部长乌尔索访问阿塞拜疆，与阿总统阿利耶夫等领导人进行会面，并见证意大利安萨尔多能源公司和阿塞拜疆国家能源公司 Azerenerji 的合同签署工作。

意大利前总理、意大利力量党领导人贝卢斯科尼针对梅洛尼与泽连斯基的会面评论，将战争归咎于泽连斯基。贝卢斯科尼的言论遭到意在野党批评，意总理府发布声明强调，意政府将坚定不移地支持乌克兰。

15日 截至2022年12月底，意大利公共债务总额为27625亿欧元，较2021年增加845亿欧元。其中意大利央行持有26.2%，较2021年提高0.9个百分点。

针对欧洲议会关于自2035年起禁售燃油车的决定，意大利企业与意大利制造部部长乌尔索表示，"欧洲强加给我们的最后期限与欧洲尤其是意大利的现实不符"。意大利副总理兼外交部部长塔亚尼也表示这是"一个严重的错误"，需要树立可实现的目标。

16日 中共中央政治局委员、中央外事工作委员会办公室主任王毅在罗马会见意大利副总理兼外长塔亚尼。王毅表示，中方高度重视中意关系，愿同意方深化全面战略合作，使两国关系实现更高水平发展。塔亚尼表示，面对疫后新形势，意方期待同中方尽快重启双边合作机制，加强各领域互利合作。塔亚尼赞赏中方一直站在和平一边，表示愿同中方加强合作，共同为劝和促谈做出努力。

意大利国家统计局发布数据，2022年全年意大利进出口总额达1.28万亿欧元，同比增长27.9%。其中，出口额为6246亿欧元，同比增长19.9%；进口额为6556亿欧元，同比增长36.5%。

17日 意大利总统马塔雷拉在罗马会见中共中央政治局委员、中央外事工作委员会办公室主任王毅。马塔雷拉请王毅转达对习近平主席的诚挚问候，表示愿本着相互理解、相互尊重精神推动意中关系发展，深化经贸、文化等领域合作，赞同双方尽快重启各合作机制。

意大利国家社会保障局（INPS）数据显示，2022年共收到2214466份失业救济金申请，同比增长18%。

意大利自耕农协会统计称，2022年意大利农食品出口额达607亿欧元，同比增长17%，主要出口市场分别为德国（94亿欧元）、美国（66亿欧元）、法国（65亿欧元）。

20日 意大利环境与能源安全部部长皮切托表示，意大利政府正推行马泰伊计划，努力在几年内将本国打造成地中海的能源中心。

21 日   意大利总理梅洛尼抵达乌克兰首都基辅访问并与乌克兰总统泽连斯基会面。梅洛尼表示，意大利将和乌克兰站在一起毫不动摇，还将在乌克兰的国家重建中发挥主导作用。

23 日   意大利全国灌溉用水和土地管理与保护联合会称，该国 6% ~ 15% 的人口居住地区遭受严重或极端干旱，至少 350 万人口面临难以保证自来水供应的风险。

24 日   意大利政府公布了关于优化实施"国家复苏与韧性计划"（PNRR）的第三套法令，规定 PNRR 的实施由总理办公室统筹，设立一名协调官具体负责管理以及四个总司支持政府工作并负责"与欧盟委员会交涉"。

26 日   意大利南部卡拉布里亚大区克罗托内市附近海岸发生移民船沉船事故，事发船只搭载约 180 人，当日已造成至少 40 人遇难。意大利总统马塔雷拉要求欧盟切实承担管理移民的责任，总理梅洛尼表示政府要加强同移民出发国和来源国的合作来阻止非法移民。

意大利民主党举行内部选举，年仅 37 岁的埃利·施莱恩以 54% 的得票率胜选，成为该党首位女性领导人。施莱恩持有意大利和美国双护照，曾于 2008 年、2012 年在美国前总统奥巴马的竞选团队中工作。

28 日   意大利卫生部决定不再延长要求来自中国的旅客出具 48 小时核酸阴性证明及实行核酸抽检的规定。

3月

1 日   意大利国家统计局公布的数据显示，2022 年意大利国内生产总值达 19091.54 亿欧元，同比增长 3.7%。此外，2022 年意大利财政赤字率为 8%（同时将 2020 年和 2021 年赤字率分别修正为 9.7% 和 9.0%），公债率为 144.7%。固定投资总额增长 9.4%，国民最终消费增长 3.5%，商品和服务出口额增长 9.4%，进口额增长 11.8%。

2 日   在意大利和印度建交 75 周年之际，意大利总理梅洛尼对印度进行国事访问，与印度总理莫迪在新德里会见。

4 日　阿联酋总统穆罕默德·本·扎耶德·阿勒纳哈扬会见意大利总理梅洛尼。双方着重讨论在经济、投资、贸易以及能源安全、可再生能源、清洁技术和可持续发展等领域的合作。

6 日　欧盟委员会根据欧盟国家援助规则批准对现有意大利担保计划的修正案，后者包括增加高达 30 亿欧元的财政预算，用于对天然气和电力贸易信用风险进行再保险。

7 日　意大利经济与财政部部长乔尔杰蒂表示，"国家复苏与韧性计划"进展总体顺利，其设定的 2021~2022 年的 151 个目标已全部实现。2023 年有 96 个目标待落实。

8 日　米兰理工大学管理学院的创新支付观察站数据显示，2022 年意大利数字支付交易金额为近 4000 亿欧元，约占总消费的 40%。

9 日　意大利政府通过移民管理法令，加大打击非法移民偷渡活动的力度。法令内容分为合法移民管理和打击偷渡两个部分。

13 日　意大利政府签署了两项总价值超 2.85 亿欧元的采购合同，分别涉及支持生产新型运载火箭试验机和研发对环境影响更小的大推力发动机，以提高本国在航空航天领域的技术能力。

14 日　意大利政府指示米兰市议会停止对同性父母的子女进行登记。2016 年，在中左翼政府领导下，意大利将同性民事结合合法化，但该项法律受到天主教和保守团体的强烈抵制，同性伴侣未被赋予收养的权利。

15 日　意大利国家统计局数据显示，2022 年该国就业人数增加 54.5 万人，同比上涨 2.4%，失业人数减少 33.9 万人，同比下降 14.3%。

16 日　意大利部长会议批准政府税制改革法案，将在 24 个月内通过实施法令对税制进行改革。主要措施涉及个人所得税、固定税率、工商业地税、企业增值税、企业所得税、税收处罚、历史欠税等，其中最显著的变化是将个人所得税（Irpef）从 4 级税率改为 3 级。

22 日　意大利自耕农协会警告称，2022 年降水量减少 30%，受干旱情况影响的中部和北部约有 30 万家农业企业，干旱在全国对农业造成的损失达 60 亿欧元。

23 日　意大利 3 月底前应完成 12 个"国家复苏与韧性计划"目标，但只完成了 3 个，而 2023 年第二季度还有 15 个 PNRR 目标待实现。

意大利国家电力公司旗下的可再生能源企业 Enel Green Power 宣布，在距离罗马以北约 100 公里的塔尔奎尼亚市启动意大利最大的太阳能公园建设，这也将成为意大利最大的农业光伏电站。

24 日　意大利众议院以 215 票赞成、46 票反对通过法案，批准将向乌克兰提供武器的期限延长至 2023 年 12 月 31 日。

法国总统马克龙和意大利总理梅洛尼在欧盟峰会期间会面，就移民问题举行会谈。两位领导人呼吁国际社会支持突尼斯，以遏制该国对欧洲方向的"移民迁徙"压力。两位领导人还重申了对乌克兰的支持。

26 日　据意大利政府此前公布的劳工名额政策，2023 年该国的非欧盟公民劳工配额为 82705 个。当日意大利内政部正式开放申请后，申请人数远超配额。

27 日　在欧盟常驻代表委员会会议上，意大利表示将生物燃料排除在燃油车新车禁令外是不可接受的，因为这不符合技术中立原则，意大利与其他成员国重申推迟该法案投票的要求。

28 日　意大利政府通过总额 49 亿欧元的法令，向该国家庭和企业提供能源账单补贴，包括能源价格补贴、节能奖励等措施。各类企业也可以根据能源支出情况，得到相应的税收减免。法令还将向医疗器械企业提供 11 亿欧元补贴，减轻其税收压力。

31 日　意大利个人数据保护局宣布，暂时禁止使用人工智能软件 ChatGPT，限制其开发公司 OpenAI 处理意大利用户信息，并将调查该公司是否符合欧盟通用数据保护条例。

4月

7 日　意大利国家新技术、能源和可持续经济发展署（ENEA）表示，

2022年意大利的电力平均价格同比上涨超过100%，天然气平均价格同比上涨57%。

意大利国家统计局公布的数据显示，2022年意大利新出生人口降至约39.26万人，连续14年下降。截至2023年1月1日，意大利常住人口为5885万人，较2022年减少17.9万人。

11日　为应对地中海非法移民激增态势，意大利政府宣布全国进入为期6个月的紧急状态。意大利内政部数据显示，2023年年初以来，已有超过3万名移民抵达意大利，是2021年同期的4倍以上。

第三届中国国际消费品博览会意大利国家馆正式开馆。作为2023年消博会的主宾国，意大利携147个品牌参展，总展览面积约1800平方米，比该国参加上届消博会时扩大1倍左右。

13日　约530名非法移民在意大利南部卡拉布里亚大区外海获救，其中200余名移民已抵达该大区的罗切拉港。

23～24日　意大利海岸警卫队称，23～24日共为35艘移民船提供援助，约1200人抵达兰佩杜萨岛，共发生3起沉没事故，造成至少2人死亡，约23人失踪。非政府组织、无国界医生组织也参与了救援。

24～25日　705名非法移民在意大利南部兰佩杜萨岛登陆。截至25日，兰佩杜萨岛的移民安置点已收容近2700人，远超其约400人的承载上限。

27日　意大利总理梅洛尼开始对英国为期两天的访问，会见英国首相苏纳克，双方签署谅解备忘录，主要内容包括两国在安全与国防、能源、气候与环境、移民、经济、科学与创新等领域的合作。

"心影传神——乌菲齐美术馆藏大师自画像展"在中国国家博物馆面向公众开放，展出至9月10日。该展览由中国国家博物馆与意大利乌菲齐美术馆举办，展出乌菲齐美术馆文艺复兴至当代的50幅画作，包括拉斐尔、提香、鲁本斯、伦勃朗等50位艺术大师的自画像。

28日　意大利众议院以221票同意、116票反对通过政府提出的经济与金融文件，之后参议院以112票同意、57票反对及0票弃权通过该文件。

在OpenAI公司接受有关协议后，ChatGPT将在意大利重新上线。

5月

1日 意大利内阁部长会议通过《劳动法令》。根据该法令，2023年7月1日至12月31日，意大利政府将投入约40亿欧元，将员工税收楔子削减幅度提高4个百分点。此外，自2024年1月1日起废除"全民基本收入计划"，引入受惠范围更有限的"融入津贴"（assegno di inclusione）补助。

3日 欧洲刑警组织发表声明，意大利、德国、法国、比利时、葡萄牙、斯洛文尼亚、西班牙、罗马尼亚以及美洲国家巴西和巴拿马的执法部门共同参与扫黑行动，出动约2800人，逮捕132名"光荣会"成员。

3~5日 第40届意大利国际果蔬展在里米尼国际展览中心举行。中国果蔬企业以国家展团形式亮相欧洲，展出面积为300平方米，是全场最大的国家展台。

4日 意大利艾米利亚-罗马涅大区迎来强降雨，相关河流水位持续走高，当地消防队出警400多次，被迫向其他地区请求增援，民防部门发出红色警报。

8日 2023年第一季度，意大利自俄罗斯经过塔尔维西奥（Tarvisio）管道进口天然气流量为14亿立方米，同比下降73%；同期，埃尼公司通过海运自埃及进口液化天然气量跳跃式增长590%，达到8.94亿立方米。

11日 博科尼商学院调查显示，2022年，意大利500多家公司通过天猫国际、考拉、盒马生鲜、淘宝国际等电商平台向中国市场出口销售额达54亿欧元，几乎占意大利出口中国总额的1/3。

13日 乌克兰总统泽连斯基抵达罗马开始对意大利进行访问，与意大利总统马塔雷拉、总理梅洛尼会面。

16日 意大利对华医药产品出口激增，2022年11月为9430万欧元，2023年2月达到18亿欧元。美国辉瑞公司在意大利阿斯科利皮切诺（Ascoli Piceno）工厂生产的抗病毒药物Paxlovid是唯一获准在中国销售的进口抗新冠病毒药物。

17~18 日 意大利艾米利亚-罗马涅大区连日遭遇持续暴雨，部分地区发生洪水和泥石流灾害，造成多人死亡、失踪。大区政府估计，这场自然灾害带来的损失为 10 亿欧元。

23 日 意大利内阁部长会议通过应对艾米利亚-罗马涅大区洪灾的应急救助措施，救助总额达 20 亿欧元。

26 日 欧盟委员会主席冯德莱恩表示，为减少洪水和山体滑坡的风险，"下一代欧盟"复苏计划将为意大利提供 60 亿欧元救助资金。

31 日 意大利内部部长会议审议了关于加强、促进和保护"意大利制造"的法案，具体内容包括设立主权财富基金，成立意大利制造高中，推广意大利制造产品并打击假冒品，设立面食技术委员会，促进和支持基于区块链技术的应用研究、开发和使用，以加强供应链的可追溯性。

意大利政府在内阁会议后发表声明，称已解除对沙特的军售禁令。意大利在 2019 年和 2020 年推出针对沙特的军事装备出口限制措施，以防止装备被用于也门冲突。

6月

1 日 意大利工业联合会研究中心与机械行业工会联合会发布的调查报告显示，2022 年，意大利机械行业产值为 550 亿欧元，比 2019~2021 年的平均产值大幅增长了 14%，在全球承产值占比超过 9%，仅次于中国、日本和德国。

意大利环境和能源安全部部长弗拉廷表示，希望意大利最早在 2024 年年底前实现无煤化。

6 日 意大利总理梅洛尼访问突尼斯，与该国总统赛义德会面。梅洛尼在会谈中肯定突尼斯在打击非法移民偷渡方面的努力，并表示意大利将召开国际会议讨论打击偷渡问题。

7 日 意大利总统马塔雷拉访问法国，与法国总统马克龙会面，寻求改善因移民问题受扰的意法关系。

9 日 意大利农业食品市场服务局发布的报告显示，最近 10 年，意大利食品和饮料出口额增长 81%，从 2013 年的 335 亿欧元增加到 2022 年的 607 亿欧元，年增长率接近 7%。

12 日 意大利前总理、意大利力量党领导人、Mediaset 媒体集团创始人西尔维奥·贝卢斯科尼在米兰去世，享年 86 岁。贝卢斯科尼在 1994～2011 年四度出任意大利总理。

"古罗马文明之光——意大利那不勒斯国家考古博物馆珍藏展"在中国北京中华世纪坛艺术馆开幕，展览持续至 10 月 8 日。本次展览分为"美的承继""生活之美""美的演绎"三个主题单元，包括近 70 组古罗马时期遗珍，含雕塑、壁画、青铜器、玻璃器、马赛克等多种艺术品类。

20 日 意大利欧洲事务部部长菲托表示，政府在 2 个月内已实现"国家复苏与韧性计划"确定的第三批 30 项遗漏目标，并与之前实现的 20 项目标成果一并发送至欧盟委员会。之后欧盟委员会将对意大利第三笔 190 亿欧元资金的支付请求进行评估。

法国总统马克龙与意大利总理梅洛尼在巴黎举行会见。双方就乌克兰危机、欧洲移民问题、生态转型、双边关系等议题进行了讨论。

24 日 意大利多家工会和政党组织数千人在罗马举行游行，抗议政府追随北约向乌克兰提供武器以及高通胀影响民众生活。

25～27 日 中联部部长刘建超率中共代表团访问意大利，分别同意大利参议长拉鲁萨、副总理兼外长塔亚尼、前总理达莱玛、民主党全国总书记施莱因、意中理事会基金会主席博塞利等会见交流，并同意大利议会"中国之友"协会以及各界人士座谈。

26 日 应德国经济和气候行动部部长哈贝克的邀请，法国经济、财政和工业数字主权部部长勒梅尔、意大利企业与意大利制造部部长乌尔索在柏林与工业代表会面。德国、法国和意大利三国就关键原材料供应达成"在开采、加工和循环利用领域加强合作"的一致意见，以支持各自的产业发展。

意大利国家统计局发布的报告显示，2022 年意大利失业率由 9.5% 降至 8.1%。

意大利国家统计局发布的报告显示，2021 年意大利有 560 万人生活在绝对贫困中，而处于相对贫困状况的人数增加至880万人，主要集中在南部地区。

27日 意大利总理梅洛尼和副总理兼外长塔亚尼表示，欧洲央行通过简单的加息来应对通胀是错误的，其负面效果将大于通胀带来的影响。塔亚尼称其不赞同欧洲央行继续加息，表示欧洲的通胀是由俄乌冲突的外溢效应导致的，继续加息将令欧洲经济面临衰退风险。

7月

5日 米兰理工大学电子商务B2C观察中心发布数据，2022年意大利电子商务市场规模达到332亿欧元，同比增长了8%，电商销售额占总销售额的12%，在2018年该比例为6.5%。

四川-意大利文物保护修复技术交流会在中国四川省乐山市举行。

9日 由加卢佐基金会、意大利外交部联合推出的"意大利当代艺术丝路行"从丝路终点意大利向东回溯，先后走过基辅、安卡拉、第比利斯、塔什干、北京、重庆，回到丝路起点古都西安，当日于西安落幕。

10日 意大利、克罗地亚和斯洛文尼亚外长在意大利安科纳举行三方会谈，强调加强合作以减少前往欧洲的非法移民，打击人口贩运。

11日 意大利欧洲事务部部长菲托表示，2023年前6个月"国家复苏与韧性计划"中确定的目标中尚有27个未实现，为此，意大利政府已与欧盟委员会达成"技术性谅解"，就其中10个目标提出修改建议。

14日 意大利公共债务持续增长，继4月突破2.8万亿欧元后，5月达到28167亿欧元，再创历史新高。

18日 意大利副总理兼外长塔亚尼表示，意大利将通过394号基金提供40亿欧元支持中小企业发展及提高产业链竞争力。该基金由与意大利外交与国际合作部签订协议的意大利海外企业投资公司（Simest）管理。

意大利总工会（Cgil）公开对政府延迟执行"国家复苏与韧性计划"表示担忧。

20 日 意大利欧洲事务部部长菲托表示，意大利政府与欧盟委员会就第三批"国家复苏与韧性计划"资金发放达成协议，条件是意大利政府将第三笔 190 亿欧元中的 5.19 亿欧元并入第四笔。

25 日 意大利副总理兼基础设施与交通部部长萨尔维尼在"2023～2032 意大利重大工程和项目"发布会上介绍了意大利未来十年重大基础设施计划，重点提及墨西拿大桥、核能、公路和铁路建设、民生项目、新能源等。

26 日 意大利众议院以 166 票支持和 109 票反对的结果通过一项新法案，将意大利公民出国代孕定为犯罪行为。意大利早有立法禁止代孕，此次法案将禁令的范围扩大到了海外代孕。

27 日 意大利总理梅洛尼与美国总统拜登在白宫会面，会谈涉及国际政治议程中的主要议题及两国经贸关系。两位领导人在联合声明中重申了两国之间"坚定不移的联盟、战略伙伴关系和深厚友谊"。此外，美国承诺支持意大利发展与非洲关系。

28 日 欧盟委员会发布意大利第三批"国家复苏与韧性计划"资金的初步评估结果，同意向意大利支付第三笔资金 185 亿欧元，还批准了意大利与第四笔资金支付请求相关的计划修订安排。

30 日 第 108 届国际世界语大会于 7 月 29 日至 8 月 5 日在意大利都灵举行。中国代表团当日举办"中国日"主题活动。

31 日 "智慧之源：达·芬奇，拉斐尔，但丁与意大利设计制造"展览开幕式于北京来福士乙十六艺术馆举行，展出持续至 9 月 15 日。

8月

1 日 意政府收紧"全民基本收入计划"发放标准的规定正式生效。约 16.9 万户意大利家庭的社会救助被削减。在野党政客对此提出严厉批评，工会和活动团体呼吁举行抗议活动。

2 日 意大利国防部签署更新公羊主战坦克（Ariete）的合同，委托依维柯-奥托-梅拉拉集团对90辆相关坦克进行现代化改造，合同总价为8.48亿欧元。

4日 意大利议会已批准政府有关税收改革的法案，该法案此前已经在参议院获得批准。该法案规定了税收改革的基本原则，将于两年内落实。

意大利内政部发布统计数据，2023年以来已有近9.2万名移民从非洲、中东及其他地区乘船抵达意大利，比2022年同期（4.3万名）多出1倍以上。

7日 欧盟委员会确认意大利政府已向其提交修改后的"国家复苏与韧性计划"，修改涉及该计划六个主题领域的144项投资和改革。欧委会表示，意大利修改该计划的原因主要源于高通胀和供应链限制等问题。

7~8日 意大利政府宣布对银行征收40%的超额利润税，针对的是欧洲央行加息后银行多收的利息。之后，意大利政府在24个小时后迅速做出澄清，并改变了政策适用门槛。

8日 意大利能源、网络和环境管理局（Arera）在一份声明中表示，为保护在2023年5月洪灾中受损的用户，已将电费、煤气费、水费和垃圾费账单的支付期限延长至10月31日。

意大利国家新技术、能源和可持续经济发展署（ENEA）在一份新闻稿中宣布，截至2023年7月31日，全国符合110%超级津贴（Superbonus 110%）抵免资格的支出增至829.96亿欧元。

意大利内阁部长会议批准了7亿欧元的微电子产业资金，以支持半导体领域研发。

14日 意大利商会公布的数据显示，位于意大利产业区内的79.4万家企业中，只有18.3%的企业通有光纤网络。

16日 欧洲天然气基础设施组织GIE发布的数据显示，意大利天然气库存量为176.12太瓦时，超过存储容量的90%。

20日 2023年前5个月，意大利对非欧盟国家的出口额达到1245亿欧元，创历史最高纪录，比2019年同期水平高出31.6%，是欧洲大国中对非欧盟国家出口增长最强劲的国家。

22 日 意大利卫生部对包括首都罗马在内的 16 个城市发布高温红色预警。

28 日 搭载 200 余名难民的"海洋维京号"人道组织海上救援船抵达意那不勒斯港，难民在突尼斯和意大利兰佩杜萨岛之间海域获救。意大利内政部公布的数据显示，自 2023 年年初以来，已有超过 10.7 万名难民穿越地中海抵达意大利，超过了 2022 年全年抵意难民数量的总和。

9月

3 日 中国香港特区政府"创意香港"办公室公布，已在第 80 届威尼斯电影节期间与意文化部电影和视听总局签署谅解备忘录，旨在促进和推广与电影相关的活动及交流合作。

3~5 日 意大利副总理兼外长塔亚尼对中国进行正式访问。其间，两国外长共同出席中意政府委员会第十一次联席会议。4 日，中共中央政治局委员、外交部部长王毅在北京同意大利副总理兼外长塔亚尼举行会谈。王毅表示，面对地缘政治等挑战和干扰，中意应坚持互尊互信、开放合作、平等对话的正确相处之道。中方愿同意方落实好两国领导人重要共识，推动中意关系持续健康稳定向前发展。塔亚尼表示，意方高度重视发展长期稳定的意中关系。将继续恪守一个中国政策，期待同中方密切高层交往，加强各领域交流合作。尽管当前国际局势动荡不定，但意中关系不会受其影响。

9 日 国务院总理李强在新德里出席二十国集团领导人峰会期间会见意大利总理梅洛尼。李强表示，一个健康稳定的中意关系符合两国共同利益，也是两国更好发展的需要。中方愿同意方深化机制性合作，用好政府委员会联席会议等合作机制，提升双方合作水平。梅洛尼表示，意中都是文明古国，两国友好交往源远流长。意方欢迎两国政府委员会联席会议成功召开，愿同中方加强双边框架下交流对话，推动两国合作进一步深化。

12 埃尼集团自然资源部总经理布鲁斯科（Guido Brusco）表示，将在非洲进行大规模投资，未来几年阿尔及利亚、埃及和利比亚将成为意大利天然气的主要供应国。

11~17日 大批非法移民和难民经由海路抵达意兰佩杜萨岛，仅12日当天，就有超过5000人抵达，而岛上的常住居民仅为6000人左右。德国和法国相继收紧与意大利的边境政策，此举遭到意大利政府的强烈不满。意大利总理梅洛尼在15日表示，意大利将采取"特别措施"应对移民潮，同时呼吁欧洲联盟提供支持。17日，欧盟委员会主席冯德莱恩应邀与意大利总理梅洛尼一同视察兰佩杜萨岛，冯德莱恩承诺欧盟将为意大利提供支持。

《中国共产党简史》意大利文版出版座谈会在罗马举行，包括意大利共产党全国书记阿尔博雷西在内的50余人出席座谈会。

18日 意大利政府批准了一系列计划以应对移民潮，主要针对不符合庇护资格并计划被遣返回本国的非法移民采取拘留和驱逐等措施。

18~21日 中国人权研究会会长白玛赤林率中国人权研究会代表团访问意大利，并出席在罗马举办的"2023·中欧人权研讨会"，白玛赤林在会上致辞。意方各界人士普遍对中国人权发展表示钦佩，认为中国人权发展道路适合中国国情。

19日 欧盟理事会批准了意大利对"国家复苏与韧性计划"相关目标的修订，涉及2023年前6个月规定的27项措施中的10项，这使得意大利政府能够申请第四笔欧盟资金（165亿欧元）。

19~20日 意大利呼吁欧盟其他国家分摊接纳已入境兰佩杜萨岛的移民，法国政府在19日表示愿意帮助意大利遣返移民，但不会接收来自兰佩杜萨岛的移民。

22日 意大利前总统乔治·纳波利塔诺在首都罗马去世，终年98岁。纳波利塔诺生于1925年6月，曾任意大利众议院议长、内政部部长，2006~2015年担任意大利总统，其中2013年赢得连任，是意大利历史上首位连任总统和任职时间最长的总统。

中共中央政治局委员、中央政法委书记陈文清在罗马会见意副总理兼外长塔亚尼。

23日 意大利国防部发表声明称，意大利将与英国和日本两国就下一代喷气式战机合作项目进行谈判。

24 日 针对德国政府近期推出一项资助慈善机构救援移民的计划，意大利国防部部长克罗塞托表示，德方这一举动"非常严重"。意方致力于打击偷渡活动，组织移民偷渡的"蛇头"应该按"国际罪犯"处理，而不是给予资助。

25 日 意大利总理府批准新能源法令（Decreto Energia），将投入 13 亿欧元延长并提高对家庭能源账单和能源价格的补贴，并为家庭提供交通支持。

"庞贝神话——意大利那不勒斯国家考古博物馆藏古希腊古罗马珍品文物展"开幕式在中国国家典籍博物馆举行。展览展出了来自意大利的 127 件/套珍贵馆藏文，将持续至 12 月 17 日。

25~26 日 意大利南部兰佩杜萨岛再次遭遇难民潮，登陆难民人数为该岛接待能力的 10 倍，有关部门努力将抵岛难民疏散到其他地区。意大利总统马塔雷拉呼吁欧盟对难民问题做出具体、持续的承诺，并支持难民来源国发展经济。

26 日 意大利政府签署 13 亿欧元补贴新法令，主要涉及有关能源补贴、支持居民购买力的措施。此外，法令中还包括政府与大型分销集团签署的反通胀协议以及针对能源密集型企业的优惠政策。

27 日 意大利政府推出旨在打击非法移民的新法令。总理梅洛尼表示，新法令将加速驱逐非法移民，并为女性和未成年移民提供保护。这是梅洛尼政府推出的第三份移民法令。

28 日 意大利政府与 32 个大型分销集团、工业和消费品协会签署反通胀协议，以控制物价上涨。该协议有效期为 2023 年 10 月 1 日至 12 月 31 日。

10月

5~8 日 第三届繁花中国电影节于意大利佛罗伦萨举行，《艺术学院》

《长安三万里》《莫尔道嘎》《香魂女》等 15 部中国影片在电影节期间展映。

米兰理工大学管理学院创新支付观察站发布调查数据，受疫情影响和推动，意大利电子支付领域发展提速，2023 年上半年数字支付交易额达 2060 亿欧元，同比增长 13%。

8 日　意大利总理梅洛尼与以色列总理内塔尼亚胡通电话，声明对以色列的支持，并在总理府召开特别会议，讨论巴以冲突相关问题。

9 日　意大利收到欧盟拨付的第三笔共 185 亿欧元的"国家复苏与韧性计划"资金。至此，意大利共收到 854 亿欧元欧盟资金，相当于其"国家复苏与韧性计划"资金总额的约 44%。

15 日　意大利及世界其他地方都举行活动，纪念意大利当代最具世界影响力的作家伊塔洛·卡尔维诺 100 周年诞辰。

16 日　意大利政府批准 2024 年财政预算案，预算总额约为 240 亿欧元，其中，160 亿欧元用于削减税收楔子和对个人所得税进行改革，将通过额外借款筹集；另外 80 亿欧元用于包括养老金、卫生服务等开支，主要通过削减预算其他部分来筹集。

意大利内阁部长会议通过了对企业的一系列支持举措，其中包括对决定将生产设施从国外迁回意大利的企业给予税收减免。

据当日报道，Fastweb、Telecom、Vodafone 和 Wind Tre 四家电信公司被意大利竞争和市场管理局处以超过 2 亿欧元的罚款。管理局公告称，这四家公司通过达成限制竞争协议，扰乱电信运营商之间的正常竞争。

17 日　意大利政府表示将拨出 120 亿欧元用于修建墨西拿海峡大桥，以重新启动 10 年前搁置的项目。

意大利农业食品市场服务研究所（ISMEA）发布农食产品研究报告，由于近两年遭遇干旱、极端高温、霜冻和洪水等灾害，意大利在欧盟农业生产最新排名中被德国超越，下降至第三位。

19 日　意大利前总理、欧洲意大利人基金会主席马西莫·达莱玛受邀来华参加第三届"一带一路"国际合作高峰论坛时表示，习近平主席宣布的中国支持高质量共建"一带一路"的八项行动，将为包括共建国家在内的全球投资者提供更加广阔的市场机遇。

23 日 意大利埃尼集团与卡塔尔能源公司签署一项为期 27 年的液化天然气协议。从 2026 年开始，卡塔尔能源公司每年将向意大利运送多达 15 亿立方米的液化天然气。

欧洲税务观察站发布的第一版《全球逃税报告》显示，2022 年，意大利逃税金额达 1980 亿美元，约占全国 GDP 的 10%。

23~24 日 中意世界文化遗产地结好论坛在杭州举行，中意两国文物部门代表、专家代表围绕中意世界文化遗产保护理念、经验展开对话，杭州、维罗纳等中意结好世界文化遗产地保护机构代表围绕世界文化遗产保护传承利用进行交流。

25 日 "智慧之源：达·芬奇，拉斐尔，但丁与意大利设计制造"展览在四川美术学院美术馆开幕，展出持续至 11 月 22 日。

31 日 首次法国-意大利跨境合作委员会会议在意大利都灵举行。意大利副总理兼外长塔亚尼和法国外长科隆纳主持会议。会上，两国外长表示将共同致力于政治解决巴以冲突。

11月

3 日 中国香港艺术馆举办"提香与文艺复兴威尼斯画派——乌菲兹美术馆珍藏展"，展出意大利乌菲兹（齐）美术馆藏品，包含提香及多位同时期威尼斯画派大师的 50 幅作品首次于香港展出。

2~4 日 风暴"夏兰"从 2 日开始袭击意大利中北部地区；3 日，意大利政府宣布进入紧急状态，并预拨款 500 万欧元救灾；截至 4 日，风暴"夏兰"已共导致托斯卡纳大区 7 人死亡。

6 日 意大利总理梅洛尼与阿尔巴尼亚总理拉马签署谅解备忘录，双方同意在阿尔巴尼亚建立 2 个移民中心，在地中海被意大利船只救起的移民将在中心做必要停留，以便意大利快速处理其庇护申请。

7 日　意大利国防部部长克罗塞托称，意大利无法做到北约提出的在2024 年将该国军费开支增加至占国内生产总值 2% 的要求，也不太可能在未来 5 年内实现该目标。

8 日　意大利国防部发布"2023~2025 年国防规划"。意大利 2023 年武器装备采购预算达到 61 亿欧元，相较于 2022 年增长了近 12.5%，远超2021 年（40 亿欧元）。意大利 2024 年军备预算预计达 81.6 亿欧元，2025年将突破 87 亿欧元。

10 日　乌兹别克斯坦总统米尔济约耶夫与意大利总统马塔雷拉在乌首都塔什干举行会谈，两国元首表示将继续拓展双边战略伙伴关系。马塔雷拉表示，意方支持乌兹别克斯坦国家改革举措，支持乌方加入世界贸易组织。

13 日　2023 年世界意大利美食周在中国重庆开幕。

14 日　日本防卫大臣木原稔在防卫省与来访的英国国防大臣沙普斯和意大利国防部部长克罗塞托举行会谈，三方签署了关于共同研发新一代战机的协议。

15 日　乌克兰总统泽连斯基与意大利总理梅洛尼通话，双方同意启动对乌克兰提供安全保障的双边工作。

17 日　意大利工会组织交通运输、公共管理、教学研究、医疗保健、邮政等行业举行全国大罢工，罢工的诉求主要是提高工人收入水平、保障公民权益及福利、缩小贫富差距等。

18 日　"高山流水——中意美术家作品联展"于意大利博洛尼亚举办。

27 日　意大利内阁部长会议批准新能源法令，针对保证国家能源安全、促进可再生能源发展、支持能源密集型企业以及电力零售市场的运作做出规定。

28 日　乌克兰总统办公室发布消息称，乌克兰与意大利已开始就缔结双边安全保障协定进行第一轮磋商。

28~29 日　由中国科技部、意大利大学与科研部共同主办的第十二届中意创新合作周在北京举行。

12月

3日 "智慧之源：达·芬奇，拉斐尔，但丁与意大利设计制造"展览在天津美术馆开幕，展出持续至 2024 年 1 月 7 日。

12日 中国首个卡拉瓦乔主题展"卡拉瓦乔与巴洛克奇迹"在上海浦东美术馆开幕，展出包括 6 件卡拉瓦乔原作，以及 40 余位巴洛克画派艺术家的 50 余幅真迹，展出持续至 2024 年 4 月。

14~16日 2023 世界慕课与在线教育大会在意大利米兰召开，以"人工智能驱动下的未来大学和教育重构"为主题，由清华大学和米兰理工大学共同承办。

18日 意大利国家统计局发布人口普查数据，意大利人口出生率创下新的负纪录，2022 年出生人口为 39.3 万人，比 2021 年减少近 7000 人（-1.7%）；人口老龄化程度加深，每 100 名 15 岁以下的年轻人对应 193 名 65 岁以上的老人。

19日 意大利"国家复苏与韧性计划"协调办公室表示，该国已完成 2023 年的 52 项改革与投资目标，是在 2023 年 12 月 31 日前第一个向欧盟申请第五笔资金的成员国。本轮申请资金总额为 105 亿欧元。

20日 意大利参议院批准"意大利制造法案"。该法案提出成立意大利制造国家主权基金，同时向投资基金和其他主体开放。该法案还提出设立"意大利制造高中"的计划，旨在推广与"意大利制造"相关的知识、技能和能力。

据当日报道，意大利 10 年期国债收益率下降至 3.55%，为 2022 年 8 月底以来最低水平。

附录二

统计数据[*]

吕成达^{**}

表1 意大利国内生产总值（2017~2023年数据）

单位：百万欧元，%

项目	2017年	2018年	2019年	2020年	2021年
国内生产总值（现值）	1724954	1771566	1794935	1660621	1822345
实际增长率	1.6	0.8	0.3	−8.9	6.7

项目	2022年				2023年			
	第一季度	第二季度	第三季度	第四季度	第一季度	第二季度	第三季度	第四季度
国内生产总值（未调整原始值）	441234	470415	468885	516487	438183	445850	444056	453511
国内生产总值（季节调整值）	462060	471420	473234	491285	446443	444761	445201	448551
增长率（基于前期）	0.1	1.1	0.5	−0.1	0.6	−0.4	0.0	0.2
增长率（基于前四期）	6.4	4.9	2.6	1.4	2.1	0.3	0.0	0.5

---

* 在表1~表11中，除表4、表5中的数据外，其余数据均来源于意大利国家统计局（网址：https://www.istat.it/en/）。

** 吕成达，中国社会科学院大学国际政治经济学院博士研究生。

表2 意大利公共债务、财政赤字与GDP的比例（1994~2023年年度数据）

单位：%

年份	债务占比	赤字占比	年份	债务占比	赤字占比
1994	124	9.0	2009	115.8	5.3
1995	122	7.8	2010	119	4.6
1996	122	7.1	2011	120	3.5
1997	120	2.8	2012	125	3
1998	117	3.0	2013	129	2.8
1999	116	1.9	2014	131.8	3
2000	110	0.8	2015	131.6	2.6
2001	108	3.1	2016	131.4	2.5
2002	105.7	2.9	2017	131.2	2.4
2003	104.4	3.5	2018	132.2	2.2
2004	103.8	3.5	2019	134.6	1.6
2005	105.8	4.2	2020	155.6	9.5
2006	106.5	3.1	2021	150.4	7.2
2007	103.5	1.5	2022	144.4	8.0
2008	106.1	2.7	2023	137.3	7.2

表3 意大利消费者价格指数（2020~2023年月度数据）

时间		消费者价格指数（2015年=100）	时间		消费者价格指数（2015年=100）
2020年	1月	102.9	2021年	1月	103.3
	2月	102.8		2月	103.4
	3月	102.9		3月	103.7
	4月	103.0		4月	104.1
	5月	102.8		5月	104.1
	6月	102.9		6月	104.2
	7月	102.7		7月	104.7
	8月	103.0		8月	105.1
	9月	102.3		9月	104.9
	10月	102.5		10月	105.6
	11月	102.4		11月	106.2
	12月	102.6		12月	106.6

时间		消费者价格指数	时间		消费者价格指数
		（2015 年 = 100）			（2015 年 = 100）
2022 年	1 月	108.3	2023 年	1 月	119.1
	2 月	109.3		2 月	119.3
	3 月	110.4		3 月	118.8
	4 月	110.3		4 月	119.3
	5 月	111.2		5 月	119.7
	6 月	112.5		6 月	119.7
	7 月	113.0		7 月	119.7
	8 月	113.9		8 月	120.1
	9 月	114.2		9 月	120.3
	10 月	118.1		10 月	120.1
	11 月	118.7		11 月	119.5
	12 月	119.0		12 月	119.7

表 4　意大利进出口贸易额（2016～2023 年年度数据）

单位：亿美元

年份	贸易总额	出口额	进口额	贸易平衡
2016	8686.01	4617.77	4068.24	549.54
2017	9608.72	5075.91	4532.81	543.10
2018	10474.18	5466.32	5007.86	458.46
2019	10061.90	5326.71	4735.20	591.51
2020	9173.53	4947.82	4225.71	714.58
2021	11654.38	6084.10	5570.28	513.82
2022	13491.38	6578.96	6912.42	−333.46
2023	13170.24	6770.95	6399.29	371.66

资料来源：2016～2019 年数据来自中华人民共和国商务部网站（https：//countr yreport. mofcom. gov. cn/），2020～2023 年数据来自 OECD 网站（https：//data. oecd. org/），并将原数据换算为以"亿美元"为单位。

表 5 中意双边贸易额（2009~2023 年年度数据）

单位：亿美元

年份	中国对意大利出口额	中国自意大利进口额	进出口总额
2009	267.78	92.49	360.27
2010	378.27	113.84	492.11
2011	408.34	138.85	547.19
2012	316.04	115.35	431.39
2013	306.96	130.35	437.31
2014	332.15	138.93	471.08
2015	312.61	115.20	427.81
2016	301.57	122.19	423.76
2017	320.93	152.98	473.91
2018	363.27	155.40	518.67
2019	354.59	145.45	500.04
2020	329.38	222.48	551.85
2021	436.30	303.23	739.53
2022	509.08	269.76	778.84
2023	445.23	272.34	717.58

资料来源：中华人民共和国商务部网站，https：// countryreport. mofcom. gov. cn/ 。

表 6 意大利单位劳动成本（经过季节调整的 2016~2023 年季度数据，2015 年＝100）

时间		工业和服务业	工业	除建筑业外的工业	服务业
2016 年	第一季度	99.2	99.0	99.1	99.3
	第二季度	99.5	99.1	99.3	99.7
	第三季度	99.4	99.0	99.2	99.8
	第四季度	100.0	100.2	100.2	99.9
2017 年	第一季度	100.1	100.1	100.2	100.2
	第二季度	99.6	99.9	99.8	99.3
	第三季度	100.2	100.7	100.7	100.1
	第四季度	100.5	101.0	101.0	100.2
2018 年	第一季度	100.1	100.3	100.3	100.3
	第二季度	101.3	101.6	101.6	101.4
	第三季度	102.0	102.5	102.3	101.9
	第四季度	102.2	102.5	102.2	102.0

时间		工业和服务业	工业	除建筑业外的工业	服务业
2019 年	第一季度	103.7	104.0	103.8	103.8
	第二季度	103.7	104.0	103.9	103.6
	第三季度	103.7	103.9	103.7	103.6
	第四季度	103.5	103.9	103.8	103.3
2020 年	第一季度	104.1	103.9	103.8	104.5
	第二季度	109.6	106.7	106.0	111.9
	第三季度	104.0	103.8	103.5	104.4
	第四季度	103.4	102.5	102.9	104.0
2021 年	第一季度	104.5	103.8	104.0	105.1
	第二季度	104.7	104.2	104.5	105.3
	第三季度	104.7	104.8	105.4	104.9
	第四季度	104.1	104.3	105.4	104.0
2022 年	第一季度	104.1	104.7	105.5	103.8
	第二季度	105.0	105.7	106.5	104.6
	第三季度	104.8	105.3	106.0	104.8
	第四季度	105.5	106.0	107.1	105.2
2023 年	第一季度	107.4	107.5	108.3	107.9
	第二季度	107.8	108.4	109.2	107.3
	第三季度	108.6	110.0	110.7	107.6
	第四季度	109.5	110.4	111.3	108.9

表 7 意大利单位劳动力收入（经过季节调整的 2017～2023 年季度数据，2015 年＝100）

时间		工业和服务业	工业	除建筑业外的工业	服务业
2017 年	第一季度	100.7	100.7	100.7	100.8
	第二季度	100.2	100.6	100.5	99.9
	第三季度	100.8	101.4	101.4	100.6
	第四季度	100.9	101.5	101.5	100.6
2018 年	第一季度	100.4	100.8	100.8	100.3
	第二季度	101.4	101.9	101.9	101.2
	第三季度	101.8	102.5	102.4	101.5
	第四季度	101.8	102.3	102.1	101.5

续表

时间		工业和服务业	工业	除建筑业外的工业	服务业
2019 年	第一季度	103.0	103.6	103.5	102.8
	第二季度	103.0	103.5	103.5	102.7
	第三季度	103.1	103.4	103.4	102.8
	第四季度	102.9	103.5	103.5	102.6
2020 年	第一季度	103.3	103.4	103.4	103.4
	第二季度	109.1	106.7	106.0	111.1
	第三季度	103.3	103.3	103.2	103.4
	第四季度	103.8	103.2	103.5	104.2
2021 年	第一季度	104.5	104.1	104.5	104.8
	第二季度	104.8	104.5	105.0	105.1
	第三季度	104.8	105.1	105.9	104.8
	第四季度	104.4	104.7	105.9	104.1
2022 年	第一季度	104.3	104.9	106.0	103.8
	第二季度	105.1	105.9	107.0	104.6
	第三季度	105.0	105.6	106.5	104.8
	第四季度	105.6	106.2	107.4	105.3
2023 年	第一季度	107.1	107.5	108.6	107.0
	第二季度	107.6	108.5	109.6	107.0
	第三季度	108.7	110.3	111.4	107.7
	第四季度	109.4	110.4	111.7	108.8

表8 意大利及其各区域失业人口（2017~2023 年年度数据）

单位：千人

时间	意大利全国	北部	西北地区	东北地区	中部	南部
2017 年	2907	892	551	340	547	1469
2018 年	2755	847	519	328	517	1391
2019 年	2582	790	487	303	473	1319
2020 年	2310	740	435	305	427	1143
2021 年	2367	749	467	282	449	1169
2022 年	2027	642	398	244	367	1018

时间		意大利全国	北部	中部	南部
2023 年	第一季度	2097	623	360	1114
	第二季度	1905	598	320	986
	第三季度	1847	569	302	976
	第四季度	1938	577	340	1021

注：为提高意大利和欧盟层面数据的一致性，自 2021 年起，意大利劳动力调查（Labour Force Survey）的口径根据欧盟 2019 年新条例（Regulation 2019/1700）做出调整，相关变化涉及表 8 和表 9 中有关意大利 2021~2023 年失业人口和失业率数据。

表 9　意大利及其各区域失业率（2017~2023 年数据）

单位：%

时间	意大利全国	北部	西北地区	东北地区	中部	南部
2017 年	11.2	6.9	7.4	6.3	10.0	19.4
2018 年	10.6	6.6	7.0	6.0	9.4	18.4
2019 年	10.0	6.1	6.5	5.5	8.7	17.6
2020 年	9.2	5.8	6.0	5.6	8.0	15.9
2021 年	9.5	6.0	6.5	5.3	8.6	16.4
2022 年	8.1	5.1	5.5	4.5	7.0	14.3

时间		意大利全国	北部	中部	南部
2023 年	第一季度	8.3	4.9	6.8	15.3
	第二季度	7.5	4.7	6.0	13.5
	第三季度	7.3	4.5	5.7	13.3
	第四季度	7.5	4.5	6.4	13.8

注：为提高意大利和欧盟层面数据的一致性，自 2021 年起，意大利劳动力调查（Labour Force Survey）的口径根据欧盟 2019 年新条例（Regulation 2019/1700）做出调整，相关变化涉及表 8 和表 9 中有关意大利 2021 年~2023 年失业人口和失业率数据。

表 10　意大利各年龄段失业率（经过季节调整的 2017~2023 年季度数据）

单位：%

时间		15~24 岁	25~34 岁	35~49 岁	50 岁以上	15 岁以上
2017 年	第一季度	36.2	17.3	9.4	6.7	11.5
	第二季度	35.6	17.0	9.2	6.4	11.2
	第三季度	34.7	17.1	9.3	6.7	11.3
	第四季度	33.1	16.8	9.2	6.4	11.0
2018 年	第一季度	32.8	16.3	9.2	6.5	10.9
	第二季度	32.6	15.8	9.0	6.7	10.8
	第三季度	31.9	15.6	8.5	6.2	10.3
	第四季度	32.3	15.9	8.7	6.4	10.5
2019 年	第一季度	31.2	15.3	8.7	6.3	10.3
	第二季度	29.1	15.1	8.5	5.9	9.9
	第三季度	28.3	14.5	8.7	5.8	9.8
	第四季度	28.4	14.3	8.5	6.0	9.7
2020 年	第一季度	28.4	13.4	7.9	5.7	9.2
	第二季度	28.0	12.8	7.4	4.9	8.4
	第三季度	30.7	15.5	8.2	5.8	9.8
	第四季度	29.9	14.4	7.6	5.5	9.2
2021 年	第一季度	32.5	15.6	8.4	6.2	10.1
	第二季度	30.4	14.5	8.0	6.2	9.8
	第三季度	28.0	13.2	7.6	6.0	9.1
	第四季度	27.3	13.2	7.7	5.8	9.1
2022 年	第一季度	25.0	12.2	7.2	5.5	8.5
	第二季度	23.4	11.3	7.1	5.2	8.1
	第三季度	23.5	11.2	6.9	5.1	7.9
	第四季度	23.0	11.2	6.6	5.2	7.8
2023 年	第一季度	23.1	11.6	7.3	5.3	8.3
	第二季度	22.1	9.7	6.6	5.0	7.5
	第三季度	21.7	10.0	6.8	4.3	7.3
	第四季度	24.0	10.0	6.7	4.6	7.5

表 11　意大利人口（2017~2023 年年度数据）

单位：人

时间	性别		总人口
	男	女	
2017 年 1 月 1 日	29445741	31143704	60589445
2018 年 1 月 1 日	29427607	31056366	60483973
2019 年 1 月 1 日	29384766	30974780	60359546
2020 年 1 月 1 日	29050096	30591392	59641488
2021 年 1 月 1 日	28866226	30369987	59236213
2022 年 1 月 1 日	28818956	30211177	59030133
2023 年 1 月 1 日	28814832	30182369	58997201

后　记

　　光阴荏苒。自 2019 年春夏之交我们启动组织编写第一本"意大利蓝皮书"，迄今已整整五年，第五本蓝皮书《意大利发展报告（2023～2024）》也即将付梓。在过去的五年中，世纪疫情叠加地缘冲突，世界百年未有之大变局加速演进，美国对华战略竞争态势显著增强，欧盟对华政策也更加强调竞争性，相应的，中国与意大利的关系也更趋复杂。特别是，意大利于 2023 年年底决定不再续签共同推进"一带一路"建设的谅解备忘录，表明地缘政治因素已在意大利对华关系决策中发挥了相当重要的作用。然而，并不能因此轻视意大利外交政策的灵活性、务实性以及该国各界保持对华合作的强烈意愿。总体上看，中意两国高层保持密切沟通，以理性从容的态度应对这一波折，确保了两国务实合作大局未受到大的影响，彰显了两国关系的韧性。2024 年是中意建立全面战略伙伴关系 20 周年，也是中意文化交流的标志性人物马可·波罗逝世 700 周年，两国高层领导人和经济社会各界如何抓住这一机遇，在复杂国际形势下为两国关系发展增添新内涵、注入新动力值得关注与期待。

　　五年来，"意大利蓝皮书"的确取得了若干可圈可点的成绩，值得在第五本年度报告出版之际做一简要梳理。其一，如今"意大利蓝皮书"已成为国内学界追踪和研究意大利各领域发展演变的"必读书"，同时对于开展对意工作的政府部门、开展对意交流合作的企业界和社会各界也具有较高的参考价值。其二，我们编撰"意大利蓝皮书"的另一目标是要在中国培养一批从事意大利不同领域研究和中意关系研究的中青年专家，为新形势下中国开展对意/对欧交流与合作储备人才。我们欣喜地看到，历经五年的积淀，已有多位青年学者通过持续为蓝皮书撰稿而成长为国内意大利研究界的后起之秀，他们的未来可期。其三，"意大利蓝皮书"代表了中意两国在社会科学领域合作的一种新形式。"意大利蓝皮书"从第一本即采取中意合作研创的方式，每本年度报告都邀请多位意大利知名专家学者参与撰写，自第四本起还邀请意大利政治经济与社会研究所（Eurispes）的秘书长 Marco Ricceri 教授担任编委。2023 年 9 月，在中国社会科学院院长高翔率团访问意大利罗马之际，中国社会科学院、意大利国际组织协会（SIOI）和意大利政治经济与社会研究所联合举办了第一届中意智库论坛。在论坛上，我们专门发布了第四本"意大利蓝皮书"《意大利发展报告（2022~2023）》，并向意大利智库界人士介绍了"意大利蓝皮书"项目的情况，受到意方高度关注。可以说，来自意大利重要学术机构与智库的友好、坚定的支持，令我们对加强中意学术交流与合作充满信心。其四，自 2022 年以来，"意大利蓝皮书"连续入选中国社会科学院创新工程学术出版资助项目名单，体现出我院对意大利国别研究的高度重视以及对"意大利蓝皮书"研创团队工作的充分肯定。此外，第三本蓝皮书《意大利发展报告（2021~2022）》还荣获第十届"优秀皮书奖"三等奖，令我们深感荣幸，备受鼓舞。

本年度的蓝皮书《意大利发展报告（2023~2024）》聚焦 2023 年度意大利和中意关系的发展。对于意大利而言，2023 年可谓相对平稳的一年。梅洛尼领导的右翼政府保持了稳定，还尝试在政治、经济、社会、外交各领域求"新"求"变"，获得了较高的民众认可度。本书的总报告以"右翼政府领导下'稳'中求'变'的意大利"为题，从政治、经济、社会、外交、中意关系等方面勾勒出了 2023 年度意大利的发展概貌，对意大利国内各领域及中意关系发展进行了梳理、剖析与展望。在分报告和专题篇，本书对2023 年意大利政治形势、经济形势、社会形势和外交关系的进展进行了专门分析，还特别回溯了意大利前总理贝卢斯科尼的政治生涯，关注了意大利持续半个世纪的政治经济恶性循环及其原因、意大利发展循环经济的政策与成效、意大利高等职业技术教育的特色及当前改革、意大利税收制度的历史沿革与国别特色、2023 年意大利工业产权法改革等重要问题。本书的"中国与意大利"篇聚焦中国与意大利科技合作和天津与意大利合作的发展及成果，期待以此加深读者对近几年以及 2023 年度中意关系与合作重要进展的了解。

　　"意大利蓝皮书"得以立项以及如今第五本年度报告即将出版，要特别感谢中国社会科学院历任领导的关心以及欧洲研究所和国际合作局的大力支持。在此，一并向中国社会科学院、欧洲研究所与国际合作局的领导以及给予本书支持的同事致以诚挚的谢意。我们还要感谢"意大利蓝皮书"顾问罗红波研究员和沈雁南研究员多年来给予的精心指导和无私帮助。最后，还要感谢社会科学文献出版社文化与传媒分社祝得彬分社长的大力支持，特别要感谢责任编辑王晓卿女士的出色工作。

　　展望未来，无论是意大利自身还是中意关系，都将随着世界格局的加速演变而呈现出新的发展趋势与特点，亟待国内学界密切跟踪和深入研究，这也向"意大利蓝皮书"工作提出了更高的要求。对此，我们研创团队唯有直面挑战，再接再厉。

孙彦红

2024 年 5 月于北京

Abstract

For Italy, 2023 can be considered as a relatively stable year. The right-wing government led by Giorgia Meloni not only maintained stability, but also attempted to seek "novelty" and "changes" in various fields such as politics, economy, society, and foreign policies, gaining high public recognition. In terms of politics, while maintaining stability, the Meloni government has also consolidated its governing foundation through local elections. In particular, the constitutional reform proposed in November demonstrated the ambition of the government to make a difference in reforming the national political system. In addition, the passing of Silvio Berlusconi, who has dominated Italy's political stage for three decades, has increased the uncertainty of the country's political prospects. In terms of economy, inflation has fallen significantly, and various factors have led to low economic growth once again. However, thanks to the support of the NextGenerationEU recovery plan, Italy's economic growth is still higher than the overall level of the EU. The Meloni government's modification of the National Recovery and Resilience Plan and significant adjustment of the Superbonus program were also prominent manifestations of its pursuit of "changes". In the social area, the Meloni government has adjusted its assistance measures to more accurately assist various disadvantaged groups and has decided to abolish the plan of Citizens's Income (Reddito di Cittadinanza), all of which reflected its ambitions of seeking "novelty" and "changes". Concerning foreign policy, the Meloni government has largely continued the path of the previous Draghi government, being more pragmatic in handling relationship with the EU, striving to highlight its Western country identity in relations with the US and NATO, and demonstrating ambitions in building itself into a European energy gateway and enhancing its influence in the Indo-pacific region. The General Report in the *Annual Development Report of Italy* (2023 – 2024) takes the "Italy Seeking 'Changes' in 'Stability' under the Leadership of the Right-wing Government" as its subject, aiming at outlining the development of Italy in 2023 from the perspectives of politics, economy, society, foreign policies, China-Italy relations, and so on.

Regarding the situation of Italy in 2023, the *Annual Development Report of Italy* (2023 – 2024) makes a comprehensive review and analysis from four aspects: politics, economy, society, and foreign relations. Domestically, while maintaining stability, the Meloni government has also attempted to seek "novelty" and "changes" in various areas such as politics, economy, and society, striving to achieve remarkable results. In terms of foreign affairs, Italy remains pragmatic in handling its relationship with the EU, striving to highlight its position as a western country in its relationship with the US, and trying to make breakthroughs in some specific policy fields.

The Special Reports focus on the political parabola of former Italian Prime Minister Silvio Berlusconi, a doom loop between politics and economy lasting half a century in Italy, the development and related polices of circular economy in Italy, the development and current reforms of the higher vocational and technical education in Italy, the historical evolution and characteristics of the Italian tax system, and the reform of Italian Industrial Property Code in 2023. These issues are either related to the major changes currently taking place in Italy, or closely related to the prospects of Italy and China-Italy relations in the future. The analysis can help us better understand the current situation of various fields in Italy.

In 2023, influenced by geopolitical factors, Italy further adjusted its policy towards China and decided not to renew the MOU of Belt and Road Initiative, but did not want to damage China-Italy relations. Overall, the high-level officials of China and Italy have maintained close communication and responded to this disturbance with a rational and calm attitude, ensuring the stability of the overall relationship between the two countries. Pragmatic and mutually beneficial cooperation remain the mainstream. At the same time, the two countries have made many new progresses in economic cooperation and cultural exchanges. In the "China and Italy" Section in the *Annual Development Report of Italy* (2023 – 2024), two reports are presented, the themes of which are respectively related to the development of scientific-technological cooperation between China and Italy and the cooperation between Tianjin and Italy. These two reports aim to deepen the understanding of the current situation of China-Italy relations.

On the whole, the *Annual Development Report of Italy* (*2023–2024*) reflects Italy's overall situation, major events and progress in important areas in 2023 and tries to make an in-depth analysis of the new development of China-Italy relations and cooperation.

Finally, the *Annual Development Report of Italy* (*2023–2024*) continues to adopt the China-Italy cooperation approach. In addition to Chinese scholars, several Italian experts from well-known Italian think tanks and universities are invited to contribute five reports to this book. It is hoped that this form of cooperation will help the readers understand more comprehensively and more objectively the situation of Italy and the development of China-Italy relations.

Keywords: Meloni Government; Economic Growth; Social Assistance; Foreign Policy; China-Italy Relations

Contents

I General Report

Abstract: For Italy, 2023 can be considered as a relatively stable year. The right-wing government led by Giorgia Meloni not only maintained stability, but also attempted to seek "novelty" and "changes" in various fields such as politics, economy, society, and foreign policies, gaining high public recognition. In terms of politics, while maintaining stability, the Meloni government has also consolidated its governing foundation through local elections. In particular, the constitutional reform proposed in November demonstrated the ambition of the government to make a difference in reforming the national political system. In addition, the passing of Silvio Berlusconi, who has dominated Italy's political stage for three decades, has increased the uncertainty of the country's political prospects. In terms of economy, inflation has fallen significantly, and various factors have led to low economic growth once again. However, thanks to the support of the NextGenerationEU recovery plan, Italy's economic growth is still higher than the overall level of the EU. The Meloni government's modification of the National Recovery and Resilience Plan and significant adjustment of the Superbonus program were also prominent manifestations of its pursuit of "changes". In the social area, the Meloni government has adjusted its assistance measures to more accurately assist various disadvantaged groups and has decided to abolish the plan of Citizens's Income (Reddito di Cittadinanza), all of which reflected its ambitions of seeking "novelty" and "changes". Concerning foreign policy, the Meloni government has largely continued the path of the previous Draghi government, remaining pragmatic in handling relationship with the EU, striving to highlight its Western country identity in relations with the US and NATO, and demonstrating ambitions in building itself into a European energy gateway and enhancing its influence in the Indo-pacific region. In general, although Italy's decision not to renew the MOU of Belt and Road Initiative has caused twists and turns in China-Italy relations, with the joint efforts of the two countries, the overall situation of China-Italy relations has remained stable, and mutually beneficial cooperation remains the mainstream.

Keywords: Meloni Government; Silvio Berlusconi; Economic Growth; Social Assistance; China-Italy Relations

Ⅱ　Situation Reports

B.2　Italian Politics: The Beginning of the "Post-Berlusconi Era"

Shi Dou / 027

Abstract: In 2023, the overall support rate of the Meloni government remained stable in its first year in office, due to its continuation in the domestic and foreign policies with the previous Draghi government. In the mid-May local elections, the Centre-right coalition maintained its dominance since the 2022 general election, while the Centre-left coalition performed poorly. In November, the Meloni government proposed a draft of constitutional reform to introduce the "Premierato" with the aim of strengthening the government's stability. This proposal faced significant opposition from opposition parties. In 2023, both the ruling parties and the opposition parties faced new challenges. The passing of Silvio Berlusconi casts a shadow over the future of Forza Italia, which could affect relations of the parties within the Centre-right coalition. On the opposition side,

Azione led by Calenda and Italia Viva led by Renzi have parted ways, the "Third Pole" no longer exists, and the revival of the "Centre coalition" has been defeated again. In 2024, a year with important elections, the parties will continue to compete in the European Parliament elections, local elections, and constitutional reform.

Keywords: Meloni Government; Constitutional Reform; Berlusconi; Italia Viva; Azione

B.3 Italian Economy: A Year of Growth Slowdown and Policy Transition
Lorenzo Codogno / 046

Abstract: 2023 was a year of slowdown and transition for the Italian economy. In 2022, the spike in inflation forced the European Central Bank to increase interest rates sharply, driving down aggregate demand and, over time, inflation, while fiscal policy remained moderately accommodative. 2023 ended with much lower inflation, allowing policies to stabilize, with monetary to become, over time, less restrictive and fiscal increasingly tight. Moreover, three major policy initiatives undertaken since the pandemic have been in full swing (all pointing to about 7% of GDP): (1) the substantial fiscal support to households and companies has cumulated chiefly in the form of savings, which can potentially be released in the future for consumption and investment, (2) the scheme for the financing of energy-efficient house renovations, i.e. Superbonus, supported construction activity but at a high cost for public finance, and thus it has been phased out, and (3) the massive EU-financed National Recovery and Resilience Plan, has suffered some delays but has increasingly supported public investments. The outlook for 2024 calls for a gradual recovery amid the complete unfolding of these effects.

Keywords: Italy; Economic Growth; Fiscal Policy; Excess Savings; Superbonus Program

B.4　Italian Society: The Haze of Inflation Gradually

　　　Fading and People's Livelihood Improving

Zang Yu, *Chen Zhanpeng* / 062

Abstract: In 2023, the persistent high inflation which had haunted Italy eased. Nevertheless, prices remained at high level. Thanks to the growth of employment and a slight increase in income, Italians' purchasing power have slightly improved. However, youth unemployment remained a worrying issue, and over 2 million poor families were in urgent need of help. Despite limited funds, the Meloni Government adopted diversified measures to support families and individuals with various difficulties. In the disaster relief and reconstruction in Emilia-Romagna, the Italian government formulated a comprehensive and reasonable plan. However, the implementation was not very satisfactory. The Central Mediterranean Route witnessed a new climax of smuggling, and over 150 thousand irregular migrants landed in Southern Italy, causing great pressure on the local society. However, considering the enormous development gap between the origin countries and the EU countries, as well as Italy's constant demand for foreign labors, Italy's attractiveness to migrant workers will be unlikely to decrease. At the end of 2023, European Commission allocated the fourth of the PNRR fund to Italy, which is expected to contribute significantly to the economic development and improvement of people's livelihood in 2024.

Keywords: Italy; Inflation; Social Assistance; Irregular Migrants

B.5　Italian Foreign Policy: A Compromise between

　　　Ambitions and Pragmatism　　*Zhong Zhun*, *Gao Puyueyang* / 083

Abstract: Since the election in October 2022, Italian Prime Minister Meloni has received attention for her background as a head of a far-right party. In terms of foreign policy, the Meloni government has largely followed the line of the previous Draghi government, while having its own ambitions on several concrete policies. At the European level, Italy tries to maximize its national interests within the EU framework and has reached some important consensus with the EU. In the Western camp, Italy focused on closer relations with the US and NATO to emphasize its Western identity. There have been some subtle changes in Italy's policy towards China this year, but the Meloni government does not want to harm the economic and trade ties between the two countries. At the same time, Italy strengthened its security and economic cooperation with Japan and India through its Indo-Pacific strategy. In the Mediterranean region, the Meloni government has taken a two-pronged approach in the areas of immigration and energy, trying to curb illegal immigration, and striving for Italy to become the energy gateway of Europe. The escalation of the Israeli-Palestinian conflict, however, has brought new challenges to Italy's Mediterranean policy.

Keywords: Italy Foreign Policy; The EU; The US; Asia; Mediterranean Area

Ⅲ　Special Reports

B.6　Silvio Berlusconi: The Political Parabola of a
　　　Divisive Leader (1993–2023)

Alberto Baldazzi / 099

Abstract: A few months after his death, it is certainly not an easy task to outline the characteristics of Silvio Berlusconi, the primary protagonist of Italian politics of the last thirty years, from 1993 to 2023, a great entrepreneur and communicator. Despite these objective difficulties, this article presents a systemic framework of knowledge elements that allow the readers to understand the multiple aspects, both positive and negative, of the role that Berlusconi has played in Italian society, and also on the international scene, profoundly innovating the modes of political action, the approach to communication, the system of relations between party leaders and government and voters, regenerating thought orientations such as that relating to the "liberal revolution". The article reconstructs and presents elements of evaluation on the path taken by Berlusconi in his experience as a founder of a party and political coalitions, as head of government, active protagonist of important international initiatives, and promoter of businesses. The framework of these elements puts the readers in a position to evaluate the merits and limits of what has been defined as the phenomenon of "Berlusconism", an original precedent of the broader phenomenon of "populism", widespread in Europe and in the world.

Keywords: Berlusconi; Berlusconism; Populism; Liberal Revolution; Italy

B.7 A Doom Loop between Politics and Economy Lasting Half a Century

Lorenzo Codogno, Giampaolo Galli / 113

Abstract: Italy has faced a series of economic crises over the past 50 years, many of which were shared with other European countries. There were inflation crises in the 1970s, public debt concerns in the 1980s and currency volatility in the 1990s. There were then four shocks in a row over the past fifteen years, i. e. , the Global Financial Crisis, the sovereign debt crisis, the coronavirus pandemic and the inflation shock linked to the Ukraine Crisis. These crises were opportunities to take stock of the problems and reform Italy's economy. Yet, hopes have been repeatedly frustrated by the lack of policy delivery as lobbies and interest groups captured reforms. This article first examines some stylised facts and then provides a short history of Italy's economic underperformance before digging into the root of Italy's growth problems.

Keywords: Italy; Economic Growth; Total Factor Productivity; Imported Innovation; Indigenous Innovation

B.8　The Circular Economy in Italy: Policies, Progress

and Prospects　　　　　　　　　　　　*Fabrizio Zucca* / 128

Abstract: Circular Economy is a fundamental factor in the ongoing processes that see the international community and individual states heavily engaged in initiatives for the transition to sustainable development. The author provides an overview of knowhow factors that allows the readers to understand the implications and opportunities associated with the shift from the current "linear" model of production, consumption, and growth to a completely different and innovative model, namely a "circular" model. The article illustrates the principles defined at the international and European levels that guide this structural change, the system of rules and regulations that govern it, and the contribution and role of Italy in this transition process. Of particular importance is the presentation of the results of the analysis conducted using the circular economy assessment indicators developed by the "Bellagio Declaration" issued by the "Club of Rome". These indicators provide the readers with an in-depth and up-to-date understanding of the scope of ongoing processes towards a new development model in Europe and Italy.

Keywords: Italy; Sustainable Development; Circular Economy; Bellagio Declaration; Club of Rome

B.9　The Orientation, Features and Current Reforms of

the Higher Vocational and Technical Education in Italy

Xing Jianjun / 149

Abstract: In response to the rapid advancements in science and technology in the contemporary era and the increasing demand for advanced professional technical talents in fields such as digital transformation, energy transition, technological innovation, and technology transfer, Italy enacted legislation in 2008 and formally established the higher level vocational and technical education system in 2010, leading to the establishment of Higher Technical Institutes（Istituti Tecnici Superiori, ITS）. In 2022, Italy underwent reforms in the Higher Technical Institutes system, changing the name from ITS to ITS Academy, identifying 10 key technologic areas related to the national strategy aimed at enhancing the training of advanced professional technical talents. This article analyzes the orientation of higher vocational and technical education in Italy, the operational mode of Italy's Higher Technical Institutes, and the characteristics of its talent cultivation system and the reforms since 2022, and finally tries to conclude several aspirations.

Keywords: Italy; Higher Vocational and Technical Education; Higher Technical Institutes

B.10　Historical Evolution, Main Content and National Characteristics
of the Italian Tax System　　　　*Liu Guanghua*, *Wang Lei* / 170

Abstract: Italy, as a country with a long tradition and distinct culture of rule of law, has already formed a unique and complete tax system after going through three stages of historical development. This article aims to retrospect the historical evolution of the Italian tax system, analyze its main content and summarize its characteristics. With the change of the international and domestic environment, the Italian tax system has kept pace with the times in terms of the source of tax law, principal tax institutions, tax collection and administration system, and finally formed the distinct national characteristics: by taking into account international, EU and domestic law, Italy has formed a diversified tax law source in the process of dynamically dealing with the relationship between central and local taxes; in the design of the tax system, Italy takes tax fairness as the basic principle, while taking into account the inheritance of cultural heritage and environmental protection; in terms of tax collection and administration, advanced technological means and strict punishment mechanisms are used to strengthen tax risk prevention and control. It can't be ignored that there are also some persistent problems in Italian tax system, including complicated operation mechanism, widespread tax evasion, narrow tax base and high marginal tax rate etc. , which means the tax system needs to be further improved in the future.

Keywords: Italy; Tax System; Historical Evolution; Tax System Reform; National Characteristics

B.11　The Reform of Italian Industrial Property Code in 2023: Background, Main Contents and Prospects

Liu Chunhong, Stefano Vergano and Alessandro Burrone / 186

Abstract: In 2005, Italy issued the *Industrial Property Code*, aiming to collect previous laws and regulations on intellectual property rights into a single Code, and to promote national industrial innovation and economic development. New technologies, emerging international challenges, and the process of European harmonization on industrial property matters have brought about the need for updates and improvements of the Code. Four years after the reform of the *Industrial Property Code* of 2019, Italy has recently passed Law No. 102/2023 aiming to mainly amend Patent ownership in the frame of universities and public research institutes, introduce a temporary protection of design rights at fairs and exhibitions and enhance the protection of designations of origin and geographical indications. The article systematically analyses the reform of year 2023 including the historical development of the Code, the background of its reform in 2023 and the three core measures of the reform, along with a brief reference to other amendments approved with the reform, with a view to further contribute to a deeper understanding of Italian laws and regulations on Intellectual Property in Chinese academia and provide references for relevant legislation in the field of industrial property rights in China.

Keywords: Italy; *Industrial Property Code*; Legal System Reform; Patent Ownership; Geographical Indications

IV China and Italy

B . 12 Science as the Bridge between Cultures: A Perspective

on the Development of Scientific-Technological

Cooperation between China and Italy

Andrea Caligiuri , *Gianluca Sampaolo* / 198

Abstract: This article examines the historical and current development of scientific and technological (S&T) cooperation between Italy and China, two civilizations that have shaped the world and share a rich cultural heritage. The article traces the origins of S&T relations to the pioneering work of the Jesuit missionary Matteo Ricci in the late 16th and early 17th centuries, and then analyzes the main instruments and initiatives that have been established since the 1970s to foster bilateral collaboration in various fields of S&T. The article focuses on three specific sectors of cooperation: space, environment, and cultural heritage, highlighting the achievements, challenges, and prospects of joint research and innovation. The article argues that S&T cooperation is a key component of the Comprehensive Strategic Partnership between Italy and China, and a valuable platform for mutual learning and dialogue between the two civilizations. The article also discusses the implications of the changing geopolitical context and the growing rivalry between China and the West for the future of S&T cooperation and suggests some possible ways to preserve and enhance this cooperation in the face of global challenges.

Keywords: Italy-China Relations; Scientific and Technological Cooperation; Space; Environment; Cultural Heritage

271

B. 13   The Cooperation between Tianjin and Italy:

Development, Achievements and Typical Cases

Yang Lin, Letizia Vallini / 213

Abstract: The cooperation between China's provinces and cities and Italy is an important aspect of pragmatic cooperation between the two countries. This article examines the cooperation between Tianjin and Italy. Firstly, it presents and analyzes two representative cases: the restoration of the Italian Style Town and the construction of Tianjin Italian SMEs Industrial Park. In 2004, in the context of the establishment of the Comprehensive Strategic Partnership between China and Italy, Tianjin, while preparing for urban transformation, worked closely with Italy to rebuild the Italian Style Town, which became an example of friendly cooperation between the two countries. In 2019, with further strengthening of the Comprehensive Strategic Partnership between China and Italy, the Tianjin municipal government established the Italian SMEs Industrial Park in the Tianjin Port Free Trade Zone. Since then, it has attracted multiple Italian companies to settle in Tianjin, promoting networking among companies. The article also presents the development experiences of three Italian enterprises in Tianjin from a cross-cultural communication perspective. It then provides suggestions for Italian and other countries' companies to invest in China. 2024 will be the 20th anniversary of establishing the China-Italy Comprehensive Strategic Partnership, which will present broad prospects for cooperation between Tianjin and Italy.

Keywords: Tianjin; Italy; Italian Style Town; Italian SMEs Industrial Park; Italian Enterprises

社会科学文献出版社

皮 书

智库成果出版与传播平台

❖ 皮书定义 ❖

皮书是对中国与世界发展状况和热点问题进行年度监测，以专业的角度、专家的视野和实证研究方法，针对某一领域或区域现状与发展态势展开分析和预测，具备前沿性、原创性、实证性、连续性、时效性等特点的公开出版物，由一系列权威研究报告组成。

❖ 皮书作者 ❖

皮书系列报告作者以国内外一流研究机构、知名高校等重点智库的研究人员为主，多为相关领域一流专家学者，他们的观点代表了当下学界对中国与世界的现实和未来最高水平的解读与分析。

❖ 皮书荣誉 ❖

皮书作为中国社会科学院基础理论研究与应用对策研究融合发展的代表性成果，不仅是哲学社会科学工作者服务中国特色社会主义现代化建设的重要成果，更是助力中国特色新型智库建设、构建中国特色哲学社会科学"三大体系"的重要平台。皮书系列先后被列入"十二五""十三五""十四五"时期国家重点出版物出版专项规划项目；自2013年起，重点皮书被列入中国社会科学院国家哲学社会科学创新工程项目。

皮书网

（网址：www.pishu.cn）

发布皮书研创资讯，传播皮书精彩内容
引领皮书出版潮流，打造皮书服务平台

栏目设置

◆关于皮书

何谓皮书、皮书分类、皮书大事记、
皮书荣誉、皮书出版第一人、皮书编辑部

◆最新资讯

通知公告、新闻动态、媒体聚焦、
网站专题、视频直播、下载专区

◆皮书研创

皮书规范、皮书出版、
皮书研究、研创团队

◆皮书评奖评价

指标体系、皮书评价、皮书评奖

所获荣誉

◆2008年、2011年、2014年，皮书网均
在全国新闻出版业网站荣誉评选中获得
"最具商业价值网站"称号；
◆2012年，获得"出版业网站百强"称号。

网库合一

2014年，皮书网与皮书数据库端口合
一，实现资源共享，搭建智库成果融合创
新平台。

皮书网

"皮书说"
微信公众号

权威报告·连续出版·独家资源

皮书数据库

ANNUAL REPORT(YEARBOOK)
DATABASE

分析解读当下中国发展变迁的高端智库平台

所获荣誉

- 2022年，入选技术赋能"新闻+"推荐案例
- 2020年，入选全国新闻出版深度融合发展创新案例
- 2019年，入选国家新闻出版署数字出版精品遴选推荐计划
- 2016年，入选"十三五"国家重点电子出版物出版规划骨干工程
- 2013年，荣获"中国出版政府奖·网络出版物奖"提名奖

皮书数据库　　"社科数托邦"
　　　　　　　　微信公众号

成为用户

　　登录网址www.pishu.com.cn访问皮书数据库网站或下载皮书数据库APP，通过手机号码验证或邮箱验证即可成为皮书数据库用户。

用户福利

- 已注册用户购书后可免费获赠100元皮书数据库充值卡。刮开充值卡涂层获取充值密码，登录并进入"会员中心"—"在线充值"—"充值卡充值"，充值成功即可购买和查看数据库内容。
- 用户福利最终解释权归社会科学文献出版社所有。

数据库服务热线：010-59367265
数据库服务QQ：2475522410
数据库服务邮箱：database@ssap.cn
图书销售热线：010-59367070/7028
图书服务QQ：1265056568
图书服务邮箱：duzhe@ssap.cn

社会科学文献出版社　皮书系列
SOCIAL SCIENCES ACADEMIC PRESS (CHINA)
卡号：938456287278
密码：

S 基本子库
UB DATABASE

中国社会发展数据库（下设 12 个专题子库）

紧扣人口、政治、外交、法律、教育、医疗卫生、资源环境等 12 个社会发展领域的前沿和热点，全面整合专业著作、智库报告、学术资讯、调研数据等类型资源，帮助用户追踪中国社会发展动态、研究社会发展战略与政策、了解社会热点问题、分析社会发展趋势。

中国经济发展数据库（下设 12 专题子库）

内容涵盖宏观经济、产业经济、工业经济、农业经济、财政金融、房地产经济、城市经济、商业贸易等 12 个重点经济领域，为把握经济运行态势、洞察经济发展规律、研判经济发展趋势、进行经济调控决策提供参考和依据。

中国行业发展数据库（下设 17 个专题子库）

以中国国民经济行业分类为依据，覆盖金融业、旅游业、交通运输业、能源矿产业、制造业等 100 多个行业，跟踪分析国民经济相关行业市场运行状况和政策导向，汇集行业发展前沿资讯，为投资、从业及各种经济决策提供理论支撑和实践指导。

中国区域发展数据库（下设 4 个专题子库）

对中国特定区域内的经济、社会、文化等领域现状与发展情况进行深度分析和预测，涉及省级行政区、城市群、城市、农村等不同维度，研究层级至县及县以下行政区，为学者研究地方经济社会宏观态势、经验模式、发展案例提供支撑，为地方政府决策提供参考。

中国文化传媒数据库（下设 18 个专题子库）

内容覆盖文化产业、新闻传播、电影娱乐、文学艺术、群众文化、图书情报等 18 个重点研究领域，聚焦文化传媒领域发展前沿、热点话题、行业实践，服务用户的教学科研、文化投资、企业规划等需要。

世界经济与国际关系数据库（下设 6 个专题子库）

整合世界经济、国际政治、世界文化与科技、全球性问题、国际组织与国际法、区域研究 6 大领域研究成果，对世界经济形势、国际形势进行连续性深度分析，对年度热点问题进行专题解读，为研判全球发展趋势提供事实和数据支持。

法律声明